LANGENSCHEIDTS

SPRACHFÜHRER

ITALIENISCH

LANGENSCHEIDT

BERLIN · MÜNCHEN · WIEN · ZÜRICH

Herausgegeben und bearbeitet von der Langenscheidt-Redaktion
Übersetzung: Dr. Herbert Frenzel und Dr. Wolfram Krömer

Auflage: 11. 10.		Letzte Zahlen
Jahr: 1982 81 80 79		maßgeblich

Druck: Druckhaus Langenscheidt, Berlin-Schöneberg
Printed in Germany · ISBN 3-468-22181-9

Wo ist mein Gepäck?
Dov'è il mio bagaglio?
do'vɛ il 'miːo ba'gaːʎo

***Wann (Wo)* treffen wir uns?**
Quando (*Dove*) ci incontriamo?
ku'ando ('doːve) tʃi iŋkontri'aːmo

Wo kann ich . . . mieten?
Dove posso prèndere a nolo . . . ?
'doːve 'pɔs-so 'prɛndere a 'nɔːlo

Können Sie mir . . . leihen?
Può darmi a nolo . . . ?
pu'ɔ 'darmi a 'nɔːlo

Können Sie das reparieren?
Può ripararlo?
pu'ɔ ripa'rarlo

***Geben (Zeigen) Sie mir bitte* . . .**
Mi *dia* (*faccia vedere*) . . .
mi 'diːa ('fat-tʃa ve'deːre)

***Eine Karte (Zwei Karten)*, bitte!**
Un biglietto (*Due biglietti*), per favore!
un bi'ʎet-to ('duːe bi'ʎet-ti), per fa'voːre

Wie spät ist es?
Che ora è?
ke 'oːra ɛ

Gestern.
Ieri.
i'ɛːri

Heute.
Oggi.
'ɔd-dʒi

Morgen.
Domani.
do'maːni

In acht Tagen.
Fra otto giorni.
fra 'ɔt-to 'dʒorni

In *einer Stunde (zehn Minuten)*.
Fra *un'ora* (*dieci minuti*).
fra u'noːra (di'ɛːtʃi mi'nuːti)

Nächste Woche.
La settimana pròssima.
la set-ti'maːna 'prɔs-sima

Vor *zwei Stunden (fünf Minuten)*.
Due ore (*Cinque minuti*) fa.
'duːe 'oːre ('tʃiŋkue mi'nuːti) fa

Vorige Woche.
La settimana passata
la set-ti'maːna pas-'saːta

Ich *will (kann)* nicht.
Non *voglio (posso)*.
non 'vɔːʎo ('pɔs-so)

. . . ist nicht in Ordnung.
. . . non è in órdine.
non ɛ in 'ordine

Herein!
Avanti!
a'vanti

Einen Moment, bitte!
Un momento, per favore!
un mo'mento, per fa'voːre

Lassen Sie mich in Ruhe!
Mi lasci in pace!
mi 'laʃ-ʃi in 'paːtʃe

Herr Ober!
Cameriere!
kameri'ɛːre

Fräulein!
Cameriera!
kameri'ɛːra

Ich möchte zahlen!
Vorrei pagare!
vor-'rɛi pa'gaːre

Hilfe!
Aiuto!
ai'uːto

Holen Sie schnell einen *Arzt (Krankenwagen)!*
Faccia venire sùbito *un mèdico (un'ambulanza)!*
'fat-tʃa ve'niːre 'suːbito un 'mɛːdiko (unambu'lantsa)

Langenscheidts Sprachführer Italienisch

Praktische Redewendungen und Wörter für die Reise

DAS ALLERWICHTIGSTE

Guten Morgen!
Buon giorno!
bu'ɔn 'dʒorno

Guten Tag!
Buon giorno!
bu'ɔn 'dʒorno

Guten Abend!
Buona sera!
bu'ɔːna 'seːra

Auf Wiedersehen!
Arrivederci!
ar-rive'dertʃi

Gute Nacht!
Buona notte!
bu'ɔːna 'nɔt-te

Wie geht es Ihnen?
Come sta?
'koːme sta

Bitte!
Prego!
'prɛːgo

Danke!
Grazie!
'graːtsie

Ja.
Sì.
si

Ja, bitte!
Sì, prego!
si, 'prɛːgo

Nein.
No.
nɔ

Nichts.
Niente.
ni'ɛnte

Nein, danke.
No, grazie.
nɔ, 'graːtsie

Genug!
Basta!
'basta

Verzeihung!
Scusi!
'skuːzi

(Sehr) gut!
(Molto) bene!
('molto) 'bɛːne

In Ordnung!
Va bene!
va 'bɛːne

Wann?
Quando?
ku'ando

Wer?
Chi?
ki

Wie lange?
Quanto tempo?
ku'anto 'tɛmpo

Wo?
Dove?
'doːve

Wohin?
Dove?
'doːve

Hier.
Qui.
ku'i

Dort.
Là.
la

Rechts.
A destra.
a 'dɛstra

Links.
A sinistra.
a si'nistra

Geradeaus.
Sempre diritto.
'sɛmpre di'rit-to

Haben Sie . . . ?
Ha ...?
a

Ich brauche . . .
Ho bisogno di . . .
ɔ bi'zoːɲo di

Ich möchte . . .
Vorrei . . .
vor-'rɛi

Wann ist . . . geöffnet?
Quando è apert*o* (*-a*) . . . ?
ku'ando ɛ a'pɛrto (-a)

Was kostet das?
Quanto costa questo?
ku'anto 'kɔsta ku'esto

Wie heißt . . . ?
Come si dice per...?
'koːme si 'diːtʃe per

Wie lange wird es dauern?
Quanto tempo ci vuole?
ku'anto 'tɛmpo tʃi vu'ɔle

Wo ist . . . ?
Dov'è . . . ?
do'vɛ

Wo gibt es . . . ?
Dove si può avere . . . ?
'doːve si pu'ɔ a'veːre

Wo ist *der Waschraum (die Toilette)*?
Dov'è *il bagno* (*il gabinetto*)?
do'vɛ il 'baɲo (il gabi'net-to)

INFORMATION

Hinweise für den Benutzer

Dieser Sprachführer bietet Ihnen alle auf der Reise und im Alltag des fremden Landes erforderlichen wichtigen Redewendungen und Wörter mit durchgehender Aussprachebezeichnung. Eine übersichtliche Gliederung macht seine Benutzung denkbar einfach, so daß Sie Ihre Fragen und Wünsche mit Hilfe der praktischen Wendungen dieses Buches rasch und klar zum Ausdruck bringen können.

Aufbau des Sprachführers

Wir haben den gesamten Stoff in 18 Kapitel gegliedert. Sie beginnen mit allgemeinen Redewendungen und Wörtern. Dann folgen Kapitel über das Reisen mit den verschiedenen Verkehrsmitteln, über Unterkunft und Verpflegung, über andere Fragen, die Ihnen in einem fremden Land begegnen werden, über Einkäufe, über den Umgang mit Behörden, über Gesundheit, kulturelle Veranstaltungen und Vergnügungen. Im Anhang finden Sie die Zusammenstellung der wichtigsten Bekanntmachungen und Warnungen, der Abkürzungen, der Maße und Gewichte und der Farben.

Sie werden selbst bemerken, daß die deutschen Redewendungen und Wörter schwarz und fett gedruckt sind, die italienischen dagegen rot. Darunter oder daneben steht dann in gewöhnlicher schwarzer Schrift die Aussprache der italienischen Wörter und Sätze.

Gelegentlich haben wir zwei Sätze zusammengefaßt und dabei die auszutauschenden Wörter oder Satzteile durch Schrägdruck gekennzeichnet. Ein Beispiel: Zu ,,Wann wird *geöffnet* (*geschlossen*)?“ gehört die Übersetzung “Quando si *apre* (*chiude*)?”. Das bedeutet: ,,Wann wird geöffnet?“ heißt “Quando si apre?”, und ,,Wann wird geschlossen?“ heißt “Quando si chiude?”.

Allgemeine Bemerkungen, die Ihnen helfen sollen, sich im fremden Land richtig zu verhalten, haben wir rot umrandet. Schwarz umrandet finden Sie Hinweise und Aufschriften, die Ihnen begegnen werden.

Ein Sternchen (*) zu Beginn eines Satzes deutet an, daß es sich um einen Satz handelt, den Sie von Ihrem Gesprächspartner hören können.

Angaben zur Aussprache des Italienischen

Eine ausführliche Erklärung der Aussprache des Italienischen finden Sie auf den Seiten 8–11. Für eine korrekte Aussprache ist es nötig, sich mit den Zeichen der Internationalen Lautschrift vertraut zu machen. Sie werden dabei feststellen, daß die meisten Buchstaben dieselben wie im lateinischen Alphabet sind, und daß Sie sich nur einige wenige abgewandelte Buchstaben einprägen müssen, die spezifisch italienische Laute wiedergeben. Die Lautschrift wird Ihnen dabei helfen, das Italienische richtig auszusprechen.

Übersicht über die Grammatik

Wenn Sie sich zumindest einige Grundkenntnisse der Grammatik aneignen wollen, dann können Sie von der auf den Seiten 195–201 kurzgefaßten Zusammenstellung der wichtigsten grammatischen Erscheinungen Gebrauch machen. Abgesehen davon, daß Sie damit die im Sprachführer angegebenen Sätze besser verstehen, wird es Ihnen auch möglich sein, einige einfache Sätze selbst zu bilden.

Register

Außer dem Inhaltsverzeichnis soll Ihnen das alphabetische Register auf den Seiten 202–208 das Auffinden der gesuchten Sätze und Wörter erleichtern. Es bietet Ihnen nicht nur ein ausführliches Sachverzeichnis, sondern führt Sie auch zur Übersetzung zahlreicher wichtiger Stichwörter.

Wir sind überzeugt, daß Ihnen der vorliegende Sprachführer während Ihres Auslandsaufenthaltes ein zuverlässiger Helfer sein wird.

INHALTSVERZEICHNIS

DIE AUSSPRACHE DES ITALIENISCHEN

macht dem Anfänger gewöhnlich erhebliche Schwierigkeiten. Er nennt den großen italienischen Tenor ,,gigli" (mit zwei g wie in *Gegend;* statt ,,dschilji"), er spricht von der Stadt ,,breskia" oder ,,breschia (statt ,,brescha") und wundert sich, wenn man seinen Wunsch nach dem berühmten toskanischen Wein ,,schianti" (statt ,,kianti") nicht gleich versteht.

Dabei ist gerade die italienische Aussprache besonders regelmäßig, und hat man die Regeln einmal begriffen, so ist jedes Wort leicht richtig auszusprechen.

Wir haben in diesem Sprachführer die ,,Internationale Lautschrift" verwendet. Nur in wenigen Fällen sind wir von ihr abgewichen, um Sie auf bestimmte Schwierigkeiten der italienischen Aussprache hinzuweisen und sie Ihnen zu erleichtern. Eine Erklärung der einzelnen Lautzeichen mit Beispielen finden Sie am Schluß dieses Kapitels. Im folgenden haben wir Lautzeichen und Lautschrift jeweils in eckige Klammern gesetzt.

Wir geben Ihnen nun die wichtigsten Ausspracheregeln.

Anders als im Deutschen werden vor allem die Buchstaben *c* und *g* und ihre Verbindungen ausgesprochen, aber auch die Verbindungen mit dem Buchstaben *s* (*sc, sch, sci*). Ähnlich wie im Französischen muß man hier unterscheiden, ob diese Buchstaben vor a, o, u und Konsonanten oder aber vor e und i stehen: Die Aussprache richtet sich also ausschließlich nach dem *folgenden* Buchstaben. Soll ein *c* oder *g* entgegen der Regel ausgesprochen werden, so wird ein (nicht gesprochenes) i bzw. h hinzugefügt. Im einzelnen sieht das so aus:

c vor a, o, u und Konsonanten wie deutsches k [k]: *Como.*

c vor e und i wie tsch [tʃ] in Tschako: *Cinema.*

ci vor a, o, u wie tsch [tʃ] in Tschako (also ohne i!): *cioccolata.*

ch (nur vor e und i) wie deutsches k [k]: *chiesa.*

g vor a, o, u und Konsonanten wie deutsches *g* [g]: *Garda.*

g vor e und i wie dsch [dʒ]: *Germania.*

gi vor a, o, u wie weiches dsch [dʒ] (also ohne i!): *Giovanni, Giulia.*

gh (nur vor e und i) wie deutsches g [g]: *Ghita.*

Entsprechend werden die Verbindungen mit dem Buchstaben *s* ausgesprochen:

sc vor a, o und u wie deutsches k [k]: *Scala.*

sc vor e und i wie deutsches sch [ʃ]: *sci.*

sci vor a, o und u wie deutsches sch [ʃ] (also ohne i!): *sciupare.*

sch (nur vor e und i) sk [sk]: *scheda.*

Ferner erwähnen wir:

s vor Vokalen und stimmlosen Konsonanten (c, f, p, q, s, t) stimmlos [s] wie in Last: *Santo Stefano.*

s vor stimmhaften Konsonanten (b, d, g, l, m, n, r, v) stimmhaft [z] wie in Rose: *sdegno*, *smentita.*

gl wird vor e und i wie lj [ʎ] gesprochen. Folgt darauf ein i, so fällt dieses meistens fort: *figlio* [ˈfiːʎɔ].

gn wird immer wie nj [ɲ] gesprochen: *bagno*, *gnocchi.*

z kann stimmlos [ts] oder stimmhaft [dz] sein.

Doppelkonsonanten (*bb*, *cc*, *dd* usw.) werden nicht wie im Deutschen als einfache Konsonanten ausgesprochen, die den vorhergehenden Vokal verkürzen (Mutter, Qualle), sondern als zwei Konsonanten, die den vorhergehenden Vokal nicht beeinflussen: *bello* [ˈbɛl-lɔ], *mamma* [ˈmam-ma]. Die Doppelkonsonanten werden daher in der Lautschrift durch einen Bindestrich getrennt.

Das Italienische ist als besonders wohlklingend und musikalisch bekannt. Das rührt vor allem daher, daß alle Laute sehr klar und genau und dennoch weich gesprochen werden. Ferner werden Silben und Wörter viel enger als im Deutschen miteinander verbunden. Aufeinanderfolgende Selbstlaute (*a*, *e*, *i*, *o*, *u*) behalten dennoch genau ihren Lautwert. So wird *ei* nicht wie im Deutschen ai gesprochen, sondern e-i oder ä-i [eːi, ɛːi], das italienische *eu* nicht wie deutsches oi, sondern wie e-u oder ä-u [eːu, ɛːu]. Genau so ist es mit allen anderen Selbstlautverbindungen.

So regelmäßig wie die Aussprache italienischer Wörter ist, so unregelmäßig ist die Betonung, und selbst Italiener kennen sich da – zumindest bei Eigennamen – oft nicht aus. Wir setzen jeweils den Akzent ˈ *vor* die betonte Silbe.

Erklärung der einzelnen Lautzeichen mit Beispielen

A. Vokale

a aː	kurzes helles *a* wie in *Last* langes helles *a* wie in *Wagen*	pietà [pie'ta] Mitleid anima ['aːnima] Seele
ɛ ɛː e eː	kurzes offenes *e* wie in *ändern* langes offenes *e* wie in *während* kurzes geschlossenes *e* wie in *steh!* langes geschlossenes *e* wie in *See*	inerte [i'nɛrte] untätig collega [kol-'lɛːga] Kollege vendere ['vendere] verkaufen vena ['veːna] Vene
i iː	kurzes helles *i* wie in *Kind* langes helles *i* wie in *Krieg*	invitare [invi'taːre] einladen fine ['fiːne] Ende
ɔ ɔː o oː	kurzes offenes *o* wie in *offen* langes offenes *o* wie in *Nord* kurzes geschlossenes *o* wie in *Ofen* langes geschlossenes *o* wie in *ohne*	notte ['nɔt-te] Nacht noto ['nɔːto] bekannt orario [o'raːrio] Fahrplan ora ['oːra] Stunde
u uː	kurzes *u* wie in *unten* langes *u* wie in *Schule*	purità [puri'ta] Reinheit puro ['puːro] rein

B. Konsonanten

I. Zu achten ist besonders auf die Laute:

s z	scharfes *s* wie in *Hast*, *dies* weiches *s* wie in *Sonne*	senso ['senso] Sinn rosa ['rɔːza] Rose
ʃ	deutsches *sch* wie in *schön*	sciocco ['ʃɔk-ko] dumm
v	deutsches *w* wie in *Weg*	vaso ['vaːzo] Gefäß
ŋ	deutsches *n* vor *g* oder *k*, wie in *Menge*, *Anker*	lungo ['luŋgo] lang
ɲ	wie *gn* in *Champagne*, *Kognak*	cagna ['kaːɲa] Hündin
ʎ	mouilliertes *l*, ähnlich wie in *Familie*	famiglia [fa'miːʎa] Familie

ʒ	wie *g* in *Genie*, *Dragee;* kommt im Italienischen nur in der Lautverbindung dʒ vor	genio [ˈdʒɛːɲo] Genius
r	Zungenspitzen-*r*	ritirare [ritiˈraːre] zurückziehen

II. Keine Schwierigkeiten bieten die Laute:

b	deutsches *b* wie in *Bad*, doch möglichst weich zu sprechen	bagno [ˈbaːɲo] Bad
d	deutsches *d* wie in *dann*, doch möglichst weich zu sprechen	dado [ˈdaːdo] Würfel
f	deutsches *f* wie in *Fall*	fato [ˈfaːto] Schicksal
g	deutsches *g* wie in *Golf*, doch möglichst weich zu sprechen	gonna [ˈgon-na] Rock
k	deutsches *k* wie in *kalt*	casa [ˈkaːsa] Haus
l	deutsches *l* wie in *Lampe*	lago [ˈlaːgo] See
m	deutsches *m* wie in *Magen*	misto [ˈmisto] gemischt
n	deutsches *n* wie in *nie*	naso [ˈnaːso] Nase
p	deutsches *p* wie in *Puppe*	pera [ˈpeːra] Birne
t	deutsches *t* wie in *Tor*	totale [toˈtaːle] ganz

III. Konsonantenverbindungen:

ts	deutsches *z* wie in *Zahn*	zitto [ˈtsit-to] still
dz	*d* mit weichem *s*	zero [ˈdzɛːro] Null
tʃ	*t* mit deutschem *sch*, wie in *Tschako*	cencio [ˈtʃentʃo] Lumpen
dʒ	*d* mit französischem *g* (wie in *Genie*, *Dragee*)	gengiva [dʒenˈdʒiːva] Zahnfleisch

ALLGEMEINES

Begrüßung

Guten Morgen!
Buon giorno!
bu'ɔn 'dʒorno

Guten Tag!
Buon giorno!
bu'ɔn 'dʒorno

Guten Abend!
Buona sera!
bu'ɔ:na 'se:ra

Besonders in der Toskana wird Buona sera *schon von Mittag ab gebraucht. Weitere Grußformeln sind:* Addio! [ad-'di:o], *ähnlich dem französischen* **„Adieu!"**, Ciao! ['tʃa:o], *ähnlich dem österreichischen* **„Servus!"**, Salve! ['salve], *das noch aus römischer Zeit stammt.*

***Herzlich willkommen!**
Benvenuto!
benve'nu:to

***Hatten Sie eine gute Reise?**
Ha fatto buon viaggio?
a 'fat-to bu'ɔn vi'ad-dʒo

Es freut mich sehr, *Sie (dich)* zu sehen!
Mi rallegro di *vederLa (vederti)!*
mi ral-'le:gro di ve'derla (ve'derti)

Wie geht es *Ihnen (dir)?*
Como *sta (stai)?*
'ko:me sta (sta:i)

Wie geht's?
Come va?
'ko:me va

Und Ihnen?
E lei?
e lɛi

***Wie geht es Ihrer Familie?**
Come sta la Sua famiglia?
'ko:me sta la 'su:a fa'mi:ʎa

Mein(e) . . . ist krank
Mio (-a) . . . è malato (-a).
'mi:o (-a) ɛ ma'la:to (-a)

***Haben Sie gut geschlafen?**
Ha dormito bene?
a dor'mi:to 'bɛ:ne

Danke, (recht) gut!
Grazie, *bene (non c'è male).*
'gra:tsie, 'bɛ:ne (non tʃɛ 'ma:le)

Wir fühlen uns *gut (ausgezeichnet).*
Ci sentiamo *bene (benissimo).*
tʃi senti'a:mo 'bɛ:ne (be'nis-simo)

***Ich danke (Wir danken)* für den herzlichen Empfang!**
Ringrazio (Ringraziamo) della cordiale accoglienza!
riŋ'gra:tsio (riŋgratsi'a:mo) 'del-la kordi'a:le ak-ko'ʎɛntsa

Anreden

Herr	Signore	si'ɲoːre
Frau	Signora	si'ɲoːra
Fräulein	Signorina	siɲo'riːna
Meine Damen!	Signore!	si'ɲoːre
Meine Herren!	Signori!	si'ɲoːri

Meine Damen und Herren!
Signore e signori!
si'ɲoːre e si'ɲoːri

> Signore *wird zu* Signor, *wenn der Name folgt. Vor Verwandtschaftsnamen fällt* Signore *fort, und auch die meisten Titel werden ohne* Signore *gebraucht.*

Ihre *Frau (Gattin)*	Sua moglie	'suːa 'moːʎe
Ihr *Mann (Gatte)*	Suo marito	'suːo ma'riːto
Ihr Sohn	Suo figlio	'suːo 'fiːʎo
Ihre Tochter	Sua figlia	'suːa 'fiːʎa
Herr Doktor	Dottore	dot-'toːre
Herr Professor	Professore	profes-'soːre
Herr Präsident	Signor presidente	si'ɲoːr presi'dɛnte

Briefe

Herrn	Signor	si'ɲoːr
Frau	Signora	si'ɲoːra
Fräulein	Signorina	siɲo'riːna
Sehr geehrter Herr ...!	Egregio signor ...,	e'grɛːdʒo si'ɲoːr
Sehr geehrte Frau ...!	Gentile signora ...,	dʒen'tiːle si'ɲoːra
Sehr geehrtes Fräulein ...!	Gentile signorina ..,	dʒen'tiːle siɲo'riːna
Sehr geehrte Herren!	Egregi signori,	e'grɛːdʒi si'ɲoːri
Lieber Herr ...!	Caro signor ...,	'kaːro si'ɲoːr
Liebe Frau ...!	Cara signora ...,	'kaːra si'ɲoːra
Hochachtungsvoll	Con molta stima	kon 'molta 'stiːma
Mit herzlichen Grüßen	Cordiali saluti	kordi'aːli sa'luːti

Bekanntschaft

Mein Name ist ...
Il mio nome è ...
il 'mi:o 'no:me ɛ

Ich heiße ...
Mi chiamo ...
mi ki'a:mo

Das ist ...	Questo (-a) è ...	ku'esto (-a) ɛ
mein Mann ...	mio marito ...	'mi:o ma'ri:to
meine Frau ...	mia moglie ...	'mi:a 'mo:ʎe
mein Sohn ...	mio figlio ...	'mi:o 'fi:ʎo
meine Tochter ...	mia figlia ...	'mi:a 'fi:ʎa
mein Freund ...	il mio amico ...	il 'mi:o a'mi:ko
meine Freundin ...	la mia amica ...	la 'mi:a a'mi:ka
meine Verlobte ...	la mia fidanzata ...	la 'mi:a fidan'tsa:ta

Sehr erfreut!
Piacere!
pia'tʃe:re

Kennen wir uns nicht schon vom Sehen?
Non ci conosciamo già di vista?
non tʃi konoʃ-'ʃa:mo dʒa di 'vista

Wohnen Sie hier?
Lei àbita qui?
lɛi 'a:bita ku'i

Sind Sie *Herr (Frau, Fräulein)* ...?
È Lei *il Signor* (*la Signora, la Signorina*)..?
ɛ lɛi il si'ɲo:r (la si'ɲo:ra, la siɲo'ri:na)

Wie ist Ihr Name, bitte?
Il Suo nome, per favore?
il 'su:o 'no:me, per fa'vo:re

Wie heißt du?
Come ti chiami?
'ko:me ti ki'a:mi

Woher kommen Sie?
Da dove viene?
da 'do:ve vi'ɛ:ne

Sind Sie schon lange hier?
È qui già da molto?
ɛ ku'i dʒa da 'molto

Wir sind seit *einer Woche (14 Tagen)* hier.
Siamo qui da *una settimana (quìndici giorni)*.
si'a:mo ku'i da 'u:na set-ti'ma:na (ku'inditʃi 'dʒorni)

Gefällt es *Ihnen (dir)*?
Le (*Ti*) piace ?
le (ti) pi'a:tʃe

***Uns (Mir)* gefällt es sehr gut.**
Ci (*Mi*) piace molto.
tʃi (mi) pi'a:tʃe 'molto

***Sind Sie (Bist du)* allein hier?**
È (*Sei*) qui solo?
ɛ ('sɛ:i) ku'i 'so:lo

Ich verbringe hier meinen Urlaub.
Passo qui le mie vacanze.
'pas-so ku'i le 'mi:e va'kantse

Wo *arbeiten Sie (arbeitest du)?*
Dove *lavora* (*lavori*)?
'do:ve la'vo:ra (la'vo:ri)

Was sind Sie von Beruf?
Qual'è la Sua professione?
kual'ɛ la 'su:a profes-si'o:ne

Was studieren Sie?
Che cosa studia?
ke 'kɔ:sa 'stu:dia

Haben Sie noch etwas Zeit?
Ha ancora un po' di tempo?
a aŋ'ko:ra un pɔ di 'tɛmpo

Wollen wir *zum (zur)* ... gehen?
Vogliamo andare *al* (*alla*) ...?
vo'ʎa:mo an'da:re al ('al-la)

Wann treffen wir uns?
Quando ci incontriamo?
ku'ando tʃi iŋkontri'a:mo

Darf ich Sie abholen?
Posso venire a prènderLa?
'pɔs-so ve'ni:re a 'prɛnderla?

Lassen Sie mich bitte in Ruhe!
Mi lasci in pace, per favore!
mi 'laʃ-ʃi in 'pa:tʃe, per fa'vo:re

Besuche

Ist *Herr (Frau, Fräulein)* ... zu Hause?
È in casa *il Signor* (*la Signora, la Signorina*) ...?
ɛ in 'ka:sa il si'ɲo:r (la si'ɲo:ra, la siɲo'ri:na)

Kann ich *Herrn (Frau, Fräulein)* ... sprechen?
Posso parlare *col Signor* (*con la Signora, con la Signorina*) ...?
'pɔs-so par'la:re kol si'ɲo:r (kon la si'ɲo:ra, kon la siɲo'ri:na)

Wohnt hier *Herr (Frau)* ...?
Abita qui *il Signor* (*la Signora*) ...?
'a:bita ku'i il si'ɲo:r (la si'ɲo:ra)

Ich suche ...
Cerco ...
'tʃɛrko

Wann ist *er (sie)* zu Hause?
Quando sarà in casa?
ku'ando sa'ra in 'ka:sa

Ich komme später noch einmal wieder.
Ritornerò più tardi.
ritorne'rɔ pi'u 'tardi

Wann *kann ich (sollen wir)* kommen?
A che ora *posso* (*dobbiamo*) venire?
a ke 'o:ra 'pɔs-so (dob-bi'a:mo) ve'ni:re

***Ich komme (Wir kommen)* sehr gern.**
Vengo (Veniamo) molto volentieri.
'veŋgo (veni'aːmo) 'molto volenti'ɛːri

***Herein!**
Avanti!
a'vanti

***Bitte nehmen Sie Platz!**
Si accòmodi, prego!
si ak-'kɔːmodi, 'prɛːgo

***Einen Augenblick, bitte!**
Un momento, per favore!
un mo'mento, per fa'voːre

***Treten Sie näher!**
Si avvicini, per favore!
si av-vi'tʃiːni, pɛr fa'voːre

Vielen Dank für Ihre Einladung!
Grazie per il Suo invito!
'graːtsie per il 'suːo in'viːto

Störe ich?
Disturbo?
dis'turbo

Machen Sie sich bitte keine Umstände!
Non si disturbi, La prego!
non si dis'turbi, la 'prɛːgo

***Was darf ich Ihnen anbieten?**
Che cosa posso offrirLe?
ke 'kɔːsa 'pɔs-so of-'frirle

***Möchten Sie ...?**
Desìdera ...?
de'siːdera

Ich soll Sie von *Herrn (Frau)* ... grüßen.
Le porto i saluti *del signor (della signora)* ...
le 'pɔrto i sa'luːti del si'ɲoːr ('del-la si'ɲoːra)

Ich muß jetzt leider gehen.
Purtroppo devo andare via.
pur'trɔp-po 'dɛːvo an'daːre 'viːa

Vielen Dank für *den netten Abend (Ihren Besuch)!*
Grazie per *la simpàtica serata* (*la sua visita*)*!*
'graːtsie per la sim'paːtika se'raːta (la 'suːa 'viːzita)

Grüßen Sie bitte *Herrn (Frau)* ... von mir!
La prego di salutare *il Signor* (*la Signora*) ... da parte mia.
la 'prɛːgo di salu'taːre il si'ɲoːr (la si'ɲoːra) ... da 'parte 'miːa

Ich hoffe, wir sehen uns bald wieder!
Spero che ci rivedremo presto!
'spɛːro ke tʃi rive'dreːmo 'prɛsto

Abschied

Auf Wiedersehen!
Arrivederci!
ar-rive'dertʃi

Bis bald!
A presto!
a 'prɛsto

Gute Nacht!
Buona notte!
bu'ɔ:na 'nɔt-te

Bis morgen!
A domani!
a do'ma:ni

Alles Gute!
Auguri!
au'gu:ri

***Angenehme Reise!**
Buon viaggio!
bu ɔn'vi'ad-dʒo

Ich möchte mich verabschieden.
Vorrei congedarmi.
vor-'rɛi kondʒe'darmi

Wir müssen leider gehen.
Purtroppo dobbiamo andare via.
pur'trɔp-po dob-bi'a:mo an'da:re 'vi:a

Ich danke Ihnen für Ihren Besuch.
La ringrazio della Sua vìsita.
la riŋ'gra:tsio 'del-la 'su:a 'vi:zita

Kommen Sie bald wieder!
Torni presto!
'torni 'prɛsto

Wann sehen wir uns wieder?
Quando ci rivedremo?
ku'ando tʃi rive'dre:mo

Ich rufe *Sie (dich)* morgen an.
Le (*Ti*) telèfono domani.
le (ti) te'lɛ:fono do'ma:ni

Darf ich Sie nach Hause bringen?
Posso accompagnarLa a casa?
'pɔs-so ak-kompa'ɲarla a 'ka:sa

Es ist schon spät.
È già tardi.
ɛ dʒa 'tardi

Grüßen Sie . . .!
Saluti . . .!
sa'lu:ti

Vielen Dank!
Tante grazie!
'tante 'gra:tsie

Es war sehr schön!
È stato molto bello.
ɛ 'sta:to 'molto 'bɛl-lo

Es hat mir sehr gut gefallen.
Mi è piaciuto molto.
mi ɛ pia'tʃu:to 'molto

Ich bringe *Sie (dich)* noch *zum (zur)* . . .
La (*Ti*) accompagno *al* (*alla*) . . .
la (ti) ak-kom'pa:ɲo al ('al-la)

Allgemeine Fragen

Wann?
Quando?
ku'ando

Warum?
Perché?
per'ke

Was?
Che cosa?
ke 'kɔːsa

Was für . . . ?
Quale (Quali) . . . ?
ku'aːle (ku'aːli)

Welche(r)?
Quale . . . ?
ku'aːle

Wem?
A chi?
a ki

Mit wem?
Con chi?
kon ki

Wen?
Chi?
ki

Wer?
Chi?
ki

Weshalb?
Perché?
per'ke

Wie?
Come?
'koːme

Wie lange?
Quanto tempo?
ku'anto 'tɛmpo

Wieviel(e)?
Quanto (-a, -i, -e)?
ku'anto (-a, -i, -e)

Wo?
Dove?
'doːve

Woher?
Da dove?
da 'doːve

Wohin?
Dove?
'doːve

Wozu?
A che cosa?
a ke 'kɔːsa

Darf man hier . . . ?
Si può . . . qui?
si pu'ɔ . . . ku'i

Kann ich . . . ?
Posso . . . ?
'pɔs-so

Brauchen Sie . . . ?
Ha bisogno di . . . ?
a bi'zoːɲo di

Haben Sie . . . ?
Ha . . . ?
a

Wann kann ich . . . bekommen?
Quando posso avere . . . ?
ku'ando 'pɔs-so a'veːre

Wann wird *geöffnet (geschlossen)*?
Quando si *apre* (*chiude*)?
kua'ndo si 'aːpre (ki'uːde)

Was wünschen Sie?
Cosa desìdera?
'kɔːsa de'sìːdera

Was ist das?
Cos'è questo?
ko'sɛ ku'esto

Was ist geschehen?
Cos'è successo?
ko'sɛ sut-'tʃɛs-so

Was bedeutet das?
Cosa signìfica questo?
'kɔːsa si'ɲiːfika ku'esto

Was kostet das?
Quanto costa questo?
ku'anto 'kɔsta ku'esto

Was *suchen Sie (suchst du)*?
Che cosa *cerca (cerchi)*?
ke 'kɔːsa 'tʃerka ('tʃerki)

Wem gehört das?
Di chi è questo?
di ki ɛ ku'esto

***Zu wem möchten Sie?**
Chi desìdera?
ki de'siːdera

Wer ist da?
Chi è?
ki ɛ

Wer kann . . . ?
Chi può . . . ?
ki pu'ɔ

Wie heißt . . . ?
Come si dice per . . . ?
'ko:me si 'di:tʃe per

Wie *heißen Sie (heißt du)?*
Come *si chiama (ti chiami)?*
'ko:me si ki'a:ma (ti ki'a:mi)

Wie komme ich *nach (zum, zur, bis)* . . . ?
Quale è la strada per (il, la) . . ., per favore?
ku'a:le ɛ la 'stra:da per (il, la) . . ., per fa'vo:re

Wie funktioniert das?
Come funziona?
'ko:me funtsi'o:na

Wie lange dauert es?
Quanto tempo ci vuole?
ku'anto 'tɛmpo tʃi vu'ɔ:le

Wieviel bekomme ich?
Quanto ricevo?
ku'anto ri'tʃe:vo

Wieviel ist es?
Quanto è?
ku'anto ɛ

Wo befindet sich . . . ?
Dove si trova . . . ?
'do:ve si 'trɔ:va

Wo *ist (sind)* . . . ?
Dov'è (Dove sono) . . . ?
do'vɛ ('do:ve 'so:no)

Wo ist *der (die, das)* nächste . . . ?
Dov'è *il pròssimo (la pròssima)* . . . ?
do'vɛ il 'prɔs-simo (la 'prɔs-sima)

Wo kann ich . . . ?
Dove posso . . . ?
'do:ve 'pɔs-so

Wo bekomme ich . . . ?
Dove posso avere . . . ?
'do:ve 'pɔs-so a've:re

Wo gibt es . . . ?
Dove si può avere . . . ?
'do:ve si pu'ɔ a've:re

Wo *wohnen Sie (wohnst du)?*
Dove *àbita (àbiti)?*
'do:ve 'a:bita ('a:biti)

Wo sind wir?
Dove siamo?
'do:ve si'a:mo

Woher *kommen Sie (kommst du)?*
Da dove *viene (vieni)?*
da 'do:ve vi'ɛ:ne (vi'ɛ:ni)

Wohin *gehen Sie (gehst du)?*
Dove *va (vai)?*
'do:ve va (vai)

Wohin führt *dieser Weg (diese Straße)?*
Dove va *questa via (questa strada)?*
'do:ve va ku'esta 'vi:a (ku'esta 'stra:da)

Bitte, Wunsch

Bringen Sie mir bitte ...
Mi porti ..., per favore.
mi 'pɔrti ..., per fa'vo:re
Zeigen Sie mit bitte ...
Mi mostri ..., per favore.
mi 'mostri ..., per fa'vo:re
Wie bitte?
Come dice?
'ko:me 'di:tʃe
***Ich hätte (Wir hätten)* gern...**
Vorrei (*Vorremmo*) avere ...
vor-'rɛi (vor-'rem-mo) a've:re
Ich möchte lieber ...
Preferirei ...
preferi'rɛi
Bitte helfen Sie mir!
Per favore, mi aiuti!
per fa'vo:re, mi ai'u:ti
Können wir ... bekommen?
Possiamo avere ...?
pos-si'a:mo a've:re
Gestatten Sie?
Permette?
per'met-te
Viel Vergnügen!
Buon divertimento!
bu'ɔn diverti'mento

Geben Sie uns bitte ...
Ci dia ..., per favore.
tʃi 'di:a ..., per fa'vo:re
Sagen Sie mir bitte ...
Mi dica, per favore, ...
mi 'di:ka, per fa'vo:re
Was wünschen Sie?
Cosa desìdera?
'kɔ:sa de'si:dera
Ich brauche ...
Ho bisogno di ...
ɔ bi'zo:ɲo di
Kann ich ... haben?
Posso avere ...?
'pɔs-so a've:re
Holen Sie bitte ...
Per favore, vada a prèndere ...
per fa'vo:re 'va:da a 'prɛndere
Bitte sehr!
Prego!
'prɛ:go
Gute Besserung!
Buona guarigione!
bu'ɔ:na guari'dʒo:ne
Alles Gute!
Auguri!
au'gu:ri
Ich wünsche *Ihnen (dir)* ...
Le (Ti) àuguro ...
le (ti) 'a:uguro

Bitte! *hat im Deutschen zwei verschiedene Bedeutungen. Einmal drückt es wirklich eine Bitte aus* (Geben Sie mir bitte). *Dafür sagt der Italiener* Favorisca! [favo'riska], *was etwa* Haben Sie die Güte! *bedeutet, oder* Per favore! [per fa'vo:re], Per piacere! [per pia'tʃe:re] *oder einfach* Prego! ['prɛ:go]. *Bedeutet* Bitte! *dagegen als Antwort auf einen Dank soviel wie* Gern geschehen!, *so heißt es im Italienischen* Prego! ['prɛ:go]. *Unser* Es macht nichts *oder* Keine Ursache *werden mit* Di niente [di ni'ɛnte] *oder* s'immàgini! [sim-'ma:dʒini] *übersetzt. Das fragende* Bitte? *ist* Come? ['ko:me].

Danken

Danke (sehr)!
Grazie!
'gra:tsie

***Vielen (Herzlichen)* Dank!**
Tante grazie! (La ringrazio sentitamente!)
'tante 'gra:tsie (la riŋ'gra:tsio sentita'mente)

Danke, gleichfalls!
Grazie, altrettanto!
'gra:tsie, altret-'tanto

Nein, danke.
No, grazie.
nɔ, 'gra:tsie

Ich bin *Ihnen (dir)* sehr dankbar.
La (Ti) ringrazio molto!
la (ti) riŋ'gra:tsio 'molto

Vielen Dank für Ihre *Hilfe (Bemühungen)!*
Tante grazie per *il Suo aiuto (la Sua gentilezza)!*
'tante 'gra:tsie per il 'su:o ai'u:to (la 'su:a dʒenti'let-tsa)

***Ich danke (Wir danken)* Ihnen vielmals für ...**
La *ringrazio (ringraziamo)* sentitamente per ...
la riŋ'gra:tsio (riŋgratsi'a:mo) sentita'mente per

Bejahung und Verneinung

Ja.
Sì.
si

Gewiß.
Certamente.
tʃerta'mente

Selbstverständlich.
Naturalmente.
natural'mente

Sehr gern.
Molto volentieri.
'molto volenti'ɛ:ri

(Sehr) gut!
(Molto) bene!
('molto) 'bɛ:ne

Richtig!
Esatto!
e'zat-to

Prima!
Ottimo!
'ɔt-timo

Mit Vergnügen!
Con piacere!
kon pia'tʃe:re

Nein.
No.
nɔ

Niemals.
Mai.
mai

Nichts.
Niente.
ni'ɛnte

Auf keinen Fall!
In nessun caso!
in nes-'sun 'ka:so

Ich *will (kann)* nicht.
Non *voglio (posso)*.
non 'vɔ:ʎo ('pɔs-so)

Vielleicht.
Forse.
'forse

Wahrscheinlich.
Probabilmente.
probabil'mente

Entschuldigung

Entschuldigung!
Scusi!
'sku:zi

Verzeihung!
Scusi!
'sku:zi

Entschuldigen Sie bitte!
Mi scusi, per favore!
mi 'sku:zi, per fa'vo:re

Es tut mir sehr leid.
Mi dispiace tanto.
mi dispi'a:tʃe 'tanto

Es ist mir sehr unangenehm.
Mi dispiace molto.
mi dispi'a:tʃe 'molto

Ich muß mich bei *Ihnen (dir)* entschuldigen.
La prego (ti prego) di scusarmi.
la 'prɛ:go (ti 'prɛ:go) di sku'zarmi

Nehmen Sie es bitte nicht übel!
Non se l'abbia a male!
non se 'lab-bia a 'ma:le

Entschuldigen Sie mich bitte!
Mi scusi, per favore!
mi 'sku:zi, per fa'vo:re

Bedauern

(Wie) schade!
(Che) peccato!
(ke) pek-'ka:to

Ich bedaure das sehr.
Sono veramente spiacente.
'so:no vera'mente spia'tʃɛnte

Es ist leider unmöglich.
Purtroppo è impossìbile.
pur'trɔp-po ɛ impos-'si:bile

Zu meinem (großen) Bedauern ...
Con mio (grande) dispiacere ...
kon 'mi:o ('grande) dispia'tʃe:re

Es ist sehr schade, daß ...
È molto peccato che ...
ɛ 'molto pek-'ka:to ke

Glückwunsch und Beileid

Ich gratuliere *Ihnen (dir)*	*Le porgo (ti porgo)* i miei migliori saluti...	le 'pɔrgo (ti 'pɔrgo) i mi'ɛ:i mi'ʎo:ri sa'lu:ti
zum Geburtstag	per il compleanno ...	per il komple'an-no
zum Namenstag	per l'onomàstico	per lono'mastiko
zur Verlobung.......	per il fidanzamento ..	per il fidantsa'mento
zur Vermählung	per il matrimonio ...	per il matri'mɔ:ɲo
zu diesem Erfolg	per questo successo ..	per ku'esto sut-'tʃɛs-so

Herzlichen Glückwunsch!
I miei migliori auguri!
i mi'ɛːi mi'ʎoːri au'guːri

Frohes Fest!
Buona festa!
bu'ɔːna 'fɛsta

***Ich wünsche (Wir wünschen)* Ihnen ein gutes Neues Jahr!**
Le *àuguro* (*auguriamo*) buon anno!
le 'aːuguro (auguri'aːmo) bu'ɔn 'an-no

Viel Glück!
Buona fortuna!
bu'ɔːna for'tuːna

Viel Erfolg!
Buon successo!
bu'ɔn sut-'tʃɛs-so

Alles Gute!
Auguri!
au'guːri

Mein aufrichtiges Beileid.
Le mie sentite condoglianze.
le 'miːe sen'tiːte kondo'ʎantse

Unsere herzliche Anteilnahme!
Vivìssime condoglianze da parte nostra!
vi'vis-sime kondo'ʎantse da 'parte 'nɔstra

Beschwerden

Ich möchte mich beschweren.
Devo fare un reclamo.
'dɛːvo 'faːre un re'klaːmo

Ich muß mich über ... beschweren.
Devo reclamare ...
'dɛːvo rekla'maːre ...

Das ist sehr ärgerlich.
Questa è una vera seccatura.
ku'esta ɛ 'uːna 'veːra sek-ka'tuːra

Es *fehlt (fehlen)* ...
Manca (*Màncano*) ...
'maŋka ('maŋkano)

Ich habe kein(e) ...
Non ho ...
non ɔ

... funktioniert nicht.
... non funziona.
non funtsi'oːna

... ist nicht in Ordnung.
... non è in órdine.
non ɛ in 'ordine

Verständigung

Sprechen Sie Deutsch? **Englisch?** **Französisch?**
Parla tedesco? inglese? francese?
ˈparla teˈdesko iŋˈgleːse franˈtʃeːze

Verstehen Sie mich? **Ich verstehe.** **Ich verstehe nichts.**
Mi capisce? Capisco. Non capisco niente.
mi kaˈpiʃ-ʃe kaˈpisko non kaˈpisko niˈɛnte

Sprechen Sie bitte etwas langsamer!
Parli un po' più lentamente, per favore!
ˈparli un pɔ piˈu lentaˈmente, per faˈvoːre

Was heißt ... auf ...?
Come si dice per ... in ...?
ˈkoːme si ˈdiːtʃe per ... in ...?

Was bedeutet das?
Cosa significa questo?
ˈkɔːsa siˈɲiːfika kuˈesto

Wie heißt das auf ...?
Come si dice in ...?
ˈkoːme si ˈdiːtʃe in

Wie spricht man dieses Wort aus?
Come si pronuncia questa parola?
ˈkoːme si proˈnuntʃa kuˈesta paˈrɔːla

Wie bitte?
Come dice?
ˈkoːme ˈdiːtʃe

Könnten Sie mir das bitte übersetzen?
Può tradurre questo?
puˈɔ traˈdur-re kuˈesto

Schreiben Sie das bitte auf!
Lo scriva, per favore!
lo ˈskriːva, per faˈvoːre

Buchstabieren Sie das bitte!
Lo dica in lettere per favore!
lo ˈdiːka in ˈlɛt-tere per faˈvoːre

Wetter

Wie wird das Wetter?
Che tempo farà?
ke 'tɛmpo fa'ra

Was meldet der Wetterbericht?
Qual è la previsione del bollettino meteorologico?
ku'al ɛ la previzi'oːne del bol-let-'tiːno meteoro'lɔːdʒiko

Das Barometer *steigt (fällt)*.
Il baròmetro *sale* (*scende*).
il ba'rɔːmetro 'saːle ('ʃende)

Wir bekommen ...
Avremo ...
a'vreːmo

schönes Wetter	bel tempo	bɛl 'tɛmpo
schlechtes Wetter	brutto tempo	'brut-to 'tɛmpo
wechselhaftes Wetter .	tempo variàbile	'tɛmpo vari'aːbile

Es bleibt schön.
Rimane bello.
ri'maːne 'bɛl-lo

Es sieht nach Regen aus.
Pare che voglia piòvere.
'paːre ke 'vɔːʎa pi'ɔːvere

Wird es *regnen (schneien)*?
Pioverà (*Nevicherà*)?
piove'ra (nevike'ra)

Ist die Paßstraße frei?
È libero il passo?
ɛ 'liːbero il 'pas-so

Wie ist der Zustand der Straße nach ...?
In che stato si trova la strada per ...?
in ke 'staːto si 'trɔːva la 'straːda per

Es ist sehr glatt.
Si scìvola.
si 'ʃiːvola

– sehr heiß.
Fa molto caldo.
fa 'molto 'kaldo

– neblig.
C'è nebbia.
tʃɛ 'neb-bia

– sehr schwül.
C'è afa.
tʃɛ 'aːfa

– sehr windig.
C'è vento.
tʃɛ 'vento

– stürmisch.
C'è tempesta.
tʃɛ tem'pɛsta

Wieviel Grad haben wir?
Quanti gradi ci sono?
ku'anti 'graːdi tʃi 'soːno

Es ist ... Grad *über (unter)* Null.
Ci sono ... gradi sopra (sotto) zero.
tʃi 'soːno ... 'graːdi 'soːpra ('sot-to) 'dzɛːro

Es ist *kalt (warm)*.
Fa *freddo* (*caldo*).
fa 'fred-do ('kaldo)

Bleibt das Wetter schön?
Il tempo rimane bello?
il 'tɛmpo ri'maːne 'bɛl-lo

Das Wetter wird sich ändern.
Il tempo cambierà.
il ˈtɛmpo kambieˈra

Das Wetter wird wieder schön.
Il tempo torna bello.
il ˈtɛmpo ˈtorna ˈbɛl-lo

Der Wind hat sich gelegt.
Il vento si è calmato.
il ˈvɛnto si ɛ kalˈmaːto

Der Wind hat sich gedreht.
Il vento ha girato.
il ˈvɛnto a dʒiˈraːto

Wir werden ein Gewitter bekommen.
Ci sarà un temporale.
tʃi saˈra un tempoˈraːle

Es gibt Sturm.
Minaccia una tempesta.
miˈnat-tʃa ˈuːna temˈpɛsta

Wird sich der Nebel auflösen?
Si alzerà la nebbia?
si altseˈra la ˈneb-bia

Es hat aufgehört zu regnen.
Ha cessato di piòvere.
a tʃes-ˈsaːto di piˈɔːvere

Das Wetter klärt sich auf.
Il tempo si rischiara.
il ˈtɛmpo si riskiˈaːra

Die Sonne scheint.
C'è sole.
tʃɛ ˈsoːle

Die Sonne brennt.
Il sole scotta.
il ˈsoːle ˈskɔt-ta

Der Himmel ist klar.
Il cielo è sereno.
il ˈtʃɛːlo ɛ seˈreːno

Barometer	(il) baròmetro	(il) baˈrɔːmetro
bewölkt	nuvoloso	nuvoˈloːso
Bewölkung	(l')annuvolamento *m*	(l)an-nuvolaˈmento
Blitz	(il) fùlmine	(il) ˈfulmine
– es blitzt	lampeggia	lamˈped-dʒa
Dämmerung	(il) crepùscolo	(il) kreˈpuskolo
Donner	(il) tuono	(il) tuˈɔːno
– es donnert	tuona	tuˈɔːna
Eis	(il) ghiaccio	(il) giˈat-tʃo
Erdbeben	(il) terremoto	(il) ter-reˈmɔːto
Frost	(il) gelo	(il) ˈdʒɛːlo
– es friert	gela	ˈdʒɛːla
Gewitter	(il) temporale	(il) tempoˈraːle
Glatteis	(il) gelo	(il) ˈdʒɛːlo
Hagel	(la) gràndine	(la) ˈgrandine
– es hagelt	gràndina	ˈgrandina
Hitze	(il) caldo	(il) ˈkaldo
Hoch	(l')alta pressione *f*	(l)ˈalta pres-siˈoːne

Klima	(il) clima	(il) 'kli:ma
Luft	(l') aria *f*	(l)'a:ria
Luftdruck	(la) pressione atmosfèrica	(la) pres-si'o:ne atmos'fɛ:rika
Luftzug	(la) corrente d'aria	(la) kor-'rɛnte 'da:ria
Mond	(la) luna	(la) 'lu:na
Nebel	(la) nebbia	(la) 'neb-bia
Niederschläge	(le) precipitazioni	(le) pretʃipitatsi'o:ni
Regen	(la) pioggia	(la) pi'ɔd-dʒa
– es regnet	piove	pi'ɔ:ve
Regenschauer	(il) rovescio	(il) ro'vɛʃ-ʃo
Schnee	(la) neve	(la) 'ne:ve
– es schneit	névica	'ne:vika
Schneegestöber	(il) nevischio	(il) ne'viskio
Schneesturm	(la) tempesta di neve	(la) tem'pɛsta di 'ne:ve
Sonne	(il) sole	(il) 'so:le
Sonnenaufgang	(lo) spuntare del sole	(lo) spun'ta:re del 'so:le
Sonnenuntergang	(il) tramonto del sole	(il) tra'monto del 'so:le
Stern	(la) stella	(la) 'stel-la
Straßenzustand	(la) viabilità	(la) viabili'ta
Sturm	(la) tempesta	(la) tem'pɛsta
Tau	(la) rugiada	(la) ru'dʒa:da
Tauwetter	(il) tempo di sgelo	(il)'tɛmpo di 'zdʒɛ:lo
– es taut	sgela	'zdʒɛ:la
Temperatur	(la) temperatura	(la) tempera'tu:ra
Tief	(la) bassa pressione	(la) 'bas-sa pres-si'o:ne
Wetter	(il) tempo	(il) 'tɛmpo
Wetterbericht	(il) bollettino meteorològico	(il) bol-let-'ti:no meteoro'lɔ:dʒiko
Wind	(il) vento	(il) 'vɛnto
– es ist windig	tira vento	'ti:ra 'vɛnto
– Nordwind	(la) tramontana	(la) tramon'ta:na
– Ostwind	(il) vento di levante	(il) 'vɛnto di le'vante
– Südwind	(il) vento australe	(il) 'vɛnto aus'tra:le
– Westwind	(il) vento di ponente	(il) 'vɛnto di po'nɛnte
Wolke	(la) nùvola	(la) 'nu:vola
Wolkenbruch	(il) nubifragio	(il) nubi'fra:dʒo

Zahlen

Grundzahlen

0	zero	ˈdzɛːro
1	uno	ˈuːno
2	due	ˈduːe
3	tre	tre
4	quattro	kuˈat-tro
5	cinque	ˈtʃiŋkue
6	sei	sɛi
7	sette	ˈsɛt-te
8	otto	ˈɔt-to
9	nove	ˈnɔːve
10	dieci	diˈɛːtʃi
11	ùndici	ˈunditʃi
12	dódici	ˈdoːditʃi
13	trédici	ˈtreːditʃi
14	quattòrdici	kuat-ˈtɔrditʃi
15	quìndici	kuˈinditʃi
16	sédici	ˈseːditʃi
17	diciassette	ditʃas-ˈsɛt-te
18	diciotto	diˈtʃɔt to
19	diciannove	ditʃan-ˈnɔːve

20	venti	ˈventi
21	ventuno	venˈtuːno
22	ventidue	ventiˈduːe
23	ventitré	ventiˈtre
24	ventiquattro	ventikuˈat-tro
25	venticinque	ventiˈtʃiŋkue
26	ventisei	ventiˈsɛi
27	ventisette	ventiˈsɛt-te
28	ventotto	venˈtɔt-to
29	ventinove	ventiˈnɔːve
30	trenta	ˈtrenta
40	quaranta	kuaˈranta
50	cinquanta	tʃiŋkuˈanta
60	sessanta	ses-ˈsanta
70	settanta	set-ˈtanta
80	ottanta	ot-ˈtanta
90	novanta	noˈvanta
100	cento	ˈtʃɛnto
101	centouno	tʃɛntoˈuːno
200	duecento	dueˈtʃɛnto
300	trecento	treˈtʃɛnto
1 000	mille	ˈmil-le
2 000	duemila	dueˈmiːla
10 000	diecimila	diɛːtʃiˈmiːla
1 000 000	un milione	un miˈʎoːne

Ordnungszahlen

1.	primo	ˈpriːmo
2.	secondo	seˈkondo
3.	terzo	ˈtɛrtso
4.	quarto	kuˈarto
5.	quinto	kuˈinto
6.	sesto	ˈsɛsto
7.	sèttimo	ˈsɛt-timo
8.	ottavo	ot-ˈtaːvo
9.	nono	ˈnɔːno
10.	decimo	ˈdɛːtʃimo
11.	undicèsimo	undiˈtʃɛːzimo
12.	dodicèsimo	dodiˈtʃɛːzimo
13.	tredicèsimo	trediˈtʃɛːzimo
14.	quattordicèsimo	kuat-tordiˈtʃɛːzimo
15.	quindicèsimo	kuindiˈtʃɛːzimo
16.	sedicèsimo	sediˈtʃɛːzimo
17.	diciassettèsimo	ditʃas-set-ˈtɛːzimo
18.	diciottèsimo	ditʃot-ˈtɛːzimo
19.	diciannovèsimo	ditʃan-noˈvɛːzimo
20.	ventèsimo	venˈtɛːzimo
21.	ventunèsimo	ventuˈnɛːzimo
22.	ventiduèsimo	ventiduˈɛːzimo
23.	ventèsimo terzo	venˈtɛːzimo ˈtɛrtso
24.	ventèsimo quarto	venˈtɛːzimo kuˈarto
25.	ventèsimo quinto	venˈtɛːzimo kuˈinto
26.	ventèsimo sesto	venˈtɛːzimo ˈsɛsto
27.	ventèsimo sèttimo	venˈtɛːzimo ˈsɛt-timo
28.	ventèsimo ottavo	venˈtɛːzimo ot-ˈtaːvo
29.	ventèsimo nono	venˈtɛːzimo ˈnɔːno
30.	trentèsimo	trenˈtɛːzimo
40.	quarantèsimo	kuaranˈtɛːzimo
50.	cinquantèsimo	tʃiŋkuanˈtɛːzimo
60.	sessantèsimo	ses-sanˈtɛːzimo
70.	settantèsimo	set-tanˈtɛːzimo
80.	ottantèsimo	ot-tanˈtɛːzimo
90.	novantèsimo	novanˈtɛːzimo
100.	centèsimo	tʃenˈtɛːzimo
101.	centèsimo primo	tʃenˈtɛːzimo ˈpriːmo
200.	duecentèsimo	duetʃenˈtɛːzimo
300.	trecentèsimo	tretʃenˈtɛːzimo
1 000.	millèsimo	mil-ˈlɛːzimo
2 000.	duemillèsimo	duemil-ˈlɛːzimo
10 000.	diecimillèsimo	diɛtʃimil-ˈlɛːzimo

Uhrzeit

Wie spät ist es?
Che ore sono?
ke ˈoːre ˈsoːno

Es ist 1 Uhr.
È l' una.
ɛ ˈluːna

Es ist genau 3 Uhr.
Sono le tre precise.
ˈsoːno le tre preˈtʃiːze

Es ist *halb 7 (6 Uhr 30)*.
Sono le sei e mezza.
ˈsoːno le sɛi e ˈmɛd-dza

Es ist 5 (Minuten) nach 4.
Sono le quattro e cinque.
ˈsoːno le kuˈat-tro e ˈtʃiŋkue

Haben Sie genaue Zeit?
Ha l'ora precisa?
a ˈloːra preˈtʃiːza

Es ist ungefähr 2 Uhr.
Sono quasi le due.
ˈsoːno kuˈaːzi le ˈduːe

Es ist ein Viertel nach 5.
Sono le cinque e un quarto.
ˈsoːno le tʃiŋkue e un kuˈarto

Es ist dreiviertel 9.
Sono le otto e tre quarti.
ˈsoːno le ˈɔt-to e tre kuˈarti

Es ist 10 (Minuten) vor 8.
Sono le otto meno dieci.
ˈsoːno le ˈɔt-to ˈmeːno diˈɛːtʃi

Wann? Quando? kuˈando

Um 10 Uhr.
Alle dieci.
ˈal-le diˈɛːtʃi

Um 9 Uhr 30.
Alle nove e mezza.
ˈal-le ˈnɔːve e ˈmɛd-dza

Von 4 bis 5.
Dalle quattro alle cinque.
ˈdal-le kuˈat-tro ˈal-le ˈtʃiŋkue

Um 5 Uhr nachmittags.
Alle cinque del pomeriggio.
ˈal-le ˈtʃiŋkue del pomeˈrid-dʒo

Pünktlich um 11.
Alle ùndici in punto.
ˈal-le ˈunditʃi in ˈpunto

Um 20 Uhr 15.
Alle venti e un quarto
ˈal-le ˈventi e un kuˈarto

Zwischen 5 und 6.
Tra le cinque e le sei.
tra le ˈtʃiŋkue e le sɛi

Um 7 Uhr abends.
Alle sette di sera.
ˈal-le ˈsɛt-te di ˈseːra

In einer halben Stunde.
Fra mezz'ora.
fra med-'dzo:ra

In zwei Stunden.
Fra due ore.
fra 'du:e 'o:re

Nicht vor 7 Uhr.
Non prima delle sette.
non 'pri:ma 'del-le 'sɛt-te

Kurz nach 9 Uhr.
Poco dopo le nove.
'pɔ:ko 'dɔ:po le 'nɔ:ve

Es ist (zu) spät.
È (troppo) tardi.
ɛ ('trɔp-po) 'tardi

Es ist noch zu früh.
È ancora troppo presto.
ɛ aŋ'ko:ra 'trɔp-po 'prɛsto

Geht diese Uhr richtig?
Va bene quest'orologio?
va 'bɛ:ne kuestoro'lɔ:dʒo

Sie geht *vor (nach)*.
Va *avanti (indietro)*.
va a'vanti (indi'ɛ:tro)

Allgemeine Zeitangaben

Am Tage.
Di giorno.
di 'dʒorno

Morgens.
Di buon mattino.
di bu'ɔn mat-'ti:no

Vormittags.
Di mattina.
di mat-'ti:na

Gegen Mittag.
Verso mezzogiorno.
'vɛrso med-dzo'dʒorno

Mittags.
A mezzogiorno.
a med-dzo'dʒorno

Nachmittags.
Nel pomeriggio.
nel pome'rid-dʒo

Abends.
Di sera.
di 'se:ra

Nachts.
Di notte.
di 'nɔt-te

Um Mitternacht.
A mezzanotte.
a med-dza'nɔt-te

Täglich.
Ogni giorno.
'o:ɲi 'dʒorno

Stündlich.
Tutte le ore.
'tut-te le 'o:re

Vorgestern.
Ieri l'altro.
i'ɛ:ri 'laltro

Gestern.
Ieri.
i'ɛ:ri

Heute.
Oggi.
'ɔd-dʒi

Morgen.
Domani.
do'ma:ni

Übermorgen.
Dopodomani.
dopodo'ma:ni

In einer Woche.
Fra una settimana.
fra 'u:na set-ti'ma:na

In 14 Tagen.
Fra quìndici giorni.
fra ku'inditʃi 'dʒorni

Heute *morgen (vormittag)*.
Stamattina.
stamat-'ti:na

Heute *mittag (nachmittag)*.
Oggi *a mezzogiorno (dopopranzo)*.
'ɔd-dʒi a med-dzo'dʒorno (dopo'prandzo)

Heute *abend (nacht)*.
Stasera (stanotte).
sta'se:ra (sta'nɔt-te)

Vor zwei Tagen
Due giorni fa.
'du:e 'dʒorni fa

Vor drei Wochen.
Tre settimane fa.
tre set-ti'ma:ne fa

Vor einem Monat.
Un mese fa.
un 'me:se fa

Seit zehn Tagen.
Da dieci giorni.
da di'ɛ:tʃi 'dʒorni

Innerhalb einer Woche.
Entro una settimana.
'entro 'u:na set-ti'ma:na

Am Wochende
Al fine-settimana.
al 'fi:ne-set-ti'ma:na

***Voriges (nächstes)* Jahr.**
L'anno *passato* (*pròssimo*).
'lan-no pas-'sa:to ('prɔs-simo)

Jedes Jahr.
Ogni anno.
'o:ɲi 'an-no

Jede Woche.
Ogni settimana.
'o:ɲi set-ti'ma:na

Von Zeit zu Zeit.
Di tanto in tanto.
di 'tanto in 'tanto

Um diese Zeit.
Verso quest'ora.
'vɛrso kue'sto:ra

Zur Zeit.
Adesso.
ad'es-so

bald	presto	'prɛsto
bis	fino a	'fi:no a
früher	prima	'pri:ma
jederzeit	in ogni tempo	in 'o:ɲi 'tɛmpo
jetzt	adesso	a'dɛs-so
manchmal	talvolta	tal'vɔlta
neulich	l'altro giorno	'laltro 'dʒorno
rechtzeitig	in tempo	in 'tɛmpo
seit	da	da
später	più tardi	pi'u 'tardi
vorher	prima	'pri:ma
vor kurzem	poco fa	'pɔ:ko fa
vorläufig	per ora	per 'o:ra
Sekunde	(il) secondo	(il) se'kondo
Minute	(il) minuto	(il) mi'nu:to
Stunde	(l') ora *f*	(l)'o:ra
Tag	(il) giorno	(il) 'dʒorno
Woche	(la) settimana	(la) set-ti'ma:na
Monat	(il) mese	(il) 'me:se
Jahr	(l') anno *m*	(l)'an-no
– halbes Jahr	(il) semestre	(il) se'mɛstre
– Vierteljahr	(il) trimestre	(il) tri'mɛstre

Wochentage

Montag	(il) lunedì	(il) lune'di
Dienstag	(il) martedì	(il) marte'di
Mittwoch	(il) mercoledì	(il) merkole'di
Donnerstag	(il) giovedì	(il) dʒove'di
Freitag	(il) venerdì	(il) vener'di
Sonnabend/Samstag	(il) sàbato	(il) 'sa:bato
Sonntag	(la) doménica	(la) do'me:nika

Monate

Januar	(il) gennaio	(il) dʒen-'na:io
Februar	(il) febbraio	(il) feb-'bra:io
März	(il) marzo	(il) 'martso
April	(l') aprile *m*	(l)a'pri:le
Mai	(il) maggio	(il) 'mad-dʒo
Juni	(il) giugno	(il) 'dʒu:ɲo
Juli	(il) luglio	(il) 'lu:ʎo
August	(l') agosto *m*	(l)a'gosto
September	(il) settembre	(il) set-'tɛmbre
Oktober	(l') ottobre *m*	(l)ot-'to:bre
November	(il) novembre	(il) no'vɛmbre
Dezember	(il) dicembre	(il) di'tʃɛmbre

Jahreszeiten

Frühling	(la) primavera	(la) prima'vɛ:ra
Sommer	(l') estate *m*	(l)es'ta:te
Herbst	(l') autunno *m*	(l)au'tun-no
Winter	(l') inverno *m*	(l)in'vɛrno

Feiertage

Allerheiligen	(gli) Ognissanti	(ʎi) oɲis-'santi
Fronleichnam	(il) Corpusdòmini	(il) korpuz'dɔ:mini
Himmelfahrt	(l') Ascensione *f*	(l)aʃ-ʃensi'o:ne
Karfreitag	(il) venerdì santo	(il) vener'di 'santo
Neujahr	(il) capo d'anno	(il) 'ka:po 'dan-no
Ostern	(la) Pasqua	(la) 'paskua
Pfingsten	(le) Pentecoste	(le) pente'kɔste
Weihnachten	(il) Natale	(il) na'ta:le

Datum

Den wievielten haben wir heute?
Quanti ne abbiamo oggi?
ku'anti ne ab-bi'aːmo 'ɔd-dʒi

Heute ist der 2. Juli.
Oggi è il due luglio.
'ɔd-dʒi ɛ il 'duːe 'luːʎo

Am 15. Mai 1974.
Il quìndici maggio mille novecento settantaquattro.
il ku'inditʃi 'mad-dʒo 'mil-le nove'tʃɛnto set-tantaku'at-tro

Am 4. *dieses (nächsten)* Monats.
Il quattro del mese *corrente (próssimo)*.
il ku'at-tro del 'meːse kor-'rɛnte ('prɔs-simo)

Bis zum 10. März.
Fino al dieci marzo.
'fiːno al di'ɛːtʃi 'martso

Am 1. April *dieses (vergangenen)* Jahres.
Il primo aprile *di quest'anno* (*dell'anno passato*).
il 'priːmo a'priːle di kues'tan-no (del-'lan-no pas-'saːto)

Wir reisen am 20. September ab.
Partiremo il venti settembre.
parti'reːmo il 'venti set-'tɛmbre

Wir sind am 12. August angekommen.
Siamo arrivati il dódici agosto.
si'aːmo ar-ri'vaːti il 'doːditʃi a'gosto

Der Brief wurde am 9. Juni abgeschickt.
La lèttera è stata spedita il nove giugno.
la 'lɛt-tera ɛ 'staːta spe'diːta il 'nɔːve 'dʒuːɲo

Vielen Dank für Ihr Schreiben vom 2. Februar.
Tante grazie per la Sua lèttera del due febbraio.
'tante 'graːtsie per la 'suːa 'lɛt-tera del 'duːe feb-'braːio

Alter

Wie alt *sind Sie (bist du)?*
Quanti anni *ha* (*hai*)?
ku'anti 'an-ni a (ai)

Wie alt ist *er (sie)?*
Quanti anni ha?
ku'anti 'an-ni a

Ich bin 20 Jahre alt.
Ho venti anni.
ɔ 'venti 'an-ni

Kinder unter 6 Jahren.
Bambini inferiori ai sei anni.
bam'bi:ni inferi'o:ri ai 'sɛ:i 'an-ni

Er ist *jünger (älter)*.
È *più gióvane* (*più vecchio*).
ɛ pi'u 'dʒo:vane (pi'u 'vɛk-kio)

Im Alter von ... Jahren.
All'età di ... anni.
al-le'ta di ... 'an-ni

Ich bin über 18 Jahre alt.
Ho più di diciotto anni.
ɔ pi'u di di'tʃɔt-to 'an-ni

Ich bin am ... geboren.
Sono nato (*f:* nata) il ...
'so:no 'na:to ('na:ta) il

– minderjährig, erwachsen.
– minorenne, maggiorenne.
mino'rɛn-ne, mad-dʒo'rɛn-ne

In meinem Alter.
Alla mia età.
'al-la 'mi:a e'ta

Familie

Bruder	(il) fratello	(il) fra'tɛl-lo
Cousin(e)	(il) cugino, (la) cugina	(il) ku'dʒi:no, (la) ku'dʒi:na
Ehefrau	(la) moglie	(la) 'mo:ʎe
Ehemann	(il) marito	(il) ma'ri:to
Eltern	(i) genitori	(i) dʒeni'to:ri
Enkel	(il) nipote	(il) ni'po:te
Enkeltochter	(la) nipote	(la) ni'po:te
Familie	(la) famiglia	(la) fa'mi:ʎa
Großmutter	(la) nonna	(la) 'nɔn-na
Großvater	(il) nonno	(il) 'nɔn-no
Junge	(il) ragazzo	(il) ra'gat-tso
Mädchen	(la) ragazza	(la) ra'gat-tsa
Mutter	(la) madre	(la) 'ma:dre
Neffe	(il) nipote	(il) ni'po:te
Nichte	(la) nipote	(la) ni'po:te
Onkel	(lo) zio	(lo) 'tsi:o
Schwester	(la) sorella	(la) so'rɛl-la
Sohn	(il) figlio	(il) 'fi:ʎo
Tante	(la) zia	(la) 'tsi:a
Tochter	(la) figlia	(la) 'fi:ʎa
Vater	(il) padre	(il) 'pa:dre
– Stiefvater	(il) patrigno	(il) pa'tri:ɲo

Berufe

Angestellter	(l') impiegato *m*	(l)impie'ga:to
Apotheker	(il) farmacista	(il) farma'tʃista
Arbeiter	(il) lavoratore	(il) lavora'to:re
Architekt	(l') architetto *m*	(l)arki'tet-to
Arzt	(il) mèdico	(il) 'mɛ:diko
Autoschlosser	(il) meccànico d'automòbili	(il) mek-'ka:niko dauto'mɔ:bili
Bäcker	(il) fornaio	(il) for'na:io
Beamter	(il) funzionario	(il) funtsio'na:rio
Bergmann	(il) minatore	(il) mina'to:re
Bibliothekar	(il) bibliotecario	(il) bibliote'ka:rio
Bildhauer	(lo) scultore	(lo) skul'to:re
Briefträger	(il) portalèttere	(il) porta'lɛt-tere
Buchhalter	(il) contàbile	(il) kon'ta:bile
Buchhändler	(il) libraio	(il) li'bra:io
Dolmetscher	(l') intèrprete *m*	(l)in'tɛrprete
Drogist	(il) droghiere	(il) drogi'ɛ:re
Eisenbahner	(il) ferroviere	(il) fer-rovi'ɛ:re
Elektriker	(l') elettricista *m*	(l)elet-tri'tʃista
Fahrlehrer	(il) maestro di guida	(il) ma'ɛstro digu'i:da
Fischer	(il) pescatore	(il) peska'to:re
Fleischer	(il) macellaio	(il) matʃel-'la:io
Förster	(la) guardia forestale	(la) gu'ardia fores'ta:le
Friseur	(il) parrucchiere	(il) par-ruk-ki'ɛ:re
Friseuse	(la) parrucchiera	(la) par-ruk-ki'ɛ:ra
Gärtner	(il) giardiniere	(il) dʒardi'ɲɛ:re
Glaser	(il) vetraio	(il) ve'tra:io
Großhändler	(il) grossista	(il) gros-'sista
Handwerker	(l') artigiano *m*	(l)arti'dʒa:no
Hausfrau	(la) massaia	(la) mas-'sa:ia
Hebamme	(la) levatrice	(la) leva'tri:tʃe
Ingenieur	(l') ingegnere *m*	(l)indʒe'ɲɛ:re
Installateur	(l') installatore *m*	(l)instal-la'to:re
Journalist	(il) giornalista	(il) dʒorna'lista
Kaufmann	(il) commerciante	(il) kom-mer'tʃante
Kellner	(il) cameriere	(il) kameri'ɛ:re
Kindergärtnerin	(la) puericultrice	(la) puerikul'tri:tʃe

Klempner	(il) lattoniere	(il) lat-to'ɲɛːre
Koch	(il) cuoco	(il) ku'ɔːko
Konditor	(il) pasticciere	(il) pastit-'tʃɛːre
Kraftfahrer	(il) conducente	(il) kondu'tʃɛnte
Krankenschwester	(l') infermiera *f*	(l)infermi'ɛːra
Künstler	(l') artista *m*	(l)ar'tista
Landwirt	(l') agricoltore *m*	(l)agrikol'toːre
Lehrer	(il) professore	(il) profes-'soːre
Lehrling	(l') apprendista *m*	(l)ap-pren'dista
Maler	(il) pittore	(il) pit-'toːre
Maurer	(il) muratore	(il) mura'toːre
Mechaniker	(il) meccànico	(il) mek-'kaːniko
Metzger	(il) macellaio	(il) matʃel-'laːio
Musiker	(il) musicista	(il) muzi'tʃista
Notar	(il) notaio	(il) no'taːio
Optiker	(l') òttico *m*	(l)'ɔt-tiko
Pfarrer	(il) pàrroco	(il) 'par-roko
Politiker	(il) polìtico	(il) po'liːtiko
Postbeamter	(l') impiegato *m* postale	(l)impie'gaːto po'staːle
Rechtsanwalt	(l') avvocato *m*	(l)av-vo'kaːto
Rentner	(il) pensionato	(il) pensio'naːto
Richter	(il) giùdice	(il) 'dʒuːditʃe
Schlosser	(il) magnano	(il) ma'ɲaːno
Schneider(in)	(il) sarto, (la) sarta	(il) 'sarto, (la) 'sarta
Schriftsteller	(lo) scrittore	(lo) skrit-'toːre
Schuhmacher	(il) calzolaio	(il) kaltso'laːio
Schüler(in)	(lo) scolaro, (la) scolara	(lo) sko'laːro, (la) sko'laːra
Sekretärin	(la) segretaria	(la) segre'taːria
Student(in)	(lo) studente, (la) studentessa	(lo) stu'dɛnte, (la) studen'tes-sa
Studienrat	(il) professore di scuola media	(il) profes-'soːre di sku'ɔːla 'mɛːdia
Techniker	(il) tècnico	(il) 'tɛkniko
Tierarzt	(il) veterinario	(il) veteri'naːrio
Tischler	(il) falegname	(il) fale'ɲaːme
Uhrmacher	(l') orologiaio *m*	(l)orolo'dʒaːio
Verkäufer(in)	(il) commesso, (la) commessa	(il) kom-'mes-so, (la) kom-'mes-sa
Vertreter	(il) rappresentante	(il) rap-prezen'tante

Wissenschaftler	(lo) scienziato......	(lo) ʃentsi'a:to
Zahnarzt	(il) dentista........	(il) den'tista

Ausbildung

***Was (Wo)* studieren Sie?**
Che cosa (*Dove*) studia?
ke 'kɔ:sa ('do:ve) 'stu:dia

Ich studiere ...
Studio ...
'stu:dio

Ich studiere in ...
Studio a ...
'stu:dio a

Ich besuche die ... Schule.
Frequento la scuola ...
freku'ɛnto la sku'ɔ:la

Akademie	(l') accadèmia *f*	(l)ak-ka'dɛ:mia
– Kunstakademie ...	(l') Accadèmia *f* delle Belle Arti	(l)ak-ka'dɛ:mia 'del-le 'bɛl-le 'arti
– Sportakademie ...	(l') accadèmia *f* dello sport	(l)ak-ka'dɛ:mia 'del-lo 'spɔrt
Fakultät	(la) facoltà	(la) fakol'ta
Hochschule	(l') università *f*.....	(l)universi'ta
Institut...........	(l') istituto *m*	(l)isti'tu:to
Lehrgang..........	(il) corso	(il) 'korso
Schule	(la) scuola.........	(la) sku'ɔ:la
– Berufsschule	(la) scuola d'avviamento professionale	la sku'ɔ:la dav-via-'mento profes-sio-'na:le
– Handelsschule	(la) scuola commerciale..............	la sku'ɔ:la kom-mer-'tʃa:le
– Kunstgewerbeschule	(la) scuola dell'artigianato	(la) sku'ɔ:la del-lartidʒa'na:to
– Oberschule	(il) liceo, (il) ginnasio	(il) li'tʃɛ:o, (il) dʒin-'na:zio
Studium...........	(lo) studio.........	(lo) 'stu:dio
– Fernstudium......	(lo) studio per corrispondenza	(lo) 'stu:dio per kor-rispon'dɛntsa
Studienfach........	(la) materia	(la) ma'te:ria

– Anglistik	(l') anglìstica *f*	(l)aŋ'glistika
– Archäologie	(l') archeologìa *f* ...	(l)arkeolo'dʒi:a
– Architektur	(l') architettura *f* ...	(l)arkitet-'tu:ra
– Betriebswirtschaft .	(l') economìa *f* aziendale..........	(l)ekono'mi:a adzien'da:le
– Biologie	(la) biologìa	(la) biolo'dʒi:a
– Chemie	(la) chìmica	(la) 'ki:mika
– Geographie	(la) geografìa	(la) dʒeogra'fi:a
– Geologie	(la) geologìa	(la) dʒeolo'dʒi:a
– Germanistik	(la) germanìstica ...	(la) dʒerma'nistika
– Geschichte	(la) storia	(la) 'stɔ:ria
– Jura	(la) legge..........	(la) 'lɛd-dʒe
– Kunstgeschichte ...	(la) storia dell'arte..	(la) 'stɔ:ria del-'larte
– Malerei	(la) pittura	(la) pit-'tu:ra
– Maschinenbau	(l') indùstria *f*...... meccànica.........	(l)in'dustria mek-'ka:nika
– Mathematik	(la) matemàtica	(la) mate'ma:tika
– Medizin	(la) medicina	(la) medi'tʃi:na
– Musik	(la) mùsica	(la) 'mu:zika
– Pädagogik	(la) pedagogìa	(la) pedago'dʒi:a
– Pharmazie	(la) farmacèutica ...	(la) farma'tʃɛ:utika
– Physik	(la) fìsica..........	(la) 'fi:zika
– Politologie	(le) scienze polìtiche.	(le) 'ʃɛntse po'li:tike
– Psychologie	(la) psicologìa	(la) psikolo'dʒi:a
– Romanistik	(la) romanìstica	(la) roma'nistika
– Schiffbau	(le) costruzioni navali	(le) kostrutsi'o:ni na'va:li
– Slawistik	(la) slavìstica	(la) zla'vistika
– Soziologie	(la) sociologìa	(la) sotʃolo'dʒi:a
– Veterinärmedizin ..	(la) medicina veterinaria	(la) medi'tʃi:na veteri'na:ria
– Wirtschaftswissenschaft	(le) scienze económiche	(le) 'ʃɛntse eko'nɔ:mike
– Zahnmedizin	(l') odontologìa *f*...	(l)odontolo'dʒi:a
– Zoologie	(la) zoologìa	(la) dzoolo'dʒi:a
Universität	(l') università *f*.....	(l)universi'ta
Vorlesungen	(le) lezioni	(le) letsi'o:ni

MIT AUTO, MOTORRAD UND FAHRRAD

Fragen nach dem Weg

Wo *ist (sind)* . . . ?
Dov'è (Dove sono) . . . ?
do'vɛ ('doːve 'soːno)

Wie komme ich nach . . . ?
Quale è la strada per . . . ?
ku'aːle ɛ la 'straːda per

Wieviel Kilometer sind es bis zur nächsten Stadt?
A quanti chilòmetri siamo dalla città più vicina?
a ku'anti ki'lɔːmetri si'aːmo 'dal-la tʃit-'ta pi'u vi'tʃiːna

Ist das die Straße nach . . . ?
È questa la strada per . . . ?
ɛ ku'esta la 'straːda per

Bin ich hier richtig nach . . . ?
È giusta questa strada per. . . ?
ɛ 'dʒusta ku'esta 'straːda per

Muß ich . . . *fahren (gehen)*?
Devo *proseguire* (*andare*) . . . ?
'dɛːvo prosegu'iːre (an'daːre)

Rechts.
A destra.
a 'dɛstra

Links.
A sinistra.
a si'nistra

Geradeaus.
Sempre diritto.
'sɛmpre di'rit-to

Zurück.
Indietro.
indi'ɛːtro

Dort.
Là.
la

In dieser Richtung.
In questa direzione.
in ku'esta diretsi'oːne

Bis zu . . .
Fino a . . .
'fiːno a

Wie lange?
Quanto tempo?
ku'anto 'tɛmpo

Wohin?
Dove?
'doːve

Wie weit ist es nach . . . ?
Che distanza c'è a . . . ?
ke dis'tantsa tʃɛ a

Zeigen Sie mir das bitte auf der Karte.
Me lo ìndichi sulla carta, per favore.
me lo 'indiki 'sul-la 'karta, per fa'voːre

Fahrzeuge

Anhänger	(il) rimorchio	(il) ri'mɔrkio
Auto	(l') automòbile *f*, (la) màcchina	(l)auto'mɔːbile, (la) 'mak-kina
– **Kombiwagen**	(la) màcchina familiare	(la) 'mak-kina fami'ʎaːre
– **Lastauto**	(l') autocarro *m*	(l)auto'kar-ro
– **Lieferauto**	(il) furgoncino	(il) furgon'tʃiːno
– **Personenauto**	(l') autovettura *f* . . .	(l)autovet-'tuːra

Autobus	(l') àutobus *m*	(l)'a:utobus
Campingwagen	(la) roulotte	(la) ru'lɔt
Eselskarren	(il) carro trainato da un àsino	(il) 'kar-ro trai'na:to da un 'a:sino
Fahrrad	(la) bicicletta	(la) bitʃi'klet-ta
Fahrzeug	(il) veìcolo	(il) ve'i:kolo
Moped	(la) motoleggera . . .	(la) motoled-'dʒɛ:ra
Motorrad	(la) motocicletta . . .	(la) mototʃi'klet-ta
Motorroller	(la) motoretta	(la) moto'ret-ta
Pferdewagen	(il) carro a cavalli . . .	(il) 'kar-ro a ka'val-li
Reiseomnibus	(l') autopullman *m* . .	(l)auto'pulman

Autovermietung

Wo kann ich ein Auto mieten?
Dove posso noleggiare una màcchina?
'do:ve 'pɔs-so noled-'dʒa:re 'u:na 'mak-kina

Ich möchte ein Auto mieten.
Vorrei noleggiare una màcchina.
vor-'rɛi noled-'dʒa:re 'u:na 'mak-kina

. . . **mit Fahrer.**
. . . con autista.
kon au'tista

. . . **für 2 (6) Personen.**
. . . per *due* (*sei*) persone.
per 'du:e ('sɛ:i) per'so:ne

. . . **für *einen Tag (zwei Tage, eine Woche, zwei Wochen).***
. . . per *un giorno* (*due giorni, una settimana, due settimane*).
per un 'dʒorno ('du:e 'dʒorni, 'u:na set-ti'ma:na, 'du:e set-ti-'ma:ne)

Wieviel kostet es?
Quanto costa?
ku'anto 'kɔsta

. . . **einschließlich voller Versicherung?**
. . . inclusa l'assicurazione integrale?
iŋ'klu:sa las-sikuratsi'o:ne inte'gra:le

Muß ich das Benzin selbst bezahlen?
La benzina, la devo pagare io?
la ben'dzi:na, la 'dɛ:vo pa'ga:re 'i:o

Wieviel muß ich bei Ihnen hinterlegen?
Quanto devo lasciare come cauzione?
ku'anto 'dɛ:vo laʃ-'ʃa:re 'ko:me kautsi'o:ne

***Wann (Wo)* kann ich den Wagen abholen?**
Quando (*Dove*) posso ritirare la màcchina?
ku'ando ('do:ve) 'pɔs-so riti'ra:re la 'mak-kina

Ist jemand da, wenn ich das Auto zurückbringe?
Ci sarà qualcuno quando riporterò la màcchina?
tʃi sa'ra kual'ku:no ku'ando riporte'rɔ la 'mak-kina

Fahren

Ich fahre nach ...
Vado a ...
ˈvaːdo a

Fahren Sie nach ... ?
Va a ... ?
va a

Mit dem *Auto (Motorrad, Fahrrad)* fahren.
Andare in *automòbile* (*motocicletta, bicicletta*).
anˈdaːre in autoˈmɔːbile (mototʃiˈklet-ta, bitʃiˈklet-ta)

Schnell/langsam.
veloce/adagio.
veˈloːtʃe/aˈdaːdʒo

Ampel	(il) semàforo	(il) seˈmaːforo
Ausfahrt	(l') uscita *f*	(l)uʃ-ˈʃiːta
Autobahn	(l') autostrada *f*	(l)autosˈtraːda
Autobahngebühr	(il) pedaggio	(il) peˈdad-dʒo
Automobilklub	(il) club automobilìstico	(il) klab automobiˈlistiko
Bahnübergang	(il) passaggio a livello	(il) pas-ˈsad-dʒo a liˈvɛl-lo
Baustelle	(il) cantiere	(il) kantiˈɛːre
Durchfahrt	(il) passaggio	(il) pas-ˈsad-dʒo
Einfahrt	(l') entrata *f*	(l)enˈtraːta
Fahrspur	(la) corsìa	(la) korˈsiːa
Fahrt	(il) viaggio in màcchina	(il) viˈad-dʒo in ˈmak-kina
– abbiegen	svoltare	zvolˈtaːre
– anhalten	fermare	ferˈmaːre
– bremsen	frenare	freˈnaːre
– sich einordnen	inserirsi	inseˈrirsi
– fahren	andare	anˈdaːre
– halten	fermarsi	ferˈmarsi
– parken	parcheggiare	parked-ˈdʒaːre
– überholen	sorpassare	sorpas-ˈsaːre
– wenden	girare	dʒiˈraːre
Fahrtroute	(la) rotta	(la) ˈrot-ta
Führerschein	(la) patente di guida	(la) paˈtɛnte di guˈiːda
Gefälle	(il) pendìo	(il) penˈdiːo
Geschwindigkeitsbegrenzung	(il) lìmite di velocità	(il) ˈliːmite di velotʃiˈta
Halteverbot	(il) divieto di sosta	(il) diviˈɛːto di ˈsɔsta
Höchstgeschwindigkeit	(la) velocità màssima	(la) velotʃiˈta ˈmas-sima

Kreisverkehr	(il) senso circolare	(il) 'sɛnso tʃirko-'la:re
Kreuzung	(l') incrocio *m*	(l)iŋ'kro:tʃo
Kurve	(la) curva	(la) 'kurva
Mittelstreifen	(la) linea di mezzo	(la) 'li:nea di 'mɛdz-zo
Parkplatz	(il) parcheggio	(il) par'ked-dʒo
Parkscheibe	(il) disco orario	(il) 'disko o'ra:rio
Parkuhr	(il) parcòmetro	(il) par'kɔ:metro
Parkverbot	(il) divieto di parcheggio	(il) divi'ɛ:to di par'ked-dʒo
Paß	(il) passo	(il) 'pas-so
Radfahrweg	(la) ciclopista	(la) tʃiklo'pista
Rutschgefahr	(la) strada sdrucciolévole	(la) 'stra:da zdrut-tʃo'le:vole
Serpentine	(la) serpentina	(la) serpen'ti:na
Steigung	(la) salita	(la) sa'li:ta
Straße	(la) strada, (la) via	(la) 'stra:da, (la) 'vi:a
– **Einbahnstraße**	(la) strada a senso ùnico	(la) 'stra:da a 'sɛnso 'u:niko
– **Hauptstraße**	(la) strada principale	(la) 'stra:da printʃi-'pa:le
Tankstelle	(il) distributore di benzina	(il) distribu'to:re di ben'dzi:na
Tunnel	(la) gallerìa	(la) gal-le'ri:a
Überholverbot	(il) divieto di sorpasso	(il) divi'ɛ:to di sor'pas-so
Umleitung	(la) deviazione	(la) deviatsi'o:ne
Verkehr	(il) tràffico	(il) 'traf-fiko
Verkehrspolizei	(la) polizìa stradale	(la) poli'tsi:a stra'da:le
Verkehrsregeln	(il) còdice della strada	(il) 'kɔ:ditʃe 'del-la 'stra:da
Verkehrsschild	(il) cartello stradale	(il) kar'tɛl-lo stra'da:le
Vorfahrt	(il) diritto di precedenza	(il) di'rit-to di pretʃe'dɛntsa
Weg	(la) strada, (la) via	(la) 'stra:da, (la) 'vi:a
Wegweiser	(l') indicatore *m* stradale	(l)indika'to:re stra'da:le

Garage, Parkplatz

Wo kann ich meinen Wagen unterstellen?
Dove posso lasciare la mia màcchina?
ˈdoːve ˈpɔs-so laʃ-ˈʃaːre la ˈmiːa ˈmak-kina

Ist hier in der Nähe eine Garage?
C'è un'autorimessa, qui vicino?
tʃɛ unautoriˈmes-sa, kuˈi viˈtʃiːno

Haben Sie noch eine Box frei?
C'è ancora un box libero?
tʃɛ aŋˈkoːra un bɔks ˈliːbero

Wo kann ich den Wagen lassen?
Dove posso méttere la màcchina?
ˈdoːve ˈpɔs-so ˈmet-tere la ˈmak-kina

Kann ich ihn hier lassen?
Posso lasciarla qui?
ˈpɔs-so laʃ-ˈʃarla kuˈi

Kann ich hier parken?
Posso parcheggiare qui?
ˈpɔs-so parked-ˈdʒaːre kuˈi

Ist der Parkplatz bewacht?
Il parcheggio è custodito?
il parˈked-dʒo ɛ kustoˈdiːto

Ist noch ein Platz frei?
C'è ancora un posto lìbero?
tʃɛ aŋˈkoːra un ˈposto ˈliːbero

Wie lange kann ich hier parken?
Quanto tempo posso parcheggiare qui?
kuˈanto ˈtɛmpo ˈpɔs-so parked-ˈdʒaːre kuˈi

Was kostet das Unterstellen *pro Nacht (bis . . .)*?
Quanto costa il posteggio *per una notte* (*fino a . . .*)?
kuˈanto ˈkɔsta il posˈted-dʒo per ˈuːna ˈnɔt-te (ˈfiːno a)

Ist die Garage die ganze Nacht geöffnet?
La rimessa è aperta tutta la notte?
la riˈmes-sa ɛ aˈpɛrta ˈtut-ta la ˈnɔt-te

Wann schließen Sie?
Quando chiude?
kuˈando kiˈuːde

Ich fahre *heute abend (morgen um 8)* weiter.
Riparto *stasera* (*domani alle otto*).
riˈparto staˈseːra (doˈmaːni ˈal-le ˈɔt-to)

Ich möchte meinen Wagen aus der Garage holen.
Voglio uscire con la mia màcchina dall'autorimessa.
ˈvɔːʎo uʃ-ˈʃiːre kon la ˈmiːa ˈmak-kina dal-lautoriˈmes-sa

Tankstelle, Kundendienst

Wo ist die nächste Tankstelle?
Dov'è il distributore di benzina più vicino?
do'vɛ il distribu'to:re di ben'dzi:na pi'u vi'tʃi:no

Wie weit ist es?
Che distanza c'è?
ke dis'tantsa tʃɛ

Geben Sie mir bitte 20 Liter *Normalbenzin (Super)*.
Mi dia venti litri *di benzina normale* (*di Super*), per favore.
mi 'di:a 'venti 'li:tri di ben'dzi:na nor'ma:le (di 'su:per), per fa'vo:re

Ich möchte 15 Liter Diesel.
Vorrei quìndici litri di diesel.
vor-'rɛi ku'inditʃi 'li:tri di 'di:zel

Den Tank voll, bitte.
Faccia il pieno, per favore.
'fat-tʃa il pi'ɛ:no, per fa'vo:re

Ich brauche Kühlwasser.
Ho bisogno di acqua per il radiatore.
ɔ bi'zo:ɲo di 'ak-kua per il radia'to:re

Füllen Sie bitte Kühlwasser nach.
Aggiunga dell'acqua nel radiatore, per favore.
ad-'dʒuŋga del-'lak-kua nel radia'to:re, per fa'vo:re

Prüfen Sie bitte die Bremsflüssigkeit.
Verìfichi il lìquido per i freni idràulici, per favore.
ve'ri:fiki il 'li:kuido per i 'fre:ni i'dra:ulitʃi, per fa'vo:re

Benzin	(la) benzina	(la) ben'dzi:na
Benzinkanister	(il) bidone di benzina	(il) bi'do:ne di ben'dzi:na
Benzingutschein	(il) buono-benzina ..	(il) bu'ɔ:no ben'dzi:na
Benzintank	(il) serbatoio di benzina	(il) serba'to:io di ben'dzi:na
Bremsflüssigkeit	(il) lìquido per i freni idràulici	(il) 'li:kuido per i 'fre:ni idr'a:ulitʃi
Kühlwasser	(l') acqua *f* di raffreddamento	(l)'ak-kua di raf-fred-da'mento
Kundendienst	(l')assistenza *f* clienti	(l)as-sis'tɛntsa kli'ɛnti
Reservetank	(il) serbatoio di riserva	(il) serba'to:io di ri'sɛrva
Tankwart	(il) benzinaro	(il) bendzi'na:ro
Wasser	(l') acqua *f*	(l)'ak-kua
– destilliertes Wasser	(l') acqua *f* distillata	(l)'ak-kua distil-'la:ta

Öl

Prüfen Sie bitte den Ölstand.
Verìfichi il livello dell'olio, per favore.
ve'ri:fiki il li'vɛl-lo del-'lɔ:ʎo, per fa'vo:re

Ist noch genug Öl da?
C'è ancora abbastanza olio?
tʃɛ aŋ'ko:ra ab-bas'tantsa 'ɔ:ʎo

Ich brauche *Motorenöl (Getriebeöl)*.
Ho bisogno di olio per il *motore (cambio)*.
ɔ bi'zo:ɲo di' ɔ:ʎo per il mo'to:re ('kambio)

Füllen Sie bitte Öl nach.
Aggiunga dell'olio, per favore.
ad-'dʒuŋga del-'lɔ:ʎo, per fa'vo:re

Wechseln Sie bitte das Öl.
Cambi l'olio, per favore.
'kambi 'lɔ:ʎo, per fa'vo:re

Abschmierdienst	(il) servizio lubrificazione	(il) ser'vi:tsio lubrifikatsi'o:ne
Getriebeöl	(l') olio *m* per il cambio	(l)'ɔ:ʎo per il 'kambio
Motorenöl	(l') olio *m* per il motore	(l)'ɔ:ʎo per il mo'to:re
Öl	(l') olio *m*	(l)'ɔ:ʎo
– spezial/normal	speciale/normale	spe'tʃa:le/nor'ma:le
Ölkanne	(l') oliatore *m*	(l)oʎa'to:re
Ölstand	(il) livello dell'olio	(il) li'vɛl-lo del-'lɔ:ʎo
Ölwechsel	(il) cambio dell'olio	(il) 'kambio del-'lɔ:ʎo

Reifendienst

Können Sie diesen Reifen *vulkanisieren (reparieren)*?
Può *vulcanizzare (riparare)* questa gomma?
pu'ɔ vulkanid-'dza:re (ripa'ra:re) ku'esta 'gom-ma

Können Sie diesen Schlauch flicken?
Può riparare questa càmera d'aria?
pu'ɔ ripa'ra:re ku'esta 'ka:mera 'da:ria

Wechseln Sie bitte diesen Reifen.
Cambi questa gomma, per favore.
'kambi ku'esta 'gom-ma, per fa'vo:re

Einen neuen Schlauch, bitte.
Una nuova càmera d'aria, per favore.
'u:na nu'ɔ:va 'ka:mera 'da:ria, per fa'vo:re

Prüfen Sie bitte den Reifendruck.
Controlli la pressione delle gomme, per favore.
kon'trɔl-li la pres-si'oːne 'del-le 'gom-me, per fa'voːre

Vorn 1.6, hinten 2.0 (atü).
Davanti uno e sei, dietro due.
da'vanti 'uːno e 'sɛːi di'ɛːtro 'duːe

Da die Werte für den Reifendruck der einzelnen Wagentypen verschieden sind, empfehlen wir Ihnen, die für Ihren Wagen gültigen Zahlen aufzuschreiben und dem Tankwart vorzulegen.

Bereifung	(le) gomme	(le) 'gom-me
Rad	(la) ruota	(la) ru'ɔːta
– Hinterrad	(la) ruota posteriore	(la) ru'ɔːta posteri'oːre
– Reserverad	(la) ruota di scorta	(la) ru'ɔːta di 'skɔrta
– Vorderrad	(la) ruota anteriore	(la) ru'ɔːta anteri'oːre
Reifen	(la) gomma	(la) 'gom-ma
– schlauchloser Reifen	(la) gomma senza càmera d'aria	(la) 'gom-ma 'sɛntsa 'kaːmera 'daːria
Reifendruck	(la) pressione delle gomme	(la) pres-si'oːne 'del-le 'gom-me
Reifenpanne	(la) foratura	(la) fora'tuːra
Reifenwechsel	(il) cambio della gomma	(il) 'kambio 'del-la 'gom-ma

Wagenwäsche

Wo kann ich meinen Wagen waschen lassen?
Dove posso fare lavare la màcchina?
'doːve 'pɔs-so 'fare la'vaːre la 'mak-kina

Säubern Sie bitte *die Windschutzscheibe (die Scheiben).*
Pulisca il *parabrezza (i vetri)*, per favore.
pu'liska il para'bred-dza (i 'veːtri), per fa'voːre

Waschen Sie mir bitte den Wagen.
Può lavare la màcchina, per favore?
pu'ɔ la'vaːre la 'mak-kina, per fa'voːre

Reinigen Sie den Wagen bitte auch innen.
Pulisca anche l'interno della màcchina.
pu'liska 'aŋke lin'tɛrno 'del-la 'mak-kina

Panne, Unfall

***Ich habe (Wir haben)* eine Panne.**
Ho (Abbiamo) un guasto.
ɔ (ab-bi'a:mo) un gu'asto

. . . ist defekt.
. . . è guasto.
ɛ gu'asto

Ich habe einen Unfall gehabt.
Ho avuto un incidente.
ɔ a'vu:to un intʃi'dɛnte

Kann ich bei Ihnen telefonieren?
Posso telefonare?
'pɔs-so telefo'na:re

Verständigen Sie bitte die Polizei.
Chiami la polizìa, per favore.
ki'a:mi la poli'tsi:a, per fa'vo:re

Holen Sie einen Arzt!
Faccia venire un mèdico!
'fat-tʃa ve'ni:re un 'mɛ:diko

Rufen Sie schnell einen Krankenwagen!
Presto, faccia venire un'ambulanza!
'prɛsto 'fat-tʃa ve'ni:re unambu'lantsa

Bitte helfen Sie mir!
Mi aiuti, per favore!
mi ai'u:ti, per fa'vo:re

Ich brauche Verbandszeug.
Ho bisogno di bende, garza e cerotti.
ɔ bi'zo:ɲo di 'bende 'gardza e tʃe'rɔt-ti

Können Sie mir . . . leihen?
Potrebbe prestarmi . . . ?
po'trɛb-be pres'tarmi

Könnten Sie . . .
Potrebbe . . .
po'trɛb-be

– mich ein Stück mitnehmen?
– darmi un passaggio?
'darmi un pas-'sad-dʒo

– meinen Wagen abschleppen?
– rimorchiare la mia màcchina?
rimorki'a:re la 'mi:a 'mak-kina

– mir einen *Mechaniker (Abschleppwagen)* schicken?
– mandarmi un *meccànico (rimorchiatore)?*
man'darmi un mek-'ka:niko (rimorkia'to:re)

– sich um die Verletzten kümmern?
– curarsi dei feriti?
ku'rarsi dei fe'ri:ti

Wo ist eine Reparaturwerkstatt?
Dov'è un'officina di riparazioni?
do'vɛ unof-fi'tʃi:na di riparatsi'o:ni

Bitte geben Sie mir Ihren Namen und Ihre Adresse an.
Mi dia il Suo nome ed il Suo indirizzo.
mi 'di:a il 'su:o 'no:me ed il 'su:o indi'rit-tso

Es ist Ihre Schuld!
La colpa è Sua!
la 'kolpa ɛ 'suːa

Ich hatte Vorfahrt.
Avevo il diritto di precedenza.
a'veːvo il di'rit-to di pretʃe'dɛntsa

Können Sie mein Zeuge sein?
Può farmi da testimone?
pu'ɔ 'farmi da testi'mɔːne

Sie haben ... beschädigt.
Lei ha danneggiato ...
lɛi a dan-ned-'dʒaːto

... ist (schwer) verletzt.
... è ferito (-a) (gravemente).
ɛ fe'riːto (-a) (grave'mente)

Wo ist Ihr Wagen versichert?
Dov'è assicurata la Sua màcchina?
do'vɛ as-siku'raːta la 'suːa 'mak-kina

Abschleppdienst	(il) carro attrezzi	(il) 'kar-ro at-'tret-tsi
Abschleppseil	(la) fune di traino	(la) 'fuːne di 'traːino
Auffahrunfall	(il) tamponamento	(il) tampona'mento
Aufprall	(l') urto *m*	(l)'urto
Blechschaden	(il) danno alla carrozzerìa	(il) 'dan-no 'al-la kar-rot-tse'riːa
Federbruch	(la) rottura delle balestre	(la) rot-'tuːra 'del-le ba'lɛstre
Feuerwehr	(i) pompieri	(i) pompi'ɛːri
Hilfe	(l') aiuto *m*	(l)ai'uːto
Krankenhaus	(l') ospedale *m*	(l)ospe'daːle
Krankenwagen	(l')ambulanza *f*	(l)ambu'lantsa
Panne	(il) guasto, (la) panna	(il) gu'asto, (la) 'pan-na
Polizei	(la) polizìa	(la) poli'tsiːa
Sanitätsstelle	(il) posto di pronto soccorso	(il) 'posto di 'pronto sok-'korso
Unfall	(l') incidente *m*	(l)intʃi'dɛnte
Unfallschaden	(il) danno del-l'incidente	(il) 'dan-no del-lintʃi'dɛnte
Verbandskasten	(la) cassetta di pronto soccorso	(la) kas-'set-ta di 'pronto sok-'korso
Verletzung	(la) ferita	(la) fe'riːta
Versicherung	(l') assicurazione *f*	(l)as-sikuratsi'oːne
Vertragswerkstatt	(l') officina *f* concessionaria	(l)of-fi'tʃiːna kon-tʃes-sio'naːria
Vorsicht!	Attenzione!	at-tentsi'oːne
Zusammenstoß	(lo) scontro	(lo) 'skontro

Reparaturwerkstatt

Wo ist die nächste *Reparaturwerkstatt (Vertragswerkstatt von . . .)*?
Dov'è la più vicina *officina di riparazioni* (*officina concessionaria per . . .)?*
do'vɛ la pi'u vi'tʃi:na of-fi'tʃi:na di riparatsi'o:ni (of-fi'tʃi:na kontʃes-sio'na:ria per)

. . . ist nicht in Ordnung.
. . . non è a posto.
non ɛ a 'pɔsto

. . . ist defekt.
. . . è guasto.
ɛ gu'asto

Können Sie das machen?
Può farlo?
pu'ɔ 'farlo

Wer kann das machen?
Chi può farlo?
ki pu'ɔ 'farlo

Prüfen Sie bitte . . .
Per favore, controlli. . . .
per fa'vo:re, kon'trɔl-li

Geben Sie mir bitte . . .
Per favore, mi dia. . . .
per fa'vo:re, mi 'di:a

Reparieren Sie das, bitte.
Me lo ripari, per favore.
me lo ri'pa:ri, per fa'vo:re

Haben Sie Original-Ersatzteile für . . .?
Ha i pezzi di ricambio originali per . . .?
a i 'pɛt-tsi di ri'kambio oridʒi'na:li per

Wann bekommen Sie die Ersatzteile?
Quando riceverà i pezzi di ricambio?
ku'ando ritʃeve'ra i 'pɛt-tsi di ri'kambio

Ich brauche *eine neue (einen neuen)* . . .
Ho bisogno di *una nuova* (*un nuovo*) . . .
ɔ bi'zo:ɲo di 'u:na nu'ɔ:va (un nu'ɔ:vo)

Kann ich damit noch fahren?
Va così la macchina?
va ko'si la 'mak-kina

Machen Sie bitte nur die nötigsten Reparaturen.
Per favore, faccia soltanto le riparazioni assolutamente necessarie.
per fa'vo:re, fat-tʃa sol'tanto le riparatsi'o:ni as-soluta'mente netʃes-'sa:rie

Wann ist es fertig?
Quando sarà pronta?
ku'ando sa'ra 'pronta

Wieviel kostet es?
Quanto costa?
ku'anto 'kɔsta

Wagenteile, Reparaturen

Achse	(l') asse *f*	(l)'as-se
Anlasser	(il) motorino d'avviamento	(il) moto'ri:no dav-via'mento
Auspuff	(lo) scappamento	(lo) skap-pa'mento
Automatik	(il) cambio automàtico	(il) 'kambio auto-'ma:tiko
Batterie	(la) batterìa	(la) bat-te'ri:a
Beleuchtung	(l') impianto *m* elèttrico	(l)impi'anto e'lɛt-triko
Benzinleitung	(la) conduttura della benzina	(la) kondut-'tura 'del-la ben'dzi:na
Benzinpumpe	(la) pompa della benzina	(la) 'pompa 'del-la ben'dzi:na
Birne	(la) lampadina	(la) lampa'di:na
– auswechseln	cambiare	kambi'a:re
Blinker	(il) lampeggiatore	(il) lamped-dʒa'to:re
Bremsbelag	(la) guarnizione dei freni	(la) guarnitsi'o:ne dei 'fre:ni
Bremsen	(i) freni	(i) 'fre:ni
– Fußbremse	(il) freno a pedale	(il) 'fre:no a pe'da:le
– Handbremse	(il) freno a mano	(il) 'fre:no a 'ma:no
– Scheibenbremse	(il) freno a disco	(il) 'fre:no a 'disko
Bremsflüssigkeit	(il) lìquido per i freni idràulici	(il) 'li:kuido per i 'fre:ni i'dra:ulitʃi
Bremslichter	(i) fanali d'arresto	(i) fa'na:li dar-'rɛsto
Bremspedal	(il) pedale del freno	(il) pe'da:le del 'fre:no
Bremstrommel	(il) tamburo del freno	(il) tam'bu:ro del 'fre:no
Dichtung	(la) guarnizione	(la) guarnitsi'o:ne

Die Batterie *ist leer (muß aufgeladen werden).*
La batterìa *è scàrica* (*bisogna caricarla*).
la bat-te'ri:a ɛ 'ska:rika (bi'zo:ɲa kari'karla)

Die Bremsen sind nicht in Ordnung.
I freni non sono a posto.
i 'fre:ni non 'so:no a 'pɔsto

Sie sind *locker (zu fest).*
Non fanno presa. (Sono stretti troppo.)
non 'fan-no 'pre:sa ('so:no 'stret-ti 'trɔp-po)

Differential	(il) differenziale	(il) dif-ferentsi'aːle
Düse	(l') ugello *m*	(l)u'dʒɛl-lo
Einspritzpumpe	(l') iniettore *m*	(l)iɲet-'toːre
Ersatzrad	(la) ruota di ricambio	(la) ru'ɔːta di ri'kambio
Ersatzteil	(il) pezzo di ricambio	(il) 'pɛt-tso di ri'kambio
Fahrgestell	(il) telaio	(il) te'laːio
Feder	(la) molla	(la) 'mɔl-la
Fehlzündung	(l') accensione *f* a vuoto	(l)at-tʃensi'oːne a vu'ɔːto
Fett	(il) grasso	(il) 'gras-so
Feuerlöscher	(l') estintore *m*	(l)estin'toːre
Freilauf(nabe)	(il) mozzo	(il) 'mod-dzo
Frostschutzmittel	(l') anticongelante *m*	(l)antikondʒe'lante
Funke	(la) scintilla	(la) ʃin'til-la
Gang	(la) marcia	(la) 'martʃa
– **Gang einlegen**	innestare la marcia	in-nes'taːre la 'martʃa
– **Leerlauf**	(la) marcia in folle	(la) 'martʃa in 'fɔl-le
– **Rückwärtsgang**	(la) marcia indietro	(la) 'martʃa indi'ɛːtro
Gangschaltung	(il) cambio delle marce	(il) 'kambio 'del-le 'martʃe
Gas	(il) gas	(il) gas
– **Gas geben**	accelerare	at-tʃele'raːre
– **Gas wegnehmen**	tògliere il gas	'tɔːʎere il gas
Gaspedal	(l') acceleratore *m*	(l)at-tʃelera'toːre
Getriebe	(il) cambio	(il) 'kambio

Der ... Gang springt heraus.
La ... marcia non rimane innestata.
la ... 'martʃa non ri'maːne in-ne'staːta

Die Gangschaltung muß nachgesehen werden.
Il cambio delle marce dev'èssere verificato.
il 'kambio 'del-le 'martʃe de'vɛs-sere verifi'kaːto

Aus dem Getriebe tropft Öl.
Il cambio perde olio.
il 'kambio 'pɛrde 'ɔːʎo

Gewinde	(il) filetto	(il) fi'let-to
Griff	(la) manòpola	(la) ma'nɔ:pola
Heizung	(il) riscaldamento	(il) riskal'damento
Hupe	(il) clacson	(il) 'klakson
– Lichthupe	(il) fanale òttico	(il) fa'na:le 'ɔt-tiko
Isolierung	(l') isolamento *m*	(l)izola'mento
Kabel	(il) cavo	(il) 'ka:vo
Kardanwelle	(l') àlbero *m* cardànico	(l)'albero kar-'da:niko
Karosserie	(la) carrozzerìa	(la) kar-rot-tse'ri:a
Keilriemen	(la) cinghia trapezoidale	(la) 'tʃiŋgia trapetsoi'da:le
Kette	(la) catena	(la) ka'te:na
– Schneeketten	(le) catene da neve	(le) ka'te:ne da 'ne:ve
Kilometerzähler	(il) contachilòmetri	(il) kontaki'lɔ:metri
Kofferraum	(il) còfano portabagagli	(il) 'kɔ:fano portaba'ga:ʎi
Kolben	(il) pistone	(il) pis'to:ne
Kolbenring	(la) fascia elàstica	(la) 'faʃ-ʃa e'lastika
Kompression	(la) compressione	(la) kompres-si'o:ne
Kondensator	(il) condensatore	(il) kondensa'to:re
Kontakt	(il) contatto	(il) kon'tat-to
Kontrollampe	(la) làmpada spia	(la) 'lampada 'spi:a
Kotflügel	(il) parafango	(il) para'faŋgo
Kugellager	(il) cuscinetto a sfere	(il) kuʃ-ʃi'net-to a 'sfɛ:re
Kühler	(il) radiatore	(il) radia'to:re
Kühlergrill	(la) griglia del radiatore	(la) 'gri:ʎa del radia'to:re
Kupplung	(la) frizione	(la) fritsi'o:ne

Die Heizung funktioniert nicht.
Il riscaldamento non funziona.
il riskalda'mento non funtsi'o:na

Aus dem Kühler tropft Wasser.
Il radiatore perde acqua.
il radia'to:re 'pɛrde 'ak-kua

Die Kupplung *rutscht durch (trennt nicht)*.
La frizione *slitta* (*non separa*).
la fritsi'o:ne 'zlit-ta (non se'pa:ra)

Kupplungspedal	(il) pedale della frizione	(il) pe'da:le 'del-la fritsi'o:ne
Kurbelwelle	(l') àlbero *m* di trasmissione	(l)'albero di trazmis-si'o:ne
Kurzschluß	(il) corto circùito	(il) 'korto tʃir'ku:ito
Lack(ierung)	(la) vernice (verniciatura)	(la) ver'ni:tʃe (vernitʃa'tu:ra)
Lager	(il) cuscinetto	(il) kuʃ-ʃi'net-to
Lenkrad	(il) volante	(il) vo'lante
Lenkung	(lo) sterzo	(lo) 'stɛrtso
Lichtmaschine	(la) dìnamo	(la) 'di:namo
löten	saldare	sal'da:re
Luftfilter	(il) filtro d'aria	(il) 'filtro 'da:ria
Luftpumpe	(la) pompa d'aria	(la) 'pompa 'da:ria
Motor	(il) motore	(il) mo'to:re
– Dieselmotor	(il) motore Diesel	(il) mo'to:re 'di:zel
– Heckmotor	(il) motore posteriore	(il) mo'to:re posteri'o:re
– Zweitaktmotor	(il) motore a due tempi	(il) mo'to:re a 'du:e 'tɛmpi
Nabe	(il) mozzo	(il) 'mod-dzo
Nationalitätszeichen	(la) targa della nazionalità	(la) 'targa 'del-la natsionali'ta
Nockenwelle	(l') àlbero *m* a camme	(l)'albero a 'kam-me
Nummernschild	(la) targa	(la) 'targa
Öleinfüllstutzen	(il) bocchettone dell'olio	(il) bok-ket-'to:ne del-'lɔ:ʎo
Ölmeßstab	(la) bacchetta misura-olio	(la) bak-'ket-ta mi'zu:ra-'ɔ:ʎo
Ölpumpe	(la) pompa d'olio	(la) 'pompa 'dɔ:ʎo
Pedal	(il) pedale	(il) pe'da:le
Pleuellager	(i) supporti della biella	(i) sup-'pɔrti 'del-la bi'ɛl-la
Pleuelstange	(la) biella	(la) bi'ɛl-la

Der Motor zieht nicht.
Il motore non tira.
il mo'to:re non 'ti:ra

– läuft sich heiß.
– si riscalda troppo.
si ris'kalda 'trɔp-po

– klopft.
– batte in testa.
–'bat-te in 'tɛsta

– setzt plötzlich aus.
– interrompe improvvisamente.
– inter-'rompe improv-viza'mente

– stottert.
– va a strappi.
va a'strap-pi

Radkappe	(la) calotta	(la) ka'lɔt-ta
Reparatur	(la) riparazione	(la) riparatsi'oːne
Reservekanister	(la) tanica di riserva	(la) 'taːnika di ri'sɛr-va
Rückspiegel	(lo) specchietto retrovisivo	(lo) spek-ki'et-to retrovi'ziːvo
Schalter	(l') interruttore *m*	(l)inter-rut-'toːre
Schalthebel	(la) leva di marcia	(la) 'lɛːva di 'martʃa
Scheibenwaschanlage	(l') impianto *m* lavacristallo	(l)impi'anto lavakris'tal-lo
Scheibenwischer	(il) tergicristallo	(il) terdʒikris'tal-lo
Scheinwerfer	(il) faro	(il) 'faːro
– Abblendlicht	(la) luce anabbagliante	(la) 'luːtʃe anab-ba'ʎante
– Fernlicht	(i) fari abbaglianti	(i) 'faːri ab-ba'ʎanti
– Schlußlicht	(il) fanalino posteriore	(il) fana'liːno posteri'oːre
– Standlicht	(la) luce di posizione	(la) 'luːtʃe di positsi'oːne
Schiebedach	(il) tetto aprìbile	(il) 'tet-to a'priːbile
Schlauch	(la) càmera d'aria	(la) 'kaːmera 'daːria
Schraube	(la) vite	(la) 'viːte
– Schraubenmutter	(la) madrevite	(la) madre'viːte
Schwimmer	(il) galleggiante	(il) gal-led-'dʒante
Sicherheitsgurt	(la) cintura di sicurezza	(la) tʃin'tuːra di siku'ret-tsa
Sicherung	(il) fusìbile	(il) fu'ziːbile
Sitz	(il) sedile	(il) se'diːle
– Rücksitz	(il) sedile posteriore	(il) se'diːle posteri'oːre
– Vordersitz	(il) sedile anteriore	(il se'diːle anteri'oːre
Speiche	(la) razza	(la) 'rad-dza
Steuerung	(lo) sterzo	(lo) 'stɛrtso
Stoßdämpfer	(l') ammortizzatore *m*	(l)am-mortid-dza'toːre

Diese Schraube muß *angezogen (gelockert)* werden.
Bisogna *stringere (allentare)* questa vite.
bi'zoːɲa 'strindʒere (al-len'taːre) ku'esta 'viːte

Stoßstange	(il) paraurti	(il) para'urti
Tachometer	(il) tachìmetro	(il) ta'kiːmetro
Thermostat	(il) termòstato	(il) ter'mɔstato
Türschloß	(la) serratura della portiera	(la) ser-ra'tuːra 'del-la porti'ɛːra
Unterbrecher	(l') interruttore *m*	(l)inter-rut-'toːre
Ventil	(la) vàlvola	(la) 'valvola
Ventilator	(il) ventilatore	(il) ventila'toːre
Verdeck	(la) cappotta	(la) kap-'pɔt-ta
Vergaser	(il) carburatore	(il) karbura'toːre
Verteiler	(lo) spinterògeno	(lo) spinte'rɔːdʒeno
Wagenschlüssel	(la) chiave della màcchina	(la) ki'aːve 'del-la 'mak-kina
Warndreieck	(il) triàngolo di avvertimento	(il) tri'aŋgolo di av-verti'mento
Windschutzscheibe	(il) parabrezza	(il) para'bred-dza
Zündanlage	(l') impianto *m* d'accensione	(l)impi'anto dat-tʃensi'oːne
Zündkabel	(il) cavo d'accensione	(il) 'kaːvo dat-tʃensi'oːne
Zündkerze	(la) candela d'accensione	(la) kan'deːla dat-tʃensi'oːne
Zündschloß	(la) serratura d'accensione	(la) ser-ra'tuːra dat-tʃensi'oːne
Zündschlüssel	(la) chiavetta d'accensione	(la) kia'vet-ta dat-tʃensi'oːne
Zündung	(l') accensione *f*	(l)at-tʃensi'oːne
Zylinder	(il) cilindro	(il) tʃi'lindro
Zylinderkopf	(la) testata del cilindro	(la) tes'taːta del tʃi'lindro
Zylinderkopfdichtung	(la) guarnizione della testata del cilindro	(la) guarnitsi'oːne 'del-la tes'taːta del tʃi'lindro

Würden Sie bitte den Vergaser *überprüfen (reinigen)?*
Per favore, metta a punto (*pulisca*) il carburatore.
per fa'voːre, 'met-ta a'punto (pu'liska) il karbura'toːre

Wechseln Sie bitte die Zündkerzen aus.
Cambi le candele, per favore.
'kambi le kan'deːle, per fa'voːre

Werkzeug

Können Sie mir ... leihen?
Può prestarmi ... ?
pu'ɔ pres'tarmi

Ich brauche ...
Ho bisogno di ...
ɔ bi'zoːɲo di

Bindfaden	(lo) spago	(lo) 'spaːgo
Bohrer	(il) tràpano	(il) 'traːpano
Draht	(il) filo metàllico	(il) 'fiːlo me'tal-liko
– ein Stück Draht	un pezzo di filo metàllico	un 'pɛt-tso di 'fiːlo me'tal-liko
Feile	(la) lima	(la) 'liːma
Hammer	(il) martello	(il) mar'tɛl-lo
Kabel	(il) cavo	(il) 'kaːvo
Luftpumpe	(la) pompa dell'aria	(la) 'pompa del-'laːria
Meißel	(lo) scalpello	(lo) skal'pɛl-lo
Prüflampe	(la) làmpada di collaudo	(la) 'lampada di kol-'laːudo
Schmirgelpapier	(la) carta vetrata	(la) 'karta ve'traːta
Schraube	(la) vite	(la) 'viːte
– Schraubenmutter	(la) madrevite	(la) madre'viːte
Schraubenschlüssel	(la) chiave inglese	(la) ki'aːve iŋ'gleːse
Schraubenzieher	(il) cacciavite	(il) kat-tʃa'viːte
Steckschlüssel	(la) chiave fissa a tubo	(la) ki'aːve 'fis-sa a 'tuːbo
Trichter	(l') imbuto *m*	(l)im'buːto
Tuch, Lappen	(la) pezza, (lo) strofinaccio	(la) 'pɛt-tsa, (lo) strofi'nat-tʃo
Wagenheber	(il) cric	(il) krik
Werkzeug	(l') utensile *m*	(l)uten'siːle
Werkzeugkasten	(la) cassa degli utensili	(la) 'kas-sa 'deʎi uten'siːli
Zange	(le) tenaglie	(le) te'naːʎe

Verkehrshinweise

A DESTRA
Nach rechts

A SINISTRA
Nach links

ATTENZIONE
Achtung!

ATTENTI AL TRENO
Vorsicht! Zug!

ATTENZIONE ALLA PRECEDENZA
Vorfahrt beachten!

CURVA
Kurve

DIVIETO DI PASSAGGIO
Durchfahrt verboten

DIVIETO DI SOSTA
Parken verboten

DIVIETO DI SEGNALI ACUSTICI
Hupen verboten

DIRITTO
Geradeaus

INCROCIO
Kreuzung

OSPEDALE
Krankenhaus

PARCHEGGIO
Parkplatz

PASSAGGIO A LIVELLO CUSTODITO
Bewachter Bahnübergang

PASSAGGIO A LIVELLO INCUSTODITO
Unbewachter Bahnübergang

PROIBITO VOLTARE A DESTRA
Abbiegen nach rechts verboten

PROIBITO SORPASSARE
Überholen verboten

PROIBITO SOSTARE
Parken verboten

SENSO UNICO
Einbahnstraße

STRETTO
Engpaß

CADUTA DI MASSI
Steinschlag

VELOCITÀ MASSIMA
Höchstgeschwindigkeit

ZONA DI SILENZIO
Hupen verboten

MIT DEM BUS

Wo ist die nächste Bushaltestelle?
Dov'è la pròssima fermata dell'àutobus?
do'vɛ la 'prɔs-sima fer'maːta del-'laːutobus

Wo halten die Busse nach . . . ?
Dove si férmano gli àutobus per . . . ?
'doːve si 'fermano ʎi 'aːutobus per

Ist das weit?
È lontano?
ɛ lon'taːno

Wann fährt *ein (der erste/letzte)* Bus nach . . . ?
A che ora parte *un* (*il primo/l'ùltimo*) àutobus per . . . ?
a ke 'oːra 'parte un (il 'priːmo/'lultimo) 'aːutobus per

Welcher Bus fährt nach . . . ?
Quale àutobus va a . . . ?
ku'aːle 'aːutobus va a

Wohin fährt der Bus?
Dove va l'àutobus?
'doːve va 'laːutobus

Fährt ein *(dieser)* Bus nach . . . ?
C'è un àutobus che (*Questo àutobus*) va a . . . ?
tʃɛ un 'aːutobus ke (ku'esto 'aːutobus) va a

Wann sind wir in . . . ?
Quando saremo a . . . ?
ku'ando sa'reːmo a

Muß ich nach . . . umsteigen?
Devo cambiare per . . . ?
'dɛːvo kambi'aːre per

Wo muß ich umsteigen?
Dove devo cambiare?
'doːve 'dɛːvo kambi'aːre

Wo gibt es die Fahrscheine?
Dove si véndono i biglietti?
'doːve si 'vendono i bi'ʎet-ti

Bitte *einmal (zwei Karten)* nach . . .
Per favore, *un biglietto (due biglietti)* per . . .
per fa'voːre, un bi'ʎet-to ('duːe bi'ʎet-ti) per

Bus	(l') àutobus *m*	(l)'aːutobus
Endstation	(il) capolìnea	(il) kapo'liːnea
Fahrer	(il) conduttore	(il) kondut-'toːre
Fahrschein	(il) biglietto	(il) bi'ʎet-to
Gepäck	(il) bagaglio	(il) ba'gaːʎo
Haltestelle	(la) fermata	(la) fer'maːta
Linie	(la) lìnea; *Nummer:* il nùmero	(la) 'liːnea; (il) 'nuːmero
Richtung	(la) direzione	(la) diretsi'oːne
Schaffner	(il) bigliettaio	(il) biʎet-'taːio
Umsteigefahrschein	(il) biglietto di coincidenza	(il) bi'ʎet-to di kointʃi'dɛntsa

MIT DER EISENBAHN

Bahnhof

Wo ist der *Bahnhof (Hauptbahnhof)*?
Dov'è la *stazione* (*stazione centrale*)?
do'vɛ la statsi'oːne (statsi'oːne tʃen'traːle)

Wo ist . . . ?
Dov'è . . . ?
do'vɛ

das Auskunftsbüro	l'ufficio informazioni	luf-'fiːtʃo informatsi'oːni
der Fahrkartenschalter	la biglietteria	la biʎet-te'riːa
ein Fahrplan	un orario	un o'raːrio
Gleis 4	il binario quattro	il bi'naːrio ku'at-tro
der Wartesaal	la sala d'aspetto	la 'saːla das'pɛt-to
die Wechselstube	l'ufficio cambio	luf-'fiːtʃo 'kambio
der Zimmernachweis	l'ufficio prenotazione càmere	luf-'fiːtʃo prenotatsi'oːne 'kaːmere

Fahrplan

Abfahrt	(la) partenza	(la) par'tɛntsa
Ankunft	(l') arrivo *m*	(l)ar-'riːvo
Anschlußzug	(il) treno di coincidenza	(il) 'trɛno di kointʃi'dɛntsa
Autoreisezug	(il) treno autocuccette	(il) 'trɛːno autokut-'tʃet-te
Bahnsteig	(il) marciapiede	(il) martʃapi'ɛːde
Eilzug	(il) diretto	(il) di'rɛt-to
Expreßzug	(l') espresso *m*.	(l)es'prɛs-so
Fernschnellzug	(il) ràpido	(il) 'raːpido
Kursbuch	(l') orario *m* ferroviario	(l)o'raːrio fer-rovi'aːrio
Personenzug	(l') accelerato *m*	(l)at-tʃele'raːto
Schienenbus	(l') elettromotrice *f*.	(l)elet-tromo'triːtʃe
Schnellzug, D-Zug	(il) direttìssimo	(il) diret-'tis-simo
Triebwagen	(l') automotrice *f*.	(l)automo'triːtʃe
Vorortzug	(il) treno suburbano.	(il) 'trɛːno subur'baːno
zuschlagpflichtig	con òbbligo di supplemento	kon 'ɔb-bligo di sup-ple'mento

Auskunft

Wann fährt ein *Personenzug (Schnellzug)* nach . . . ?
Quando parte un *accelerato* (*direttìssimo*) per . . . ?
ku'ando 'parte un at-tʃele'ra:to (diret-'tis-simo) per

Wann fährt der *erste (letzte)* Zug nach . . . ?
Quando parte *il primo* (*l'ùltimo*) treno per . . . ?
ku'ando 'parte il 'pri:mo ('lultimo) 'trɛ:no per

Wo ist der Zug nach . . . ?
Dov'è il treno per . . . ?
do'vɛ il 'trɛ:no per

Fährt dieser Zug über . . . ?
Questo treno passa per . . . ?
ku'esto 'trɛ:no 'pas-sa per

Hat der Zug aus . . . Verspätung?
È in ritardo il treno da . . . ?
ɛ in ri'tardo il 'trɛ:no da

Haben wir Anschluß nach . . . ?
C'è la coincidenza per . . . ?
tʃɛ la kointʃi'dɛntsa per

Müssen wir umsteigen?
Dobbiamo cambiare treno?
dob-bi'a:mo kambi'a:re 'trɛ:no

Ist das der Zug nach . . . ?
È questo il treno per . . . ?
ɛ ku'esto il 'trɛ:no per

Hält dieser Zug in . . . ?
Il treno si ferma a . . . ?
il 'trɛ:no si 'ferma a

Wieviel?
Di quanto?
di ku'anto

Wann ist er in . . . ?
Quando arriva a . . . ?
ku'ando ar-'ri:va a

Wo?
Dove?
'do:ve

Hat der Zug einen *Speisewagen (Schlafwagen)*?
Il treno ha un *vagone ristorante* (*vagone letto*)?
il 'trɛ:no a un va'go:ne risto'rante (va'go:ne 'lɛt-to)

Kann ich die Fahrt in . . . unterbrechen?
Posso interrómpere il viaggio a . . . ?
'pɔs-so inter-'rompere il vi'ad-dʒo a

Auf welchem Bahnsteig kommt der Zug aus . . . an?
Su quale binario arriva il treno da . . . ?
su ku'a:le bi'na:rio ar-'ri:va il 'trɛ:no da

Von welchem Bahnsteig fährt der Zug nach . . . ab?
Da quale binario parte il treno per . . . ?
da ku'a:le bi'na:rio 'parte il 'trɛ:no per

Fahrkarten

Bitte *eine Karte (zwei Karten)* nach ...
Per favore, un biglietto (due biglietti) per ...
per fa'vo:re, un bi'ʎet-to ('du:e bi'ʎet-ti) per

– hin und zurück.
– andata e ritorno.
an'da:ta e ri'torno

– einfach.
– sémplice.
'semplitʃe

– erster Klasse.
– di prima classe.
di 'pri:ma 'klas-se

– zweiter Klasse.
– di seconda classe.
– di se'konda 'klas-se

Ich möchte eine Platzkarte für den 12-Uhr-Zug nach ...
Vorrei prenotare un posto per il treno delle dódici per ...
vor-'rɛi preno'ta:re un'posto per il 'trɛ:no 'del-le 'do:ditʃi per

Wie lange ist die Karte gültig?
Fino a quando è vàlido il biglietto?
'fi:no a ku'ando ɛ 'va:lido il bi'ʎet-to

Ich möchte die Fahrt in ... unterbrechen.
Vorrei interrómpere il viaggio a ...
vor-'rɛi inter-'rompere il vi'ad-dʒo a

Ich möchte ... vorbestellen.
Vorrei prenotare ...
vor-'rɛi preno'ta:re

Was kostet die Fahrt nach ...?
Quanto costa il biglietto per ...?
ku'anto 'kɔsta il bi'ʎet-to per

Reservieren Sie bitte 2 Plätze.
Per favore, mi riservi due posti.
per fa'vo:re, mi ri'sɛrvi 'du:e 'posti

Bahnsteigkarte	(il) biglietto d'ingresso ai binari	(il) bi'ʎet-to diŋ-'grɛs-so ai bi'na:ri
Fahrkarte	(il) biglietto	(il) bi'ʎet-to
– einfache Fahrkarte	(il) biglietto sémplice	(il) bi'ʎet-to 'semplitʃe
– ermäßigte Fahrkarte	(il) biglietto a tariffa ridotta	(il) bi'ʎet-to a ta'rif-fa ri'dot-ta
Kinderfahrkarte	(il) biglietto per ragazzi	(il) bi'ʎet-to per ra'gat-tsi
Rückfahrkarte	(il) biglietto di ritorno	(il) bi'ʎet-to di ri'torno
Sammelfahrschein ..	(il) biglietto ùnico per comitiva	(il) bi'ʎet-to 'u:niko per komi'ti:va
Schlafwagenkarte ...	(il) biglietto per vagone letto	(il) bi'ʎet-to per va'go:ne 'lɛt-to
Zuschlagkarte	(il) supplemento	(il) sup-ple'mento

Gepäck

Ich möchte ... Vorrei ... vor-'rɛi

– dieses Gepäck nach ... aufgeben.
– spedire questo bagaglio a ...
spe'di:re ku'esto ba'ga:ʎo a

– dieses Gepäck hierlassen.
– lasciare qui questo bagaglio.
laʃ-'ʃa:re ku'i ku'esto ba'ga:ʎo

– mein Gepäck *versichern (abholen)*.
– *assicurare* (*ritirare*) il mio bagaglio.
as-siku'ra:re (riti'ra:re) il 'mi:o ba'ga:ʎo

Hier ist *die Fahrkarte (der Gepäckschein)*.
Ècco *il biglietto* (*lo scontrino*).
'ɛk-ko il bi'ʎet-to (lo skon'tri:no)

Es sind zwei Koffer und eine Tasche.
Sono due valige ed una borsa.
'so:no 'du:e va'li:dʒe ed 'u:na 'borsa

Geht das Gepäck mit demselben Zug ab?
Il bagaglio viaggia con lo stesso treno?
il ba'ga:ʎo vi'ad-dʒa kon lo 'stes-so 'trɛ:no

Das sind nicht meine Sachen.
Queste cose non sono mie.
ku'este 'kɔ:se non 'so:no 'mi:e

Wann ist es in ...?
Quando sarà a ...?
ku'ando sa'ra a

Es fehlt ein Koffer.
Manca una valigia.
'maŋka 'u:na va'li:dʒa

Gepäck	(il) bagaglio	(il) ba'ga:ʎo
Gepäckabfertigung ..	(la) spedizione bagagli	(la) speditsi'o:ne ba'ga:ʎi
Gepäckannahme	(l') accettazione *f* bagagli	(l)at-tʃet-tatsi'o:ne ba'ga:ʎi
Gepäckaufbewahrung	(il) depòsito bagagli .	(il) de'pɔ:zito ba'ga:ʎi
Gepäckausgabe	(la) consegna bagagli	(la) kon'se:ɲa ba'ga:ʎi
Gepäckschein	(lo) scontrino	(lo) skon'tri:no
Handgepäck	(il) bagaglio a mano	(il) ba'ga:ʎo a 'ma:no
Koffer	(la) valigia	(la) va'li:dʒa
(Reise-)Tasche	(la) borsa (da viaggio)	(la) 'borsa (da vi'ad-dʒo)
Schließfach	(il) depòsito bagagli a cassette	(il) de'pɔ:zito ba'ga:ʎi a kas-'set-te

Gepäckträger

Gepäckträger ...... (il) facchino .... (il) fak-'ki:no

Dieses Gepäck (diesen Koffer) **bitte** ...
Per favore, *questo bagaglio* (*questa valigia*) ...
per fa'vo:re, ku'esto ba'ga:ʎo (ku'esta va'li:dʒa)

– **zum Zug nach** ...
– al treno per ...
al 'trɛ:no per

– **zum Bahnsteig 2.**
– al marciapiede due.
al martʃapi'ɛ:de 'du:e

– **zur Aufbewahrung.**
– al depòsito.
al de'pɔ:sito

– **zum Ausgang.**
– all'uscita.
al-luʃ-'ʃi:ta

– **zum Taxi.**
– al tassì.
al tas-'si

– **zum Bus nach** ...
– all'àutobus per ..
al-'la:utobus per

Wieviel bekommen Sie?
Quanto Le devo?
ku'anto le 'dɛ:vo

Auf dem Bahnsteig

Ist das der Zug *nach (aus)* ...?
È questo il treno *per* (*da*) ...?
ɛ ku'esto il 'trɛ:no per (da)

Wo ist .... Dov'è .... do'vɛ

– **die erste Klasse?**
– la prima classe?
la 'pri:ma 'klas-se

– **der Kurswagen nach ...?**
– la carrozza diretta per ...?
la kar-'rɔt-tsa di'rɛt-ta per

– **der Liegewagen?**
– la carrozza con cuccette?
la kar-'rɔt-tsa kon kut-'tʃet-te

– **der Schlafwagen?**
– il vagone letto?
il va'go:ne 'lɛt-to

– **der Speisewagen?**
– il vagone ristorante?
il va'go:ne risto'rante

– der Gepäckwagen?
– il bagagliaio?
il baga'ʎa:io

– Wagen Nr. . . . ?
– la carrozza nùmero. . . ?
la kar-'rɔt-tsa 'nu:mero

Dort.
Là.
la

Vorn.
In testa.
in 'tɛsta

In der Mitte.
Nel mezzo.
nel 'mɛd-dzo

Am Ende.
In coda.
in 'ko:da

Wann kommt der Zug an?
Quando arriverà il treno?
ku'ando ar-rive'ra il 'trɛ:no

POLIZIA FERROVIARIA
Aufsicht (Bahnpolizei)

INFORMAZIONI
Auskunft

USCITA
Ausgang

AI BINARI
Zu den Bahnsteigen

RINFRESCHI
Erfrischungen

ACCETTAZIONE BAGAGLI
Gepäckannahme

BINARIO
Gleis

PRONTO SOCCORSO
Sanitätsstelle

ACQUA POTABILE
Trinkwasser

GABINETTI
Toiletten

SIGNORI
Herren

SIGNORE
Damen

PASSAGGIO
Übergang

SALA D'ASPETTO
Wartesaal

GIORNALI
Zeitungen

Im Zug

Ist dieser Platz frei?
È lìbero questo posto?
ɛ 'li:bero ku'esto 'posto

Das ist mein Platz.
Questo è il mio posto.
ku'esto ɛ il 'mi:o 'posto

Darf ich das Fenster *öffnen (schließen)*?
Permette che *apra* (*chiuda*) il finestrino?
per'met-te ke 'a:pra (ki'u:da) il fines'tri:no

Gestatten Sie?
Permette?
per'met-te

Können Sie mir bitte helfen?
Potrebbe aiutarmi, per favore?
po'trɛb-be aiu'tarmi, per fa'vo:re

Können wir die Plätze tauschen?
Possiamo cambiare i posti?
pos-si'a:mo kambi'a:re i 'posti

Ich kann nicht rückwärts fahren.
Non posso star seduto nella direzione contromarcia.
non 'pɔs-so star se'du:to 'nel-la diretsi'o:ne kontro'ma:rtʃa

***Die Fahrkarten, bitte!**
I biglietti, per favore!
i bi'ʎet-ti, per fa'vo:re

Ich möchte *zuzahlen (nachlösen)*.
Vorrei *pagare il supplemento* (*fare il biglietto*).
vor-'rɛi pa'ga:re il sup-ple'mento ('fa:re il bi'ʎet-to)

Wie viele Stationen sind es noch bis . . . ?
Quante stazioni ci sono ancora fino a . . . ?
ku'ante statsi'o:ni tʃi 'so:no aŋko:ra 'fi:no a

Sind wir pünktlich in . . . ?
Arriviamo in orario a . . . ?
ar-rivi'a:mo in o'ra:rio a

Wo sind wir jetzt?
Dove siamo adesso?
'do:ve si'a:mo a'dɛs-so

Wie lange haben wir Aufenthalt?
Quanto tempo si ferma qui il treno?
ku'anto 'tɛmpo si 'ferma ku'i il 'trɛ:no

Erreiche ich den Zug nach . . . ?
Riesco a prendere il treno per . . . ?
ri'ɛsko a 'prɛndere il 'trɛ:no per

NON FUMATORI
Nichtraucher

LIBERO
Frei

FUMATORI
Raucher

INVALIDI
Für Schwerbeschädigte

RISERVATO
Reserviert

SEGNALE D'ALLARME
Notbremse

VAGONE RISTORANTE
Speisewagen

VAGONE LETTO
Schlafwagen

GABINETTO
Toilette

OCCUPATO
Besetzt

abfahren	partire	parˈtiːre
Abfahrt	(la) partenza	(la) parˈtɛntsa
Abteil	(lo) scompartimento	(lo) skompartiˈmento
ankommen	arrivare	ar-riˈvaːre
Ankunft	(l') arrivo *m*	(l)ar-ˈriːvo
Anschluß	(la) coincidenza	(la) kointʃiˈdɛntsa
Aufenthalt	(la) fermata	(la) ferˈmaːta
Ausgang	(l') uscita *f*	(l)uʃ-ˈʃiːta
Auskunft	(l') informazione *f*	(l)informatsiˈoːne
aussteigen	scéndere	ˈʃendere
Bahnhof	(la) stazione	(la) statsiˈoːne
Bahnhofsvorsteher	(il) capostazione	(il) kapostatsiˈoːne
Bahnsteig	(il) marciapiede	(il) martʃapiˈɛːde
Eingang	(l') entrata *f*	(l)enˈtraːta
einsteigen	salire	saˈliːre
Eisenbahn	(la) ferrovìa	(la) fer-roˈviːa
Ermäßigung	(la) riduzione	(la) ridutsiˈoːne
Fahrkarte	(il) biglietto	(il) biˈʎet-to
Fahrpreis	(il) prezzo del biglietto	(il) ˈprɛt-tso del biˈʎet-to
Fensterplatz	(il) posto al finestrino	(il) ˈposto al finesˈtriːno
Gepäck	(il) bagaglio	(il) baˈgaːʎo
Gepäcknetz	(la) rete portabagagli	(la) ˈreːte porta-baˈgaːʎi
Gleis	(il) binario	(il) biˈnaːrio
Güterbahnhof	(lo) scalo merci	(lo) ˈskaːlo ˈmɛːrtʃi
Heizung	(il) riscaldamento	(il) riskaldaˈmento
– kalt	freddo	ˈfred-do
– warm	caldo	ˈkaldo
Kursbuch	(l') orario *m* ferroviario	(l)oˈraːrio fer-roviˈaːrio
Lokomotive	(la) locomotiva	(la) lokomoˈtiːva
Schaffner	(il) controllore	(il) kontrol-ˈloːre
Strecke	(la) lìnea	(la) ˈliːnea
umsteigen	cambiare treno	kambiˈaːre ˈtrɛːno
Wagen, Waggon	(la) carrozza, (il) vagone	(la) kar-ˈrɔt-tsa, (il) vaˈgoːne
Wagentür	(lo) sportello	(lo) sporˈtɛl-lo
Zug	(il) treno	(il) ˈtrɛːno
Zugführer	(il) capotreno	(il) kapoˈtrɛːno

MIT DEM FLUGZEUG

Auskunft und Buchung

Gibt es eine (direkte) Flugverbindung nach . . . ?
C'è un collegamento (diretto) con . . . ?
tʃɛ un kol-lega'mento (di'rɛt-to) kon

Wann fliegt *heute (morgen)* ein Flugzeug nach . . . ?
Quando parte *oggi* (*domani*) un aèreo per . . . ?
ku'ando 'parte 'ɔd-dʒi (do'maːni) un a'ɛːreo per

Wann fliegt die nächste Maschine nach . . . ?
Quando parte il pròssimo aèreo per . . . ?
ku'ando 'parte il 'prɔs-simo a'ɛːreo per

Landet die Maschine in . . . zwischen?
L'aèreo fa scalo a . . . ?
la'ɛːreo fa 'skaːlo a

Habe ich Anschluß nach . . . ?
C'è la coincidenza per . . . ?
tʃɛ la kointʃi'dɛntsa per

Wann sind wir in . . . ?
Quando saremo a . . . ?
ku'ando sa'reːmo a

Sind noch Plätze frei?
Ci sono ancora posti lìberi?
tʃi 'soːno aŋ'koːra 'posti 'liːberi

Wieviel kostet ein Flug nach . . . (und zurück)?
Quanto costa un volo (andata e ritorno) per . . . ?
ku'anto 'kɔsta un 'voːlo (an'daːta e ri'torno) per

Wieviel Gepäck ist frei?
Quanto bagaglio è lìbero?
ku'anto ba'gaːʎo ɛ 'liːbero

Was kostet das Übergepäck?
Quanto costa il sovrappeso?
ku'anto 'kɔsta il sovrap-'peːso

Wie hoch ist die Flughafengebühr?
Quanto costa la tassa d'imbarco?
ku'anto 'kɔsta la 'tas-sa dim'barko

Wie komme ich zum Flughafen?
Come si arriva all'aeroporto?
'koːme si ar-'riːva al-laero'pɔrto

Wann muß ich dort sein?
Quando devo èssere là?
ku'ando 'dɛːvo 'ɛs-sere la

Bitte für Freitag einen Flug nach . . .
Vorrei prenotare per venerdì un volo per . . .
vor-'rɛi preno'ta:re per vener'di un 'vo:lo per

Bitte für den 8. Mai einen Hin- und Rückflug nach . . .
Vorrei prenotare per l'otto maggio un volo andata e ritorno per . . .
vor-'rɛi preno'ta:re per 'lɔt-to 'mad-dʒo un 'vo:lo an'da:ta e ri'torno per

– **1. Klasse.**
prima classe.
'pri:ma 'klas-se

– **Economy-Klasse.**
classe turistica
'klas-se tu'ristika

Wie lange ist der Flugschein gültig?
Per quanto tempo è vàlido il biglietto?
per ku'anto 'tɛmpo ɛ 'va:lido il bi'ʎet-to

Ich muß diesen Flug *annullieren (umbuchen)*.
Devo *annullare* (*rimandare la data di*) questo volo.
'dɛ:vo an-nul-'la:re (riman'da:re la 'da:ta di) ku'esto 'vo:lo

Wie hoch ist die Annullierungsgebühr?
Quale tassa si paga per l'annullamento?
ku'a:le 'tas-sa si 'pa:ga per lan-nul-la'mento

Auf dem Flughafen

Kann ich das als Handgepäck mitnehmen?
Posso portare questo come bagaglio a mano?
'pɔs-so por'ta:re ku'esto 'ko:me ba'ga:ʎo a 'ma:no

Wo ist *der Warteraum (Ausgang B)*?
Dov'è *la sala d'aspetto* (*l'uscita B*)?
do'vɛ la 'sa:la das'pɛt-to (luʃ-'ʃi:ta bi)

Wo ist der Informationsschalter?
Dov'è l'ufficio d'informazioni?
do'vɛ luf-'fi:tʃo dinformatsi'o:ni

Wo gibt es hier zollfreie Waren?
Dov'è il Duty-Shop?
do'vɛ il di'u:ti ʃɔp

Was muß ich zahlen?
Quanto devo pagare?
ku'anto 'dɛ:vo pa'ga:re

Hat die Maschine nach ... Verspätung?
È in ritardo l'aèreo per ...?
ɛ in ri'tardo la'ɛːreo per

Ist die Maschine aus ... schon gelandet?
È già atterrato l'aèreo da ...?
ɛ dʒa at-ter-'raːto la'ɛːreo da

Im Flugzeug

***Bitte das Rauchen einstellen!**
Si prega di non fumare!
si 'prɛːga di non fu'maːre

***Anschnallen, bitte!**
Preghiamo di méttersi le cinture di sicurezza!
pregi'aːmo di 'met-tersi le tʃin'tuːre di siku'ret-tsa

Wie hoch fliegen wir?
A quanti metri di quota siamo?
a ku'anti 'mɛːtri di ku'ɔːta si'aːmo

Wo sind wir jetzt?
Dove siamo adesso?
'doːve si'aːmo a'dɛs-so

Was ist das für ein *Gebirge (Fluß)*?
Che montagne *sono (fiume è)*?
ke mon'taːɲe 'soːno (fi'uːme ɛ)

Kann ich ... haben?
Posso avere ...?
'pɔs-so a'veːre

Mir ist schlecht.
Mi sento male.
mi 'sɛnto 'maːle

Haben Sie ein Mittel gegen Luftkrankheit?
Ha qualcosa contro il mal d'aria?
a kual'kɔːsa 'kontro il mal 'daːria

Wann landen wir?
Quando si atterra?
ku'ando si at-'tɛr-ra

Wie ist das Wetter in ...?
Che tempo fa a ...?
ke 'tɛmpo fa a

Abflug	(il) decollo	(il) de'kɔl-lo
Anflug, Ankunft	(l') arrivo *m*	(l)ar-'riːvo
anschnallen	méttersi le cinture di sicurezza	'met-tersi le tʃin'tuːre di siku'ret-tsa
Anschnallgurt	(la) cintura di sicurezza	(la) tʃin'tuːra di siku'ret-tsa
aufsteigen	alzarsi	al'tsarsi
Besatzung	(l') equipaggio *m* ...	(l)ekui'pad-dʒo
Buchung	(la) prenotazione ...	(la) prenotatsi'oːne
Chartermaschine ...	(il) volo charter	(il) 'voːlo 'tʃaːrtər
Düsenflugzeug	(l') aèreo *m* a reazione, (il) jet	(l)a'ɛːreo a reatsi'oːne, (il) dʒɛt

Fahrwerk	(il) carrello	(il) kar-ˈrɛl-lo
fliegen	volare	voˈlaːre
Flug	(il) volo	(il) ˈvoːlo
Fluggast	(il) passeggero aèreo	(il) pas-sed-ˈdʒɛːro aˈɛːreo
Fluggesellschaft	(la) compagnia aerea	(la) kompaˈɲiːa aˈɛːrea
Flughafen	(l') aeroporto *m*	(l)aeroˈpɔrto
Flughafengebühr	(la) tassa d'imbarco	(la) ˈtas-sa dimˈbarko
Flugplan	(l') orario *m* di volo	(l)oˈraːrio di ˈvoːlo
Flugschein	(il) biglietto	(il) biˈʎet-to
Flugstrecke	(il) tratto di volo	(il) ˈtrat-to di ˈvoːlo
Flugzeit	(il) tempo di volo	(il) ˈtɛmpo di ˈvoːlo
Flugzeug	(l') aèreo *m*	(l)aˈɛːreo
Flugzeugführer	(il) pilota	(il) piˈlɔːta
Frischluftdüse	(il) diffusore di aria fresca	(il) dif-fuˈzoːre di ˈaːria ˈfreska
Hubschrauber	(l') elicòttero *m*	(l)eliˈkɔt-tero
landen	atterrare	at-ter-ˈraːre
Landung	(l') atterraggio *m*	(l)at-ter-ˈrad-dʒo
Linienmaschine	(l') aèreo *m* di lìnea	(l)aˈɛːreo di ˈliːnea
Luftkrankheit	(il) mal d'aria	(il) mal ˈdaːria
Notausgang	(l') uscita *f* d'emergenza	(l)uʃ-ˈʃiːta demerˈdʒɛntsa
Notlandung	(l') atterraggio *m* di fortuna	(l) at-ter-ˈrad-dʒo di forˈtuːna
Notrutsche	(lo) scìvolo d'emergenza	(lo) ˈʃiːvolo demerˈdʒɛntsa
Rückflug	(il) volo di ritorno	(il) voːlo di riˈtorno
Schwimmweste	(il) giubbetto di salvataggio	(il) dʒub-ˈbet-to di salvaˈtad-dʒo
Start	(il) decollo	(il) deˈkɔl-lo
starten	decollare	dekol-ˈlaːre
Stewardeß	(la) hostess	(la) ˈɔstes
Triebwerk	(il) motore	(il) moˈtoːre
Zielflughafen	(l') aeroporto *m* di arrivo	(l)aeroˈpɔrto di ar-ˈriːvo
zollfreie Waren	(le) merci esenti da dogana	(le) ˈmɛrtʃi eˈzɛnti da doˈgaːna
Zwischenlandung	(lo) scalo	(lo) ˈskaːlo

MIT DEM SCHIFF

Auskunft, Schiffskarten

Wann fährt *ein Schiff (die Fähre)* nach ... ab?
Quando parte *una nave (il traghetto)* per ...?
ku'ando 'parte 'u:na 'na:ve (il tra'get-to) per

Wo?
Dove?
'do:ve

Wie oft geht die Autofähre ... nach?
Quante volte fa servizio la nave traghetto per ...?
ku'ante 'vɔlte fa ser'vi:tsio la 'na:ve tra'get-to per

Wie lange dauert die Überfahrt (von ...) nach ...?
Quanto tempo dura la traversata (da ...) a ...?
ku'anto 'tɛmpo 'du:ra la traver'sa:ta (da ...) a

Wie weit ist der Bahnhof vom Hafen entfernt?
Quant'è lontana la stazione dal porto?
kuan'tɛ lon'ta:na la statsi'o:ne dal 'pɔrto

Welche Häfen werden angelaufen?
In quali porti si fa scalo?
in ku'a:li 'pɔrti si fa 'ska:lo

Wann legen wir in ... an?
Quando si fa scalo a ...?
ku'ando si fa 'ska:lo a

Habe ich Anschluß nach ...?
C'è la coincidenza per ...?
tʃɛ la kointʃi'dɛntsa per

Kann man in ... an Land gehen?
Si può sbarcare a ...?
si pu'ɔ zbar'ka:re a

Wie lange?
Quanto tempo?
ku'anto 'tɛmpo

Werden Landausflüge veranstaltet?
Verranno organizzate escursioni a terra?
ver-'ran-no organid-'dza:te eskursi'o:ni a 'tɛr-ra

Wann müssen wir an Bord sein?
Quando dobbiamo èssere a bordo?
ku'ando dob-bi'a:mo 'ɛs-sere a 'bordo

Wo bekommt man die Karten?
Dove si véndono i biglietti?
'do:ve si 'vendono i bi'ʎet-ti

Ich möchte ... – **einen Schiffsplatz nach ...**
Vorrei ... – un biglietto per la nave in partenza per ...
vor-'rεi un bi'ʎet-to per la 'naːve in par'tεntsa per

– **für morgen zwei Plätze auf der ... nach ...**
– due posti sulla ... che parte per ... domani.
'duːe 'posti 'sul-la ... ke 'parte per ... do'maːni

– **eine Rundreisekarte von ... nach ... und zurück.**
– un biglietto circolare da ... a ... e ritorno.
un bi'ʎet-to tʃirko'laːre da ... a ... e ri'torno

– **einen Beförderungsschein für ein *Auto (Motorrad, Fahrrad)*.**
– un biglietto per *una màcchina (una motocicletta, una bicicletta)*.
un bi'ʎet-to per 'uːna 'mak-kina ('uːna mototʃi'klet-ta, 'uːna bitʃi'klet-ta)

– **eine Einzelkabine.**
– una cabina sìngola.
'uːna ka'biːna 'siŋgola

– **eine *Außenkabine (Innenkabine)*.**
– una cabina *esterna* (*interna*).
'uːna ka'biːna es'tεrna (in'tεrna)

– **eine Zweibettkabine.**
– una cabina a due letti.
'uːna ka'biːna a 'duːe 'lεt-ti

1. Klasse.
Prima classe.
'priːma 'klas-se

Touristenklasse.
Classe turìstica.
'klas-se tu'ristika

Im Hafen

Wo liegt die „...“?
Dove si trova la “...”?
'doːve si 'trɔːva la

Wo legt die „...“ an?
Dove fa scalo la “...”?
'doːve fa 'skaːlo la

Fährt dieses Schiff nach ...?
Questa nave va a ...?
ku'esta 'naːve va a

Wann legt es ab?
A che ora parte?
a ke 'oːra 'parte

Wo ist die *Reederei (Hafenpolizei, Zollverwaltung)*?
Dov'è *la compagnìa di navigazione* (*la polizia di porto, l'amministrazione doganale*)?
do'vε la kompa'ɲiːa di navigatsi'oːne (la poli'tsiːa di 'pɔrto, lam-ministratsi'oːne doga'naːle)

Wo erhalte ich mein Gepäck?
Dove posso ritirare il mio bagaglio?
'doːve 'pɔs-so riti'ra-re il 'miːo ba'gaːʎo

Ich komme von der „...“.
Vengo dalla “...”.
'vεŋgo 'dal-la

An Bord

Ich suche Kabine Nr. . . .
Cerco la cabina nùmero . . .
'tʃɛrko la ka'biːna 'nuːmero

Haben Sie . . . an Bord?
Ha . . . a bordo?
a . . . a 'bordo

Wo ist mein Gepäck?
Dov'è il mio bagaglio?
do'vɛ il 'miːo ba'gaːʎo

Bitte, wo ist . . . ?
Per favore, dov'è . . . ?
per fa'voːre, do'vɛ

der Aufenthaltsraum	la sala di soggiorno	la 'saːla di sod-'dʒorno
die Bar	il bar	il bar
der Bordfotograf	il fotògrafo di bordo	il fo'tɔːgrafo di 'bordo
der Friseursalon	il parrucchiere	il par-ruk-ki'eːre
der Leseraum	la sala di lettura	la 'saːla di let-'tuːra
die Reiseleitung	la direzione turìstica	la dìretsi'oːne tu'ristika
das Schiffshospital	l'ospedale	lospe'daːle
der Speisesaal	la sala da pranzo	la 'saːla da 'prandzo
der Swimming-pool	la piscina	la piʃ-'ʃiːna
der Tanzsaal	la sala da ballo	la 'saːla da 'bal-lo
das Zahlmeisterbüro	l'ufficio contabilità	luf-'fiːtʃo konta-bili'ta

Ich möchte den . . . sprechen.
Vorrei parlare con . . .
vor-'rɛi par'laːre kon

– Deckoffizier	l'ufficiale di coperta	luf-fi'tʃaːle di ko'pɛrta
– Gepäckoffizier	il responsàbile dei bagagli	il respon'saːbile dei ba'gaːʎi
– Kapitän	il capitano	il kapi'taːno
– Obersteward	il capocameriere di bordo	il kapokameri'ɛːre di 'bordo
– Schiffsarzt	il mèdico di bordo	il 'mɛːdiko di 'bordo
– Reiseleiter	il capogruppo	il kapo'grup-po
– Zahlmeister	il commissario di bordo	il kom-mis-'saːrio di 'bordo

Steward, bringen Sie mir bitte ...
Cameriere, per favore, mi porti, ...
kameri'ɛ:re, per fa'vo:re, mi 'pɔrti

Rufen Sie bitte den Schiffsarzt!
Chiami il mèdico di bordo, per favore.
ki'a:mi il 'mɛ:diko di 'bordo, per fa'vo:re

Haben Sie ein Mittel gegen Seekrankheit?
Ha qualcosa contro il mal di mare?
a kual'kɔ:sa 'kontro il mal di 'ma:re

Welche Stromspannung ist hier?
Che voltaggio c'è qui?
ke vol'tad-dʒo tʃɛ ku'i

Abschiedsessen	(il) pranzo d'addio	(il) 'prandzo dad-'di:o
Anker	(l') àncora *f*	(l)'aŋkora
anlaufen	approdare	ap-pro'da:re
anlegen	far scalo	far 'ska:lo
Anlegeplatz	(l') approdo *m*	(l)ap-'prɔ:do
Anlegesteg	(il) pontile d'approdo	(il) pon'ti:le dap-'prɔ:do
ausbooten	sbarcare	zbar'ka:re
Ausflugsprogramm	(il) programma d'escursione	(il) pro'gram-ma deskursi'o:ne
auslaufen	uscire dal porto	uʃ-'ʃi:re dal 'pɔrto
Backbord	(il) babordo	(il) ba'bordo
Boje	(la) boa	(la) 'bɔ:a
Boot	(la) barca	(la) 'barka
– Barkasse	(il) vaporetto	(il) vapo'ret-to
– Fischerboot	(la) barca da pesca	(la) 'barka da 'peska
– Motorboot	(il) motoscafo	(il) moto'ska:fo
– Rettungsboot	(la) scialuppa di salvataggio	(la) ʃa'lup-pa di salva'tad-dʒo
– Segelboot	(la) barca a vela	(la) 'barka a 've:la
Bord	(il) bordo	(il) 'bordo
Bordfest	(la) festa a bordo	(la) 'fɛsta a 'bordo
Brise	(la) brezza	(la) 'brɛd-dza
Bug	(la) prua	(la) 'pru:a
Dampfer	(il) piròscafo	(il) pi'rɔ:skafo
Deck	(la) coperta	(la) ko'pɛrta

– Bootsdeck	(il) ponte delle scialuppe	(il) 'ponte 'del-le ʃa'lup-pe
– Hauptdeck	(il) ponte principale	(il) 'ponte printʃi'pa:le
– Oberdeck	(il) ponte superiore	(il) 'ponte superi'o:re
– Promenadendeck	(il) ponte di passeggio	(il) 'ponte di pas-'sed-dʒo
– Salondeck	(il) ponte coperto	(il) 'ponte ko'pɛrto
– Sonnendeck	(il) solario	(il) so'la:rio
– Vordeck	(il) ponte di prua	(il) 'ponte di 'pru:a
– Zwischendeck	(il) ponte corridoio	(il) 'ponte korri'dɔ:io
Decksplatz	(il) posto in coperta	(il) 'pɔsto in ko'pɛrta
Deckstuhl	(lo) sdraio di coperta	(lo) 'zdra:io di ko'pɛrta
Fähre	(il) traghetto	(il) tra'get-to
– Autofähre	(la) nave traghetto per automobili	(la) 'na:ve tra'get-to per auto'mɔ:bili
– Eisenbahnfähre	(il) traghetto ferroviario	(il) tra'get-to fer-rovi'a:rio
Flagge	(la) bandiera	(la) bandi'ɛ:ra
Hafen	(il) porto	(il) 'pɔrto
Hafengebühr	(i) diritti portuali	(i) di'rit-ti portu'a:li
Hafenpolizei	(la) polizìa di porto	(la) poli'tsi:a di 'pɔrto
Heck	(la) poppa	(la) 'pop-pa
Insel	(l') ìsola *f*	(l)'i:zola
Jacht	(il) pànfilo	(il) 'panfilo
Kabine	(la) cabina	(la) ka'bi:na
Kai	(la) banchina	(la) baŋ'ki:na
Kajüte	(la) cabina	(la) ka'bi:na
Kanal	(il) canale	(il) ka'na:le
Kinderspielzimmer	(la) sala dei bambini	(la) 'sa:la 'dei bam'bi:ni
Knoten	(il) nodo	(il) 'nɔ:do
Kommandobrücke	(il) ponte di comando	(il) 'ponte di ko'ma:ndo
Kreuzfahrt	(la) crociera	(la) kro'tʃɛ:ra
Kurs	(la) rotta	(la) 'rot-ta
Küste	(la) costa	(la) 'kɔsta
Landausflug	(l') escursione *f* a terra	(l)eskursi'o:ne a 'tɛr-ra
Landungsbrücke	(il) pontile d'approdo	(il) pon'ti:le dap-'prɔ:do

Lastkahn	(la) chiatta	(la) ki'at-ta
Leuchtturm	(il) faro	(il) 'faːro
Liegestuhl	(la) sedia a sdraio	(la) 'sɛːdia a 'zdraːio
Mannschaft	(l') equipaggio *m*	(l)ekui'pad-dʒo
Mast	(l') àlbero *m*	(l)'albero
Matrose	(il) marinaio	(il) mari'naːio
Mole	(il) molo	(il) 'mɔːlo
1. Offizier	(l') ufficiale *m* in seconda	(l)uf-fi'tʃaːle in se'konda
Passagier	(il) passeggero	(il) pas-sed-'dʒɛːro
Reederei	(la) compagnìa di navigazione	(la) kompa'ɲiːa di navigatsi'oːne
Reling	(il) parapetto	(il) para'pɛt-to
Rettungsring	(il) salvagente	(il) salva'dʒɛnte
Ruder	(il) timone	(il) ti'moːne
Schiff	(la) nave	(la) 'naːve
– Frachtschiff	(la) nave mercantile	(la) 'naːve mer-kan'tiːle
– Passagierschiff	(la) nave passeggeri	(la) 'naːve pas-sed-'dʒɛːri
Schiffsagentur	(l') agenzìa *f* navale	(l)adʒen'tsiːa na'vaːle
Schiffsreise	(il) viaggio in nave	(il) vi'ad-dʒo in 'naːve
Schlepper	(il) rimorchiatore	(il) rimorkia'toːre
Schwimmweste	(il) giubbetto di salvataggio	(il) dʒub-'bet-to di salva'tad-dʒo
See, Meer	(il) mare	(il) 'maːre
– auf hoher See	in alto mare	in 'alto 'maːre
Seegang	(il) mare agitato	(il) 'maːre adʒi'taːto
seekrank	sofferente di mal di mare	sof-fe'rɛnte di mal di 'maːre
Seekrankheit	(il) mal di mare	(il mal di 'maːre
Seil, Tau	(il) cavo	(il) 'kaːvo
Steuer	(il) timone	(il) ti'moːne
Steuerbord	(il) tribordo	(il) tri'bordo
Steuermann	(il) timoniere	(il) timo'ɲɛːre
Steward	(il) cameriere	(il) kameri'ɛːre
Touristenklasse	(la) classe turìstica	(la) 'klas-se tu'ristika
Überfahrt	(la) traversata	(la) traver'saːta
Ufer	(la) riva	(la) 'riːva
Welle	(l') onda *f*	(l)'onda

AN DER GRENZE

Paßkontrolle

Wann sind wir an der Grenze?
Quando arriviamo alla frontiera?
ku'ando ar-rivi'a:mo 'al-la fronti'ɛ:ra

***Ihren Paß, bitte!**
Il Suo passaporto, per favore!
il 'su:o pas-sa'pɔrto, per fa'vo:re

***Ihre Papiere, bitte!**
I Suoi documenti, per favore.
i su'ɔ:i doku'menti, per fa'vo:re

Ich bleibe *eine Woche (drei Wochen, bis zum ...)*.
Mi fermo *una settimana (tre settimane, fino al ...)*.
mi 'fermo 'u:na set-ti'ma:na (tre set-ti'ma:ne, 'fi:no al ...)

Ich bin auf *Geschäftsreise (Urlaubsreise)* hier.
Sono qui *in viaggio d'affari (come turista)*.
'so:no ku'i in vi'ad-dʒo daf-'fa:ri ('ko:me tu'rista)

Ich habe keinen *Impfpaß (Impfschein)*.
Non ho *il libretto di vaccinazione* (*il certificato di vaccinazione*).
non ɔ il li'bret-to di vat-tʃinatsi'o:ne
(il tʃertifi'ka:to di vat-tʃinatsi'o:ne)

Was soll ich tun?
Che cosa devo fare?
ke 'kɔ:sa 'dɛ:vo 'fa:re

Ich bin (nicht) gegen *Pocken (Cholera)* geimpft.
(Non) Sono vaccinato contro *il vaiolo (la colera)*.
(non) 'so:no vat-tʃi'na:to 'kontro il vai'ɔ:lo (la ko'lɛ:ra)

Muß ich das Formular ausfüllen?
Devo riempire il mòdulo?
'dɛ:vo riem'pi:re il 'mɔ:dulo

Ich gehöre zu der Reisegruppe von ...
Faccio parte della comitiva di ...
'fat-tʃo 'parte 'del-la komi'ti:va di

Die Kinder sind in meinem Paß eingetragen.
I figli sono registrati nel mio passaporto.
i 'fi:ʎi 'so:no redʒis'tra:ti nel 'mi:o pas-sa'pɔrto

Kann ich das Visum hier bekommen?
Posso avere qui il visto?
'pɔs-so a've:re ku'i il 'visto

Kann ich mit meinem Konsulat telefonieren?
Posso telefonare al mio consolato?
'pɔs-so telefo'na:re al 'mi:o konso'la:to

Ausreise	(l') uscita *f*	(l)uʃ-'ʃiːta
Ausreisevisum	(il) visto d'uscita	(il) 'visto duʃ-'ʃiːta
Ausweis	(la) carta d'identità	(la) 'karta didenti'ta
Beruf	(la) professione	(la) profes-si'oːne
Besond. Kennzeichen.	(i) segni particolari	(i) 'seɲi partiko'laːri
Bestimmungen	(le) disposizioni	(le) dispositsi'oːni
Einreise	(l') entrata *f*	(l)en'traːta
Einreisevisum	(il) visto d'entrata	(il) 'visto den'traːta
Familienname	(il) cognome	(il) ko'ɲoːme
Familienstand	(lo) stato di famiglia	(lo) 'staːto di fa'miːʎa
– ledig	*Dame:* nùbile; *Herr:* cèlibe	'nuːbile; 'tʃɛːlibe
– verheiratet	*Dame:* sposata; *Herr:* sposato	spo'zaːta; spo'zaːto
– verwitwet	*Dame:* védova; *Herr:* védovo	'veːdova; 'veːdovo
Farbe der Augen	(il) colore degli occhi	(il) ko'loːre 'deʎi 'ɔk-ki
Führerschein	(la) patente di guida	(la) pa'tɛnte di gu'iːda
Geburtsdatum	(la) data di nàscita	(la) 'daːta di 'naʃ-ʃita
Geburtsname	(il) nome di nàscita	(il) 'noːme di 'naʃ-ʃita
Geburtsort	(il) luogo di nàscita	(il) lu'ɔːgo di 'naʃ-ʃita
Grenze	(il) confine	(il) kon'fiːne
Größe	(la) statura	(la) sta'tuːra
gültig	vàlido	'vaːlido
Haarfarbe	(il) colore dei capelli	(il) ko'loːre dei ka'pel-li
Name des Vaters	(la) paternità	(la) paterni'ta
Name der Mutter	(la) maternità	(la) materni'ta
Nummer	(il) nùmero	(il) 'nuːmero
Paß, Reisepaß	(il) passaporto	(il) pas-sa'pɔrto
Paßkontrolle	(il) controllo dei passaporti	(il) kon'trɔl-lo dei pas-sa'pɔrti
Staatsangehörigkeit	(la) nazionalità	(la) natsionali'ta
verlängern	prolungare	proluŋ'gaːre
Verlängerung	(il) prolungamento	(il) proluŋga'mento
Versicherungskarte	(la) carta di assicurazione	(la) 'karta di assikuratsi'oːne
Vorname	(il) nome di battésimo	(il) 'noːme di bat'teːzimo
Wohnort	(il) domicilio	(il) domi'tʃiːʎo

Zollkontrolle

***Haben Sie etwas zu verzollen?**
Ha qualche cosa da dichiarare?
a ku'alke 'kɔːsa da dikia'raːre

Ich habe nur Sachen für den persönlichen Bedarf.
Ho soltanto oggetti d'uso personale.
ɔ sol'tanto od-'dʒɛt-ti 'duːzo perso'naːle

Das ist mein Koffer.
Questa valigia è mia.
ku'esta va'liːdʒa ɛ 'miːa

Das gehört mir nicht.
Questo non è mio.
ku'esto non ɛ 'miːo

***Öffnen Sie bitte ...**
Per favore, apra ...
per fa'voːre, 'aːpra

Das ist ein *Geschenk (Reiseandenken).*
Questo è un *regalo (ricordo di viaggio).*
ku'esto ɛ un re'gaːlo (ri'kɔrdo di vi'ad-dʒo)

Ich habe ... *Zigaretten (eine Flasche ..., Parfüm).*
Ho ... *sigarette (una bottiglia di ..., del profumo).*
ɔ ... siga'ret-te ('uːna bot-'tiːʎa di ..., del pro'fuːmo)

***Was ist darin?**
Che cosa c'è dentro?
ke 'kɔːsa tʃɛ 'dentro

Das ist alles.
Questo è tutto.
ku'esto ɛ 'tut-to

***In Ordnung.**
Va bene!
va 'bɛːne

Ich möchte das verzollen.
Vorrei sdoganare questo.
vor-'rɛi zdoga'naːre ku'esto

Muß ich das verzollen?
Devo dichiarare questo?
'dɛːvo dikia'raːre ku'esto

Wieviel ist zollfrei?
Quanto è esente da dogana?
ku'anto ɛ e'zɛnte da do'gaːna

Was muß ich dafür zahlen?
Quanto devo pagare per questo?
ku'anto 'dɛːvo pa'gaːre per ku'esto

Ausfuhrzoll	(il) dazio d'esportazione	(il) 'daːtsio desportatsi'oːne
Einfuhrzoll	(il) dazio d'importazione	(il) 'daːtsio dimportatsi'oːne
Zoll	(la) dogana	(la) do'gaːna
Zollamt	(l') ufficio *m* doganale	(l)uf-'fiːtʃo doga'naːle
Zollbeamter	(l') impiegato *m* doganale	(l)impie'gaːto doga'naːle
Zollerklärung	(la) dichiarazione di dogana	(la) dikiaratsi'oːne di do'gaːna
Zollkontrolle	(il) controllo doganale	(il) kon'trɔl-lo doga'naːle

UNTERKUNFT

Erkundigung

Wo ist *das Hotel* . . . *(die Pension . . .)?*
Dov'è *l'albergo . . . (la pensione . . .)?*
do'vɛ lal'bɛrgo . . . (la pensi'oːne . . .)

Können Sie mir ein gutes Hotel empfehlen?
Può raccomandarmi un buon albergo?
pu'ɔ rak-koman'darmi un bu'ɔn al'bɛrgo

Gibt es in der Nähe . . . ?
C'è qui vicino . . . ?
tʃɛ ku'i vi'tʃiːno

Habite una camera

ein Apartment	un appartamento . . .	un ap-parta'mento
einen Bungalow	un bùngalow	un 'buŋgalo
einen Campingplatz .	un campeggio	un kam'ped-dʒo
einen Gasthof	una locanda	'uːna lo'kanda
ein Hotel	un albergo	un al'bɛrgo
eine Jugendherberge .	un ostello per la gioventù	un os'tɛl-lo per la dʒoven'tu
ein Motel	un motel	un mo'tɛl
eine Pension	una pensione	'uːna pensi'oːne
ein Privatzimmer . . .	una càmera privata	'uːna 'kaːmera pri'vaːta
eine Unterkunft	un alloggio	un al-'lɔd-dʒo

– in Strandnähe.
– vicin*o* (*-a*) alla spiaggia.
vi'tʃiːno (-a) 'al-la spi'ad-dʒa

– in *ruhiger (zentraler)* Lage.
– in un posto *tranquillo* (*centrale*).
in un 'posto traŋku'il-lo (tʃen'traːle)

Wie *sind die Preise (ist die Verpflegung)* dort?
Come *sono i prezzi* (*è il vitto*) là?
'koːme 'soːno i 'prɛt-tsi (ɛ il 'vit-to) la

Am Empfang

Ich habe hier (bei Ihnen) ein Zimmer bestellt. ... vor 6 Wochen.
Ho prenotato qui (da Voi) una càmera. ... sei settimane fa.
ɔ preno'ta:to ku'i (da 'voi) 'u:na 'ka:mera sɛi set-ti'ma:ne fa

Das Reisebüro ... hat für *mich (uns)* ein Zimmer reservieren lassen.
L'ufficio viaggi ... ha prenotato per *me (noi)* una càmera.
luf-'fi:tʃo vi'ad-dʒi ... a preno'ta:to per me (noi) 'u:na 'ka:mera

Haben Sie ein *Einzelzimmer (Doppelzimmer)* frei?
C'è una *càmera singola (càmera doppia)* libera?
tʃɛ 'u:na 'ka:mera 'siŋgola ('ka:mera 'dop-pia) 'li:bera

Ich hätte gern ...	Vorrei	vor-'rɛi
ein Appartement	un appartamento ...	un ap-parta'mento
einen Bungalow	un bùngalow	un 'buŋgalo
ein Zimmer	una càmera	'u:na 'ka:mera
– mit Bad	con bagno	kon 'ba:ɲo
– mit Balkon	con balcone	kon bal'ko:ne
– mit Dusche	con doccia	kon 'dot-tʃa
– mit fließend Kalt- und Warmwasser ..	con acqua corrente fredda e calda	kon 'ak-kua kor-'rɛnte 'fred-da e 'kalda
– zur Landseite	situata verso la terra-ferma	situ'a:ta 'vɛrso la 'tɛr-ra 'ferma
– mit Meerblick	con vista sul mare ..	kon 'vista sul 'ma:re
– mit Terrasse	con terrazza	kon ter-'rat-tsa
– im zweiten Stock ..	al secondo piano ...	al se'kondo pi'a:no
– für ... Personen ..	per ... persone	per ... per'so:ne
ein ruhiges Zimmer .	una càmera tranquilla	'una 'ka:mera traŋku'il-la
ein Zweibettzimmer .	una càmera a due letti	'u:na 'ka:mera a 'du:e 'lɛt-ti

... für *eine Nacht (zwei Tage, eine Woche, vier Wochen)*.
... per *una notte (due giorni, una settimana, quattro settimane)*.
per 'u:na 'nɔt-te ('du:e 'dʒorni, 'u:na set-ti'ma:na, ku'at-tro set-ti'ma:ne)

Kann ich mir das Zimmer ansehen?
Posso vedere la càmera?
'pɔs-so ve'de:re la 'ka:mera

Es gefällt mir.
Mi piace.
mi pi'a:tʃe

***Ich nehme (Wir nehmen)* es.**
La *prendo (prendiamo)*.
la 'prɛndo (prendi'a:mo)

Können Sie mir noch ein anderes Zimmer zeigen?
Può mostrarmi un'altra càmera?
pu'ɔ mos'trarmi u'naltra 'ka:mera

Können Sie noch *ein Bett (ein Kinderbett)* hereinstellen?
Può méttere *un altro letto (un letto da bambino)?*
pu'ɔ 'met-tere un 'altro 'lɛt-to (un 'lɛt-to da bam'bi:no)

Preis

Wieviel kostet das Zimmer pro *Tag (Woche)?*
Quanto costa la càmera *al giorno (alla settimana)?*
ku'anto 'kɔsta la 'ka:mera al 'dʒorno ('al-la set-ti'ma:na)

– mit Frühstück.
– compresa la prima colazione.
kom'pre:sa la 'pri:ma kolatsi'o:ne

– mit Halbpension.
– con la mezza pensione.
kon la 'mɛd-dza pensi'o:ne

– mit Vollpension.
– con la pensione completa.
kon la pensi'o:ne kom'ple:ta

Ist *alles (die Bedienung)* inbegriffen?
È compreso *tutto (il servizio)?*
ɛ kom'pre:so 'tut-to (il ser'vi:tsio)

Wie hoch ist der *Einzelzimmerzuschlag (Saisonzuschlag)?*
Quant'è *il supplemento per una càmera sìngola (l'aumento stagionale)*?
kuan'tɛ il sup-ple'mento per 'u:na 'ka:mera 'siŋgola (lau'mento stadʒo'na:le)

Gibt es für Kinder eine Ermäßigung?
C'è una riduzione per i bambini?
tʃɛ 'u:na ridutsi'o:ne per i bam'bi:ni

Wieviel soll ich anzahlen?
Quanto devo pagare in acconto?
ku'anto 'dɛ:vo pa'ga:re in ak-'konto

Wieviel macht es insgesamt?
Quanto è il totale?
ku'anto ɛ il to'ta:le

Anmeldung, Gepäck

Ich möchte mich anmelden.
Desidero annunciarmi.
de'si:dero an-nun'tʃarmi

Brauchen Sie unsere Pässe?
Desidera i nostri passaporti?
de'si:dera i 'nɔstri pas-sa'pɔrti

Wann wollen Sie das Anmeldeformular zurück haben?
Quando Le devo dare il formulario compilato?
ku'ando le 'dɛ:vo 'da:re il formu'la:rio kompi'la:to

Was muß ich hier ausfüllen?
Che cosa devo scrivere qui?
ke 'kɔ:sa 'dɛ:vo 'skri:vere ku'i

***Ihre Unterschrift genügt.**
Basta la Sua firma.
'basta la 'su:a 'firma

Können Sie das Gepäck holen lassen?
Può far ritirare il bagaglio?
pu'ɔ far riti'ra:re il ba'ga:ʎo

Es ist noch *auf dem Bahnhof (am Flughafen).*
È ancora *alla stazione (all'aeroporto).*
ɛ aŋ'ko:ra 'al-la statsi'o:ne (al-laero'pɔrto)

Hier ist der Gepäckschein.
Ecco lo scontrino.
'ɛk-ko lo skon'tri:no

Wo ist mein Gepäck?
Dov'è il mio bagaglio?
do'vɛ il 'mi:o ba'ga:ʎo

Ist mein Gepäck schon auf dem Zimmer?
È già in càmera il mio bagaglio?
ɛ dʒa in 'ka:mera il 'mi:o ba'ga:ʎo

Kann ich mein Gepäck hierlassen?
Posso lasciare qui il mio bagaglio?
'pɔs-so laʃ-'ʃa:re ku'i il 'mi:o ba'ga:ʎo

Können Sie diese Wertsachen aufbewahren?
Può mettere in cassaforte questi oggetti di valore?
pu'ɔ 'met-tere in kas-sa'forte ku'esti od-'dʒet-ti di va'lo:re

Haben Sie *eine Garage (einen Parkplatz)?*
Ha *un garage (un parcheggio)?*
a un ga'ra:ʒ (un par'ked-dʒo)

Rezeption, Portier

Wo ist Zimmer Nr. 308?
Dov'è la càmera nùmero trecento-otto?
do'vɛ la 'ka:mera 'nu:mero tre'tʃɛnto'ɔt-to

Den Schlüssel, bitte!
La chiave, per favore!
la ki'a:ve, per fa'vo:re

Nummer . . ., bitte!
Nùmero . . ., per favore!
'nu:mero . . ., per fa'vo:re

Hat jemand nach mir gefragt?
Qualcuno ha chiesto di me?
kual'ku:no a ki'ɛsto di me

Ist Post für mich da?
C'è posta per me?
tʃɛ 'pɔsta per me

Wann kommt die Post?
Quando arriva la posta?
ku'ando ar-'ri:va la 'pɔsta

Haben Sie *Briefmarken (Ansichtskarten)?*
Ha *dei francobolli (delle cartoline illustrate)*?
a 'dei fraŋko'bol-li ('del-le karto'li:ne il-lus'tra:te)

Was kostet *eine Postkarte (ein Brief)* nach Deutschland?
Quanto costa *una cartolina* (*una lèttera*) per la Germania?
ku'anto 'kɔsta 'u:na karto'li:na ('u:na 'lɛt-tera) per la dʒer'ma:ɲa

Wo kann ich . . . *mieten (bekommen)?*
Dove posso *prèndere a nolo* (*avere*) . . . ?
'do:ve 'pɔs-so 'prɛndere a 'nɔ:lo (a've:re)

Wo kann ich mich für den Ausflug nach . . . anmelden?
Dove posso iscrìvermi per l'escursione a . . . ?
'do:ve 'pɔs-so is'kri:vermi per leskursi'o:ne a

Wo kann ich *telefonieren (Geld umwechseln)?*
Dove posso *telefonare* (*cambiare del denaro*)?
'do:ve 'pɔs-so telefo'na:re (kambi'a:re del de'na:ro)

Ich möchte ein Ferngespräch nach . . . anmelden.
Vorrei avere una comunicazione interurbana con . . .
vor-'rɛi a've:re 'u:na komunikatsi'o:ne interur'ba:na kon

Ich erwarte ein Ferngespräch aus Deutschland.
Aspetto una telefonata dalla Germania.
as'pɛt-to 'u:na telefo'na:ta 'dal-la dʒer'ma:ɲa

Wo gibt es deutsche Zeitungen?
Dove ci sono giornali tedeschi?
'do:ve tʃi 'so:no dʒor'na:li te'deski

Können Sie mir ... besorgen?
Può procurarmi ...?
pu'ɔ proku'rarmi

Wo *ist (sind)* ...?
Dov'è ...? (Dove sono ...?)
do'vɛ ('do:ve 'so:no)

Wie hoch ist hier die Stromspannung?
Che voltaggio c'è qui?
ke vol'tad-dʒo tʃɛ ku'i

Ich bin in 10 *Minuten (zwei Stunden)* wieder zurück.
Sarò di ritorno fra *dieci minuti (due ore).*
sa'rɔ di ri'torno fra di'ɛ:tʃi mi'nu:ti ('du:e 'o:re)

Wir gehen *zum Strand (in die Stadt).*
Andiamo *alla spiaggia (in città).*
andi'a:mo 'al-la spi'ad-dʒa (in tʃit-'ta)

Ich bin *im Aufenthaltsraum (an der Bar).*
Sono *nella sala di soggiorno (al bar).*
'so:no 'nel-la 'sa:la di sod-'dʒorno (al bar)

Ich habe den Schlüssel *verloren (im Zimmer gelassen).*
Ho *perduto (lasciato in càmera)* la chiave.
ɔ per'du:to (laʃ-'ʃa:to in 'ka:mera) la ki'a:ve

Wann sind die Essenszeiten?
A che ora si mangia?
a ke 'o:ra si 'mandʒa

Wo ist der Speisesaal?
Dov'è la sala da pranzo?
do'vɛ la 'sa:la da 'prandzo

Können wir auf dem Zimmer frühstücken?
Possiamo prendere la prima colazione in càmera?
pos-si'a:mo 'prɛndere la 'pri:ma kolatsi'o:ne in 'ka:mera

Können wir morgen schon um 7 Uhr frühstücken?
Possiamo prendere domani mattina la prima colazione già alle sette?
pos-si'a:mo 'prɛndere do'ma:ni mat-'ti:na la 'pri:ma kolatsi'o:ne dʒa 'al-le 'sɛt-te

Für morgen früh bitte *ein Lunchpaket (zwei Lunchpakete).*
Per favore, per domani mattina *una colazione al sacco (colazione al sacco per due).*
per fa'vo:re, per do'ma:ni mat-'ti:na 'u:na kolatsi'o:ne al 'sak-ko (kolatsi'o:ne al 'sak-ko per 'du:e)

Wecken Sie mich bitte morgen um 6 Uhr.
Mi svegli domani alle sei, per favore.
mi 'zve:ʎi do'ma:ni 'al-le sɛi, per fa'vo:re

Zimmermädchen

Herein!
Avanti!
a'vanti

Einen Moment, bitte!
Un momento, per favore!
un mo'mento, per fa'vo:re

Können Sie noch *5(10)* Minuten warten?
Può aspettare ancora *cinque* (*dieci*) minuti?
pu'ɔ aspet-'ta:re aŋ'ko:ra 'tʃiŋkue (di'ɛ:tʃi) mi'nu:ti

Wir gehen in einer *Viertelstunde (halben Stunde)*.
Andiamo fra *un quarto d'ora* (*mezz'ora*).
andi'a:mo fra un ku'arto 'do:ra (med-'dzo:ra)

Bringen Sie *mir (uns)* bitte ...
Per favore, *mi* (*ci*) porti, ...
per fa'vo:re, mi (tʃi) 'pɔrti

einen Aschenbecher .	un portacénere	un porta'tʃe:nere
noch eine Decke	ancora una coperta .	aŋ'ko:ra 'u:na ko'pɛrta
das Frühstück	la prima colazione ..	la 'pri:ma kolatsi'o:ne
noch ein Handtuch ..	un altro asciugamano	un 'altro aʃ-ʃuga'ma:no
ein paar Kleiderbügel	alcuni attaccapanni .	al'ku:ni at-tak-ka-'pan-ni
noch ein Kopfkissen .	un altro cuscino	un 'altro kuʃ-'ʃi:no
ein Scheuertuch	uno strofinaccio	'u:no strofi'nat-tʃo
ein Stück Seife	un pezzo di sapone..	un 'pɛt-tso di sa'po:ne
eine Wolldecke	una coperta di lana .	'u:na ko'pɛrta di 'la:na

Wie funktioniert das?
Come funziona questo?
'ko:me funtsi'o:na ku'esto

Ist unser Zimmer schon fertig?
Ha già fatto la nostra càmera?
a dʒa 'fat-to la 'nɔstra 'ka:mera

Können Sie diese Wäsche waschen lassen?
Può far lavare questa biancherìa?
pu'ɔ far la'va:re ku'esta biaŋke'ri:a

Können Sie etwas gegen die Mücken im Zimmer tun?
Può fare qualcosa contro le zanzare nella càmera?
pu'ɔ 'fa:re kual'kɔ:sa 'kontro le dzan'dza:re 'nel-la 'ka:mera

Vielen Dank!
Tante grazie!
'tante 'gra:tsie

Das ist für Sie.
Questo è per Lei.
ku'esto ɛ per lɛi

Beanstandungen

Es fehlt . . .
Manca . . .
'maŋka

Es fehlen . . .
Màncano . . .
'maŋkano

. . . funktioniert nicht
. . . non funziona.
non funtsi'o:na

In meinem Zimmer brennt kein Licht.
Nella mia càmera non c'è luce.
'nel-la 'mi:a 'ka:mera non tʃɛ 'lu:tʃe

Diese Birne ist durchgebrannt.
Questa lampadina è bruciata.
ku'esta lampa'di:na ɛ bru'tʃa:ta

Die Steckdose ist kaputt.
La presa è rotta.
la 'pre:sa ɛ 'rot-ta

Die Sicherung ist durchgebrannt.
È saltato il fusìbile.
ɛ sal'ta:to il fu'zi:bile

Die *Klingel (Heizung)* funktioniert nicht.
Il *campanello* (*riscaldamento*) non funziona.
il kampa'nɛl-lo (riskalda'mento) non funtsi'o:na

Der Schlüssel paßt nicht.
Non è la chiave giusta.
non ɛ la ki'a:ve dʒusta

Es regnet durch.
Pènetra la pioggia.
'pɛ:netra la pi'ɔd-dʒa

Das Fenster *schließt schlecht (geht nicht auf)*.
La finestra *non chiude bene* (*non si apre*).
la fi'nɛstra non ki'u:de 'bɛ:ne (non si 'a:pre)

Es kommt kein (heißes) Wasser.
Non c'è acqua (calda).
non tʃɛ 'ak-kua ('kalda)

Der Hahn tropft.
Il rubinetto gócciola.
il rubi'net-to 'got-tʃola

Die Spülung geht nicht.
Lo sciacquone non funziona.
lo ʃak-ku'o:ne non
funtsi'o:na

Die Leitung ist undicht.
Il tubo perde.
il 'tu:bo 'pɛrde

Der Abfluß ist verstopft.
Il tubo di scarico è otturato.
il 'tu:bo di 'ska:riko ɛ ot-tu'ra:to

Abreise

Ich reise morgen ab.
Parto domani.
'parto do'maːni

Wir fahren morgen weiter.
Ripartiamo domani.
riparti'aːmo do'maːni

Machen Sie bitte die Rechnung fertig.
Prepari il conto, per favore.
pre'paːri il 'konto, per fa'voːre

Kann ich bitte *meine (unsere)* Rechnung haben?
Potrei avere il *mio* (*nostro*) conto?
po'trɛi a'veːre il 'miːo ('nɔstro) 'konto

Wecken Sie mich bitte morgen früh.
Per favore, mi svegli domani mattina.
per fa'voːre, mi 'zveːʎi do'maːni mat-'tiːna

Bestellen Sie mir bitte für morgen 8 Uhr ein Taxi.
Per favore, mi faccia venire un tassì per domani mattina alle otto.
per fa'voːre, mi 'fat-tʃa ve'niːre un tas-'si per do'maːni mat-'tiːna 'al-le 'ɔt-to

Können Sie mein Gepäck zum *Bahnhof (Flughafen)* bringen lassen?
Può far portare il mio bagaglio *alla stazione* (*all'aeroporto*)?
pu'ɔ far por'taːre il 'miːo ba'gaːʎo 'al-la statsi'oːne (al-laero'pɔrto)

Wann geht der *Autobus (Zug)* nach ...?
A che ora parte *l'àutobus* (*il treno*) per ...?
a ke 'oːra 'parte 'laːutobus (il 'trɛːno) per

Senden Sie mir bitte meine Post nach.
Per favore, spedisca la posta al mio indirizzo.
per fa'voːre, spe'diska la 'pɔsta al 'miːo indi'rit-tso

Herzlichen Dank für alles!
Grazie mille di tutto!
'graːtsie 'mil-le di 'tut-to

Wir haben uns hier *sehr wohl gefühlt (gut erholt)*.
Ci è piaciuto molto stare da Voi (ci siamo veramente riposati).
tʃi ɛ pia'tʃuːto 'molto 'staːre da 'voi (tʃi si'aːmo vera'mente ripo'saːti)

Abendessen	(la) cena	(la) ˈtʃeːna
Abreise	(la) partenza	(la) parˈtɛntsa
Ankunft	(l') arrivo *m*	(l)ar-ˈriːvo
Anmeldung	(la) dichiarazione di soggiorno	(la) dikiaratsiˈoːne di sod-ˈdʒorno
Anzahlung	(l') acconto *m*	(l)ak-ˈkonto
Apartment	(l') appartamento *m*.	(l)ap-partaˈmento
Aschenbecher	(il) portacénere	(il) portaˈtʃeːnere
Ausgang	(l') uscita *f*	(l)uʃ-ˈʃiːta
ausziehen (Hotel/ Wohnung)	cambiare (albergo/ casa)	kambiˈaːre (alˈbɛrgo/ˈkaːsa)
Badezimmer	(la) stanza da bagno	(la) ˈstantsa da ˈbaːɲo
Balkon	(il) balcone	(il) balˈkoːne
Beanstandung	(il) reclamo	(il) reˈklaːmo
Bedienung	(il) servizio	(il) serˈviːtsio
Beleuchtung	(l') illuminazione *f*	(l)il-luminatsiˈoːne
Bett	(il) letto	(il) ˈlɛt-to
– Bettdecke	(la) coperta	(la) koˈpɛrta
– Kinderbett	(il) lettino da bambino	(il) lɛt-ˈtiːno da bamˈbiːno
– Kopfkissen	(il) cuscino	(il) kuʃ-ˈʃiːno
– Matratze	(il) materasso	(il) mateˈras-so
– Wolldecke	(la) coperta di lana	(la) koˈpɛrta di ˈlaːna
Bettcouch	(il) divano-letto	(il) diˈvaːno ˈlɛt-to
Bettvorleger	(lo) scendiletto	(lo) ʃendiˈlɛt-to
Bettwäsche	(la) biancherìa da letto	(la) biaŋkeˈriːa da ˈlɛt-to
– Bezug	(le) lenzuola	(le) lentsuˈɔːla
– Kopfkissenbezug	(la) fèdera	(la) ˈfɛːdera
– Laken	(il) lenzuolo	(il) lentsuˈɔːlo
Dusche	(la) doccia	(la) ˈdot-tʃa
Eimer	(il) secchio	(il) ˈsek-kio
Eingang	(l') ingresso *m*	(l)iŋˈgrɛs-so
einziehen	entrare	enˈtraːre
Empfang	(la) ricezione	(la) ritʃetsiˈoːne
Empfangschef	(il) direttore di ricezione	(il) diret-ˈtoːre di ritʃetsiˈoːne
Erkundigung	(l') informazione *f*	(l)informatsiˈoːne
Etage	(il) piano	(il) piˈaːno
Fahrstuhl	(l')ascensore *m*	(l)aʃ-ʃenˈsoːre
Fenster	(la) finestra	(la) fiˈnɛstra
Fensterscheibe	(il) vetro	(il) ˈveːtro

Frühstück	(la) prima colazione	(la) priːma kolatsiˈoːne
Frühstücksraum	(la) sala per la prima colazione	(la) ˈsaːla per la ˈpriːma kolatsiˈoːne
Glühbirne	(la) lampadina	(la) lampaˈdiːna
Grillraum	(la) rosticcerìa	(la) rostit-tʃeˈriːa
Halbpension	(la) mezza pensione	(la) ˈmɛd-dza pensiˈoːne
Haus	(la) casa	(la) ˈkaːsa
– Apartmenthaus	(la) casa con appartamenti	(la) ˈkaːsa kon ap-partaˈmenti
Hausschlüssel	(la) chiave di casa	(la) kiˈaːve di ˈkaːsa
Haustür	(la) porta di casa	(la) ˈpɔrta di ˈkaːsa
Heizkörper	(il) radiatore	(il) radiaˈtoːre
Heizung	(il) riscaldamento	(il) riskaldaˈmento
Herd	(il) fornello	(il) forˈnɛl-lo
Hotel	(l') albergo *m*	(l)alˈbɛrgo
– Strandhotel	(l') albergo *m* sulla spiaggia	(l)alˈbɛrgo ˈsul-la spiˈad-dʒa
Hotelhalle	(l') atrio *m*	(l)ˈaːtrio
Hotelrestaurant	(il) ristorante dell'albergo	(il) ristoˈrante del-lalˈbɛrgo
Kamin	(il) camino	(il) kaˈmiːno
Kategorie	(la) categorìa	(la) kategoˈriːa
Keller	(la) cantina	(la) kanˈtiːna
Kleiderbügel	(la) gruccia	(la) ˈgrut-tʃa
Klimaanlage	(l') impianto dell'aria condizionata	(l)impiˈanto del-ˈlaːriakonditsioˈnaːta
Klingel	(il) campanello	(il) kampaˈnɛl-lo
Kochnische	(la) cucinetta	(la) kutʃiˈnet-ta
Korridor	(il) corridoio	(il) kor-riˈdoːio
Küche	(la) cucina	(la) kuˈtʃiːna
Kühlschrank	(il) frigorìfero	(il) frigoˈriːfero
Lampe	(la) làmpada	(la) ˈlampada
Lichtschalter	(l') interruttore *m*	(l)inter-rut-ˈtoːre
Liegestuhl	(la) sedia a sdraio	(la) ˈsɛːdia a ˈzdraːio
Liegewiese	(il) prato	(il) ˈpraːto
Lüftung	(l') aerazione *f*	(l)aeratsiˈoːne
Miete	(l') affitto *m*	(l)af-ˈfit-to
mieten	noleggiare	noled-ˈdʒaːre
Mittagessen	(il) pranzo	(il) ˈprandzo

Nachttisch	(il) comodino	(il) komo'di:no
Nachttischlampe	(la) làmpada del comodino	(la) 'lampada del komo'di:no
Ofen	(la) stufa	(la) 'stu:fa
Pension	(la) pensione	(la) pensi'o:ne
Pförtner, Portier	(il) portinaio	(il) porti'na:io
Preis	(il) prezzo	(il) 'prɛt-tso
Privatstrand	(la) spiaggia privata	(la) spi'ad-dʒa pri'va:ta
Rechnung	(il) conto	(il) 'konto
Reisebüro	(l') ufficio *m* viaggi	(l)uf-'fi:tʃo vi'ad-dʒi
Rezeption	(la) ricezione	(la) ritʃetsi'o:ne
Saison	(la) stagione	(la) sta'dʒo:ne
Schlüssel	(la) chiave	(la) ki'a:ve
Schrank	(l') armadio *m*	(l)ar'ma:dio
Schublade	(il) cassetto	(il) kas-'set-to
Sessel	(la) poltrona	(la) pol'tro:na
Sicherung	(la) vàlvola	(la) 'valvola
Sonnenschirm	(l') ombrellone *m*	(l)ombrel-'lo:ne
Speisesaal	(la) sala da pranzo	(la) 'sa:la da 'prandzo
Spiegel	(lo) specchio	(lo) 'spɛk-kio
Steckdose	(la) presa di corrente	(la) 'pre:sa di kor-'rɛnte
Stecker	(la) spina	(la) 'spi:na
Stromspannung	(il) voltaggio	(il) vol'tad-dʒo
Stuhl	(la) sedia	(la) 'sɛ:dia
Swimming-pool	(la) piscina	(la) piʃ-'ʃi:na
Telefon	(il) telèfono	(il) te'lɛ:fono
Teppich	(il) tappeto	(il) tap-'pe:to
Terrasse	(la) terrazza	(la) ter-'rat-tsa
Tisch	(il) tàvolo	(il) 'ta:volo
Tischdecke	(la) tovaglia	(la) to'va:ʎa
Toilette	(il) gabinetto	(il) gabi'net-to
– Damentoilette	(il) gabinetto per signore	(il) gabi'net-to per si'ɲo:re
– Herrentoilette	(il) gabinetto per signori	(il) gabi'net-to per si'ɲo:ri
Toilettenpapier	(la) carta igiènica	(la) 'karta i'dʒɛ:nika
Topf	(il) vaso	(il) 'va:zo
Treppe	(la) scala	(la) 'ska:la

Tür	(la) porta	(la) 'pɔrta
Türklinke	(la) maniglia	(la) ma'ni:ʎa
Türschloß	(la) serratura della porta	(la) ser-ra'tu:ra 'del-la 'pɔrta
Übernachtung	(il) pernottamento	(il) pernot-ta'mento
umziehen	cambiare casa	kambi'a:re 'ka:sa
Unterkunft	(l') alloggio *m*	(l)al-'lɔd-dʒo
Ventilator	(il) ventilatore	(il) ventila'to:re
Verlängerungsschnur	(la) prolunga	(la) pro'luŋga
Verlängerungswoche	(il) prolungamento di una settimana	(il) proluŋga'mento di 'u:na set-ti'ma:na
vermieten	affittare	af-fit-'ta:re
Vorhang	(la) tenda	(la) 'tɛnda
Wand	(la) parete	(la) pa're:te
Waschbecken	(il) lavandino	(il) lavan'di:no
Wäsche	(la) biancherìa	(la) biaŋke'ri:a
– bügeln	stirare	sti'ra:re
– trocknen	asciugare	aʃ-ʃu'ga:re
– waschen	lavare	la'va:re
Wasser	(l') acqua *f*	(l)'ak-kua
– heißes	– calda	'kalda
– kaltes	– fredda	'fred-da
Wasserglas	(il) bicchiere per l'acqua	(il) bik-ki'ɛ:re per 'lak-kua
Wasserhahn	(il) rubinetto dell'acqua	(il) rubi'net-to del-'lak-kua
Wechselstrom	(la) corrente alternata	(la) kor-'rɛnte alter'na:ta
Wohnung	(l') appartamento *m*	(l)ap-parta'mento
Zentralheizung	(il) riscaldamento centrale	(il) riskalda'mento tʃen'tra:le
Zimmer	(la) càmera	(la) 'ka:mera
– Schlafzimmer	(la) càmera da letto	(la) 'ka:mera da 'lɛt-to
– Wohnzimmer	(la) stanza di soggiorno	(la) 'stantsa di sod-'dʒorno
Zimmerdecke	(il) soffitto	(il) sof-'fit-to
Zimmermädchen	(la) cameriera	(la) kameri'ɛ:ra
Zwischenstecker	(la) spina intermedia	(la) 'spi:na inter'mɛ:dia

Camping, Jugendherberge

Gibt es hier *einen Campingplatz (eine Jugendherberge)*?
C'è qui *un campeggio* (*un ostello per la gioventù*)?
tʃɛ kuˈi un kamˈped-dʒo (un osˈtɛl-lo per la dʒovenˈtu)

Können wir hier zelten?
Possiamo campeggiare qui?
pos-siˈaːmo kamped-ˈdʒaːre kuˈi

Ist der Platz nachts bewacht?
Il campeggio è sorvegliato di notte?
il kamˈped-dʒo ɛ sorveˈʎaːto di ˈnɔt-te

Haben Sie noch Platz (für ein Zelt)?
C'è ancora posto (per una tenda)?
tʃɛ aŋˈkoːra ˈposto (per ˈuːna ˈtɛnda)

Wieviel kostet eine Übernachtung?
Qual'è il prezzo per una notte?
kuaˈlɛ il ˈprɛt-tso per ˈuːna ˈnɔt-te

Wie hoch ist die Gebühr für *das Auto (den Wohnwagen)*?
Quanto si paga per *la màcchina* (*la roulotte*)?
kuˈanto si ˈpaːga per la ˈmak-kina (la ruˈlɔt)

Ich bleibe ... *Tage (Wochen)*.
Rimango ... *giorni* (*settimane*).
riˈmaŋgo ... dʒorni (set-tiˈmaːne)

Kann man hier ...?
Si può ... qui?
si puˈɔ ... kuˈi

Gibt es in der Nähe ein Lebensmittelgeschäft?
Cè qui vicino un negozio di gèneri alimentari?
tʃɛ kuˈi viˈtʃiːno un neˈgɔːtsio di ˈdʒɛːneri alimenˈtaːri

Kann ich hier Gasflaschen *ausleihen (tauschen)*?
Dove si prendono (cambiano) bombole a gas?
ˈdoːve si ˈprɛndono (ˈkambiano) ˈbombole a gas

Wo sind die *Toiletten (Waschräume)*?
Dove sono i *gabinetti* (*le docce*)?
ˈdoːve ˈsoːno i gabiˈnet-ti (le ˈdot-tʃe)

Gibt es hier Stromanschluß?
Ci sono prese di corrente elèttrica?
tʃi ˈsoːno ˈpreːse di kor-ˈrɛnte eˈlɛt-trika

Kann man das Wasser trinken?
L'acqua è potabile?
ˈlak-kua ɛ poˈtaːbile

Kann ich ... ausleihen?
Posso prendere ... in prestito?
ˈpɔs-so ˈprɛndere ... in ˈprɛstito

Wo kann man ...?
Dove si può ...?
ˈdoːve si puˈɔ

Abmeldung	(la) dichiarazione di partenza	(la) dikiaratsi'o:ne di par'tɛntsa
baden	fare il bagno	'fa:re il 'ba:ɲo
bekommen	ricévere	ri'tʃe:vere
Benutzungsgebühr	(la) tariffa per l'uso di	(la) ta'rif-fa per 'lu:zo di
Camping	(il) campeggio	(il) kam'ped-dʒo
Campingausweis	(la) tèssera di campeggio	(la) 'tɛs-sera di kam'ped-dʒo
Campingliege	(il) lettino da campeggio	(il) let-'ti:no da kam'ped-dʒo
Campingplatz	(il) campeggio	(il) kam'ped-dʒo
Eßgeschirr	(le) stoviglie	(le) sto'vi:ʎe
Herbergsausweis	(la) tèssera per l'ostello della gioventù	(la) 'tɛs-sera per los'tɛl-lo 'del-la dʒoven'tu
Herbergseltern	(i) direttori dell'ostello	(i) diret-'to:ri del-los'tɛl-lo
Herbergsmutter	(la) direttrice dell'ostello	(la) diret-'tri:tʃe del-los'tɛl-lo
Herbergsvater	(l') albergatore *m*	(l)alberga'to:re
Jugendgruppe	(il) gruppo di gióvani	(il) grup-po di 'dʒo:vani
Jugendherberge	(l') ostello *m* per la gioventù	(l)os'tɛl-lo per la dʒoven'tu
kochen	cucinare	kutʃi'na:re
Kochstelle	(il) fornello	(il) for'nɛl-lo
leihen	prestare	pres'ta:re
Leihgebühr	(la) tassa di noleggio	(la) 'tas-sa di no'led-dʒo
Mitgliedskarte	(la) tèssera di membro	(la) 'tɛs-sera di 'mɛmbro
parken	parcheggiare	parked-'dʒa:re
Schlafraum	(il) dormitorio	(il) dormi'tɔ:rio
Schlafsack	(il) sacco a pelo	(il) 'sak-ko a 'pe:lo
Tagesraum	(la) sala comune	(la) 'sa:la ko'mu:ne
Trinkwasser	(l') acqua *f* potàbile	(l)'ak-kua po'ta:bile
Voranmeldung	(il) preavviso	(il) preav-'vi:zo
Wohnwagen	(la) roulotte	(la) ru'lɔt
Zelt	(la) tenda	(la) 'tɛnda
zelten	campeggiare	kamped-'dʒa:re

ESSEN UND TRINKEN

Bestellung

Gibt es hier in der Nähe ein *gutes Restaurant (Spezialitäten-Restaurant)*?
C'è qui vicino un *buon ristorante* (*ristorante che ha qualche specialità*)?
tʃɛ ku'i vi'tʃiːno un bu'ɔn risto'rante (ke a ku'alke spetʃali'ta)

Reservieren Sie bitte für 20 Uhr einen Tisch für 4 Personen.
Per favore, ci riservi un tàvolo per quattro persone per le ore venti.
per fa'voːre, tʃi ri'sɛrvi un 'taːvolo per ku'at-tro per'soːne per le 'oːre 'venti

Ist dieser *Tisch (Platz)* noch frei?
È libero *questo tàvolo* (*questo posto*)?
ɛ 'liːbero ku'esto 'tavolo (ku'esto 'posto)

Herr Ober!
Cameriere!
kameri'ɛːre

Fräulein!
Cameriera!
kameri'ɛːra

Bedienen Sie hier?
Lei serve qui?
lɛi 'sɛrve ku'i

Ich möchte etwas essen.
Vorrei mangiare qualcosa.
vor-'rɛi man'dʒaːre kual'kɔːsa

Wir möchten etwas trinken.
Vorremmo bere qualcosa.
vor-'rem-mo 'beːre kual'kɔːsa

Die *Speisekarte (Getränkekarte)*, bitte!
La *lista* (*lista delle bevande*), per favore!
la 'lista ('lista 'del-le be'vande), per fa'voːre

Ein Gedeck, bitte.
Un pranzo a prezzo fisso, per favore.
un 'prandzo a 'prɛt-tso 'fis-so, per fa'voːre

Was können Sie uns sofort bringen?
Che cosa c'è di pronto?
ke 'kɔːsa tʃɛ di 'pronto

Haben Sie ...?
Ha ...?
a

Haben Sie auch *vegetarische Kost (Diätkost)*?
Ci sono *cibi vegetariani* (*cibi dietetici*)?
tʃi 'soːno 'tʃiːbi vedʒetari'aːni ('tʃiːbi die'tɛːtitʃi)

Bringen Sie uns bitte *eine Portion (zwei Portionen)* ...
Ci porti, per favore, *una porzione* (*due porzioni*) di ...
tʃi 'pɔrti, per fa'voːre, 'uːna portsi'oːne ('duːe portsi'oːni) di

Bitte *eine Tasse (ein Kännchen, ein Glas, eine Flasche)* ...
Per favore, *una tazza* (*un bricchetto, un bicchiere, una bottiglia*) di ...
per fa'voːre, 'uːna 'tat-tsa (un brik-'ket-to, un bik-ki'ɛːre, 'uːna bot-'tiːʎa) di

Tischgerät

Besteck	(la) posata	(la) po'sa:ta
Brotkorb	(il) paniere del pane	(il) pa'ɲɛ:re del 'pa:ne
Eierbecher	(il) portauova	(il) portau'ɔ:va
Essig- und Ölständer	(l') ampolliera *f*	(l)ampol-'ʎɛ:ra
Flasche	(la) bottiglia	(la) bot-'ti:ʎa
Flaschenöffner	(l') apribottiglie *m*	(l)apribot-'ti:ʎe
Gabel	(la) forchetta	(la) for'ket-ta
Glas	(il) bicchiere	(il) bik-ki'ɛ:re
– **Schnapsglas**	(il) bicchiere da liquori	(il) bik-ki'ɛ:re da liku'o:ri
– **Weinglas**	(il) bicchiere da vino	(il) bik-ki'ɛ:re da 'vi:no
Kännchen	(il) bricchetto	(il) brik-'ket-to
– **Milchkännchen**	(il) bricchetto del latte	(il) brik-'ket-to del 'lat-te
Kanne	(la) brocca	(la) 'brɔk-ka
– **Kaffeekanne**	(la) caffettiera	(la) kaf-fet-ti'ɛ:ra
– **Teekanne**	(la) teiera	(la) tei'ɛ:ra
Karaffe	(la) caraffa	(la) ka'raf-fa
Korkenzieher	(il) cavatappi	(il) kava'tap-pi
Löffel	(il) cucchiaio	(il) kuk-ki'a:io
– **Teelöffel**	(il) cucchiaino	(il) kuk-kia'i:no
Messer	(il) coltello	(il) kol'tɛl-lo
Pfefferstreuer	(il) portapepe	(il) porta'pe:pe
Platte	(il) piatto	(il) pi'at-to
Salzstreuer	(il) portasale	(il) porta'sa:le
Sauciere	(la) salsiera	(la) salsi'ɛ:ra
Schüssel	(la) scodella	(la) sko'dɛl-la
Senfglas	(la) mostardiera	(la) mostardi'ɛ:ra
Serviette	(il) tovagliolo	(il) tova'ʎɔ:lo
Tablett	(il) vassoio	(il) vas-'so:io
Tasse	(la) tazza	(la) 'tat-tsa
Teller	(il) piatto	(il) pi'at-to
– **kleiner Teller**	(il) piattino	(il) piat-'ti:no
– **Suppenteller**	(il) piatto fondo	(il) pi'at-to 'fondo
Tischtuch	(la) tovaglia	(la) to'va:ʎa
Untertasse	(il) piattino	(il) piat-'ti:no
Zuckerdose	(la) zuccheriera	(la) tsuk-keri'ɛ:ra

Frühstück

Brot	(il) pane	(il) ˈpaːne
– frisch/altbacken	fresco/raffermo	ˈfresko/raf-ˈfermo
– eine Scheibe Brot	una fetta di pane	ˈuːna ˈfet-ta di ˈpaːne
– Schwarzbrot	(il) pane nero	(il) ˈpaːne ˈneːro
– Weißbrot	(il) pane bianco	(il) ˈpaːne biˈaŋko
Brötchen, Semmel	(il) panino	(il) paˈniːno
– belegtes Brötchen	(il) panino imbottito	(il) paˈniːno imbot-ˈtiːto
– Milchbrötchen	(il) panino al latte	(il) paˈniːno al ˈlat-te
Butter	(il) burro	(il) ˈbur-ro
Ei	(l') uovo *m*	(l)uˈɔːvo
– hartgekocht	sodo	ˈsɔːdo
– weichgekocht	alla coque	ˈal-la kɔk
– Ei im Glas	(l') uovo nel bicchiere	(l)uˈɔːvo nel bik-kiˈɛːre
– Rührei	(l') uovo *m* strapazzato	(l)uˈɔːvo strapat-ˈtsaːto
– Spiegelei	(l') uovo *m* al tegame	(l)uˈɔːvo al teˈgaːme
Frühstück	(la) prima colazione	(la) ˈpriːma kolatsi-ˈoːne
Honig	(il) miele	(il) miˈɛːle
Hörnchen	(il) cornetto	(il) korˈnet-to
Kaffee	(il) caffè	(il) kaf-ˈfɛ
– mit Milch	(il) caffelatte	(il) kaf-feˈlat-te
– mit Sahne	con la panna	kon la ˈpan-na
– koffeinfrei	senza coffeina	ˈsɛntsa kof-feˈiːna
Kakao	(il) cacao	(il) kaˈkaːo
Käse	(il) formaggio	(il) forˈmad-dʒo
Keks	(il) biscotto	(il) bisˈkɔt-to
Marmelade	(la) marmellata	(la) marmel-ˈlaːta
Milch	(il) latte	(il) ˈlat-te
Schinken	(il) prosciutto	(il) proʃ-ˈʃut-to
Tee	(il) tè	(il) ˈtɛ
– mit Zitrone	al limone	al liˈmoːne
– Pfefferminztee	(il) tè di menta	(il) tɛ di ˈmenta
Wurst	(il) salame	(il) saˈlaːme
– Aufschnitt	(l') affettato *m*	(l)af-fet-ˈtaːto
Zucker	(lo) zùcchero	(lo) ˈtsuk-kero
Zwieback	(le) fette biscottate	(le) ˈfet-te biskot-ˈtaːte

Mittag- und Abendessen

***Guten Appetit!**
Buon appetito!
bu'ɔn ap-pe'ti:to

Danke, gleichfalls!
Grazie, altrettanto!
'gra:tsie, altret-'tanto

Zum Wohl!
Alla Sua salute!
'al-la 'su:a sa'lu:te

***Ich möchte (Wir möchten)* ...**
Desìdero (Desideriamo) ...
de'si:dero (desideri'a:mo)

Können Sie uns ... bringen?
Può portarci ...?
pu'ɔ por'tartʃi

Würden Sie mir bitte ... reichen?
Può darmi per favore, ...?
pu'ɔ 'darmi, per fa'vo:re, ...

Wie heißt dieses Gericht?
Come si chiama questo piatto?
'ko:me si ki'a:ma ku'esto pi'at-to

***Möchten Sie noch etwas?**
Desìdera ancora qualcosa?
de'si:dera aŋ'ko:ra kual'kɔ:sa

Gern.
Con piacere.
kon pia'tʃe:re

Nur ein wenig.
Solo un poco.
'so:lo un 'pɔ:ko

Danke, das ist genug.
Grazie, basta così.
'gra:tsie, 'basta ko'si

Nein, danke!
No, grazie.
nɔ, 'gra:tsie

Ich bin satt.
Sono sazio.
'so:no 'sa:tsio

Nichts mehr, danke!
Niente più, grazie.
ni'ɛnte pi'u, 'gra:tsie

***Hat es Ihnen geschmeckt?**
Le è piaciuto?
le ɛ pia'tʃu:to

Ausgezeichnet!
Squisito!
skui'zi:to

***Trinken Sie Ihr Glas aus!**
Finisca il Suo bicchiere!
fi'niska il 'su:o bik-ki'ɛ:re

***Schmeckt Ihnen dieser Wein?**
Le piace questo vino?
le pi'a:tʃe ku'esto 'vi:no

***Dieses Gericht (Der Wein)* ist vorzüglich!**
Questo piatto (Il vino) è squisito, è ottimo!
ku'esto pi'at-to (il 'vi:no) ɛ skui'zi:to, ɛ 'ɔt-timo

Ich *darf (möchte)* keinen Alkohol trinken.
Non posso bere bevande alcòliche. (Rinuncio all'àlcool.)
non 'pɔs-so 'be:re be'vande al'kɔ:like (ri'nuntʃo al-'lalkool)

Zubereitung

durchgebraten	ben cotto	bɛn ˈkɔt-to
fett	grasso	ˈgras-so
frisch	fresco	ˈfresko
gebacken	*in der Pfanne:* fritto	ˈfrit-to
gebraten	arrostito	ar-rosˈtiːto
– am Spieß	allo spiedo	ˈal-lo spiˈɛːdo
– vom Grill	alla griglia	ˈal-la ˈgriːʎa
gedämpft, geschmort	stufato	stuˈfaːto
gedünstet	cotto a vapore	ˈkɔt-to a vaˈpoːre
gefüllt	ripieno	ripiˈɛːno
gegrillt	arrostito sulla gratìcola	ar-rosˈtiːto ˈsul-la graˈtiːkola
gekocht	cotto	ˈkɔt-to
gepökelt	in salamoia	in salaˈmɔːia
geräuchert	affumicato	af-fumiˈkaːto
geröstet	arrostito	ar-rosˈtiːto
gesalzen	salato	saˈlaːto
gespickt	lardellato	lardel-ˈlaːto
getrocknet	secco, essiccato	ˈsek-ko, es-sik-ˈkaːto
gewürzt	condito	konˈdiːto
halbroh	mezzo crudo	ˈmɛd-dzo ˈkruːdo
heiß	caldo	ˈkaldo
kalt	freddo	ˈfred-do
mager	magro	ˈmaːgro
roh	crudo	ˈkruːdo
saftig	sugoso	suˈgoːso
weich	morbido	ˈmɔrbido
zart	tènero	ˈtɛːnero

Zutaten

Butter	(il) burro	(il) ˈbur-ro
Dill	(l') aneto *m*	(l)aˈnɛːto
Essig	(l') aceto *m*	(l)aˈtʃeːto
Fett	(il) grasso	(il) ˈgras-so
Füllung	(il) ripieno	(il) ripiˈɛːno
Gelee	(la) gelatina	(la) dʒelaˈtiːna
Gewürz	(le) spezie	(le) ˈspɛːtsie

Gewürzgurken	(il) cetrioli in agrodolce	(il) tʃetri'ɔːli in agro'doltʃe
Gurke	(il) cetriolo	(il) tʃetri'ɔːlo
Kapern	(i) càpperi	(i) 'kap-peri
Knoblauch	(l') aglio *m*	(l)'aːʎo
Korinthen	(le) uva di Corinto	(le) 'uːva di ko'rinto
Kräuter	(le) erbe	(le) 'ɛrbe
Kümmel	(il) comino	(il) ko'miːno
Lorbeerblätter	(le) foglie d'alloro	(le) 'fɔːʎe dal-'lɔːro
Margarine	(la) margarina	(la) marga'riːna
Mayonnaise	(la) maionese	(la) maio'neːse
Meerrettich	(il) ràfano	(il) 'raːfano
Muskatnuß	(la) noce moscata	(la) 'noːtʃe mos'kaːta
Nelken	(i) chiodi di garòfano	(i) ki'ɔːdi di ga'rɔːfano
Öl	(l') olio *m*	(l)'ɔːʎo
Paprika	(la) pàprica	(la) 'paːprika
Petersilie	(il) prezzémolo	(il) pret-'tseːmolo
Pfeffer	(il) pepe	(il) 'peːpe
Rosinen	(l') uva *f* secca	(l)'uːva 'sek-ka
Rosmarin	(il) rosmarino	(il) rozma'riːno
Salz	(il) sale	(il) 'saːle
Schmalz	(lo) strutto	(lo) 'strut-to
Schnittlauch	(l') erba *f* cipollina	(l)'ɛrba tʃipol-'liːna
Senf	(la) senape	(la) 'sɛːnape
Senfgurken	(i) cetrioli alla mostarda	(i) tʃetri'ɔːli 'al-la mos'tarda
Soße	(la) salsa	(la) 'salsa
– Remouladensoße	(la) salsa forte	(la) 'salsa 'fɔrte
– Tomatensoße	(la) salsa al pomodoro	(la) 'salsa al pomo'dɔːro
– Vanillesoße	(la) crema alla vaniglia	(la) 'krɛːma 'al-la va'niːʎa
Speck	(il) lardo	(il) lardo
Tomatenketchup	(il) ketchup	(il) 'kɛtʃap
Zimt	(la) cannella	(la) kan-'nɛl-la
Zitrone	(il) limone	(il) li'moːne
Zitronensaft	(il) succo di limone	(il) 'suk-ko di li'moːne
Zwiebel	(la) cipolla	(la) tʃi'pol-la

SPEISEKARTE

Vorspeisen

acciughe *f/pl.*	at-ˈtʃuːge	**Anschovis**
affettato *m*	af-fet-ˈtaːto	**Aufschnitt**
anguilla *f* affumicata	aŋguˈil-la af-fumiˈkaːta	**Räucheraal**
carciofi *m/pl.*	karˈtʃɔːfi	**Artischocken**
carne *f* fredda	ˈkarne ˈfred-da	**Kaltes Fleisch**
caviale *m*	kaviˈaːle	**Kaviar**
cervellata *f*	tʃervel-ˈlaːta	**Zervelatwurst**
cetrioli *m/pl.*	tʃetriˈɔːli	**Gurken**
lumache *f/pl.*	luˈmaːke	**Weinbergschnecken**
gàmberi *m/pl.*	ˈgamberi	**Krebse**
gelatina *f* di carne	dʒelaˈtiːna di ˈkarne	**Fleischsülze**
granchi *m/pl.*	ˈgraŋki	**Krabben**
maionese *f*	maioˈneːse	**Mayonnaise**
melone *m* e prosciutto *m*	meˈloːne e proʃ-ˈʃut-to	**Melone mit Schinken**
olive *f/pl.*	oˈliːve	**Oliven**
òstriche *f/pl.*	ˈɔstrike	**Austern**
pasticcio *m* di fégato d'oca	pasˈtit-tʃo di ˈfeːgato ˈdɔːka	**Gänseleberpastete**
prosciutto *m*	proʃ-ˈʃut-to	**Schinken**
prosciutto *m* cotto	proʃ-ˈʃut-to ˈkɔt-to	**gekochter Schinken**
prosciutto *m* crudo	proʃ-ˈʃut-to ˈkruːdo	**roher Schinken**
salame *m*, salsiccia *f*	saˈlaːme, salˈsit-tʃa	**Wurst**
salsiccia *f* di fégato	salˈsit-tʃa di ˈfeːgato	**Leberwurst**
sanguinaccio *m*	saŋguiˈnat-tʃo	**Blutwurst**
sardine *f/pl.* sott'olio	sarˈdiːne sot-ˈtɔːʎo	**Ölsardinen**
sfogliatino *m*	sfoʎaˈtiːno	**Blätterteigpastete**

Typisch italienische Vorspeisen:

alici *f/pl.* piccanti	aˈliːtʃi pik-ˈkanti	**Sardellen in pikanter Soße**
carciofini e funghetti *m/pl.* sott'olio	kartʃoˈfiːni e fuŋ-ˈget-ti sot-ˈtɔːʎo	**Junge Artischocken und Pilze in Öl**

lingua *f* salmistrata	'liŋgua salmis'traːta	**Gepökelte Zunge**
prosciutto *m* con fichi freschi	proʃ-'ʃut-to kon 'fiːki 'freski	**Schinken mit frischen Feigen**
tonno *m* con fagioli	'ton-no kon fadʒ'ɔːli	**Thunfisch mit weißen Bohnen**

Salate

insalata *f*	insa'laːta	**Salat**
insalata *f* di cetrioli .	insa'laːta di tʃetri'ɔːli	**Gurkensalat**
insalata *f* di gàmberi	insa'laːta di 'gamberi	**Krebsschwanzsalat**
insalata *f* di lattuga .	insa'laːta di lat-'tuːga	**Kopfsalat**
insalata *f* di patate ..	insa'laːta di pa'taːte .	**Kartoffelsalat**
insalata *f* russa	insa'laːta 'rus-sa ...	**Italienischer Salat**

Suppen

brodo *m*	'brɔːdo	**Fleischbrühe**
brodo *m* all'uovo ...	'brɔːdo al-lu'ɔːvo ...	**Fleischbrühe mit Ei**
brodo *m* di pollo ...	'brɔːdo di 'pol-lo ...	**Hühnerbrühe**
minestra *f*	mi'nɛstra	**Dicke Suppe**
minestra *f* di riso ...	mi'nɛstra di 'riːso ..	**Reissuppe**
minestra *f* di verdura	mi'nɛstra di ver'duːra	**Gemüsesuppe**
minestrina *f*	mines'triːna	**Brühe mit leichter Einlage**
zuppa *f*	'tsup-pa	**Suppe**
zuppa *f* di funghi ...	'tsup-pa di 'fuŋgi...	**Pilzsuppe**
zuppa *f* alla marinara	'tsup-pa 'al-la mari'naːra	**Suppe aus Seefischen**
zuppa *f* di pesce	'tsup-pa di 'peʃ-ʃe ..	**Fischsuppe**

Typisch italienische Suppen:

minestrone *m*	mines'troːne	**(Dicke) Gemüsesuppe**
pasta *f* e fagioli *m/pl.*	'pasta e fadʒ'ɔːli	**Bohnensuppe mit Nudeln**
zuppa *f* alla pavese..	'tsup-pa 'al-la pa'veːse	**Fleischbrühe mit Brot und Ei**

Nudelgerichte

agnolotti *m/pl.*	aɲo'lɔt-ti	**Teigtaschen mit Fleischfüllung**
gnocchi *m/pl.*	'ɲɔk-ki	**Klößchen**
lasagne *f/pl.*	la'zaːɲe	**Bandnudeln**
lasagne *f/pl.* verdi	la'zaːɲe 'verdi	**Grüne Nudeln *(mit Zusatz von Spinat)***
maccheroni *m/pl.*	mak-ke'roːni	**Makkaroni *(Röhrennudeln)***
pasta *f* asciutta	'pasta aʃ-'ʃut-ta	**Nudelgericht**
– al burro	al 'bur-ro	**– mit Butter**
– al pomodoro	al pomo'doːro	**– mit Tomatensoße**
– alle vóngole	'al-le 'voŋgole	**– mit kleinen Muscheln**
– al sugo	al 'suːgo	**– mit Fleisch- und Tomatensoße**
– con parmigiano	kon parmi'dʒaːno	**– mit Parmesankäse**
– in bianco	in bi'aŋko	**– mit Butter und Parmesankäse**
polenta *f*	po'lɛnta	**Maisbrei**
ravioli *m/pl.*	ravi'ɔːli	**Ravioli**
spaghetti *m/pl.*	spa'get-ti	**Spaghetti *(dünne Nudeln)***
tagliatelle *f/pl.*	taʎa'tɛl-le	**Bandnudeln**
tagliatelle *f/pl.* all'uovo	taʎa'tɛl-le al-lu'ɔːvo	**Eierbandnudeln**
tortellini *m/pl.*	tortel-'liːni	**Mit Fleisch gefüllte Teigringe**
vermicelli *m/pl.*	vermi'tʃɛl-li	**Fadennudeln**

Reisgerichte

riso *m*	'riːso	**Reis**
risotto *m*	ri'sɔt-to	**Risotto *(Reisgericht)***
risotto *m* alla milanese	ri'sɔt-to 'al-la mila'neːse	**Reis mit Safran**
risotto *m* con funghi	ri'sɔt-to kon 'fuŋgi	**Reis mit Pilzen**
risotto *m* con piselli	ri'sɔt-to kon pi'sɛl-li	**Reis mit Erbsen**

Fische und andere Seetiere

anguilla *f*	aŋgu'il-la	**Aal**
aragosta *f*	ara'gosta	**Hummer, Languste**
aringa *f*	a'riŋga	**Hering**
baccalà *m*	bak-ka'la	**Stockfisch**
calamaretto *m*	kalama'ret-to	**Tintenfisch**
carpa *f*	'karpa	**Karpfen**
cozze *f/pl.*	'kɔt-tse	**Muscheln**
dàtteri *m/pl.* di mare	'dat-teri di 'maːre	**Dattelmuscheln**
dèntice *m*	'dɛntitʃe	**Zahnfisch**
fritto *m* di pesce	'frit-to di 'peʃ-ʃe	**Gebackener Fisch**
frutti *m/pl.* di mare	'frut-ti di 'maːre	**Gericht aus verschiedenen Meerestieren *(z.B. Muscheln, Tintenfische)***
gamberetti *m/pl.*	gambe'ret-ti	**Garnelen**
gàmbero *m*	'gambero	**Krebs**
granchi *m/pl.*	'graŋki	**Garnelen**
granchiolini *m/pl.*	graŋkio'liːni	**Krabben**
luccio *m*	'lut-tʃo	**Hecht**
luccioperca *m*	lut-tʃo'pɛrka	**Zander**
merluzzo *m*	mer'lut-tso	**Kabeljau**
nasello *m*	na'sɛl-lo	**Schellfisch**
ombrina *f*	om'briːna	**Umberfisch**
passera	'pas-sera	**Scholle**
pesce *m*	'peʃ-ʃe	**Fisch**
pesce *m* pàssera	'peʃ-ʃe 'pas-sera	**Flunder**
pesce *m* pèrsico	'peʃ-ʃe 'pɛrsiko	**Barsch**
pesce *m* ragno	'peʃ-ʃe 'raːɲo	**Seespinne**
rombo *m*	'rombo	**Steinbutt**
salmone *m*	sal'moːne	**Lachs**
scampo *m*	'skampo	**Einsiedlerkrebs**
sgombro *m*	'zgombro	**Makrele**
sògliola *f* finta	'sɔːʎola 'finta	**Seezunge**
storione *m*	stori'oːne	**Stör**
tinca *f*	'tiŋka	**Schlei(e)**
tonno *m*	'ton-no	**Thunfisch**
triglia *f*	'triːʎa	**Barbe**
trota *f*	'trɔːta	**Forelle**
vóngole *f/pl.*	'voŋgole	**Muscheln**

Geflügel und Wild

ànitra *f*	'aːnitra	**Ente**
cappone *m*	kap-'poːne	**Kapaun**
capriolo *m*	kapri'ɔːlo	**Reh**
coniglio *m*	ko'niːʎo	**Kaninchen**
fagiano *m*	fa'dʒaːno	**Fasan**
faraona *f*	fara'oːna	**Perlhuhn**
frattaglie *f/pl.* d'oca	frat-'taːʎe 'dɔːka	**Gänseklein**
lepre *f*, *m*	'lɛːpre	**Hase**
oca *f*	'ɔːka	**Gans**
pernice *f*	per'niːtʃe	**Rebhuhn**
petto *m* di pollo	'pɛt-to di 'pol-lo	**Hühnerbrust**
piccione *m*	pit-'tʃoːne	**Taube**
pollastrino *m*	pol-las'triːno	**Backhuhn**
pollastro *m*	pol-'lastro	**Junges Huhn**
pollo *m*	'pol-lo	**Huhn**
pollo *m* novello	'pol-lo no'vɛl-lo	**Hähnchen**
tacchino *m*	tak-'kiːno	**Truthahn, Puter**

Fleischgerichte

abbacchio *m*	ab-'bak-kio	**Lamm(braten)**
agnello *m*	a'ɲɛl-lo	**Lamm**
arrosto *m*	ar-'rɔsto	**Braten**
bistecca *f*	bis'tek-ka	**Beefsteak**
braciola	bra'tʃɔːla	**Rumpsteak**
bistecca *f* alla milanese	bis'tek-ka 'al-la mila'neːse	**Schnitzel**
braciuola *f*	bratʃu'ɔːla	**Roulade, Rostbraten**
bue *m*	'buːe	**Ochse**
capretto *m*	ka'pret-to	**Zicklein**
carne *f*	'karne	**Fleisch**
carne *f* affumicata	'karne af-fumi'kaːta	**Rauchfleisch**
carne *f* in scàtola	'karne in 'skaːtola	**Büchsenfleisch**
carne *f* tritata	'karne tri'taːta	**Hackfleisch**
cervello *m*	tʃer'vɛl-lo	**Hirn**
cibreo *m*	tʃi'brɛːo	**Ragout**
coscia *f* di vitello	'kɔʃ-ʃa di vi'tɛl-lo	**Kalbskeule**

costoletta *f*	kosto'let-ta	**Kotelett**
costoletta *f* alla milanese	kosto'let-ta 'al-la mila'ne:se	**Wiener Schnitzel**
fégato *m*	'fe:gato	**Leber**
filetto *m*	fi'let-to	**Filet**
fricassea *f*	frikas-'sɛ:a	**Frikassee**
involtini *m/pl.*	invol'ti:ni	**Rouladen**
lingua *f*	'liŋgua	**Zunge**
lombata *f*	lom'ba:ta	**Lendenbraten**
lombatina *f* di vitello	lomba'ti:na di vi'tɛl-lo	**Kalbsnierenbraten**
maiale *m*	mai'a:le	**Schwein**
manzo *m*	'mandzo	**Rind**
montone *m*	mon'to:ne	**Hammel**
ossobuco *m*	os-so'bu:ko	**Kalbshachse in Scheiben**
pasticcio *m*	pas'tit-tʃo	**Pastete**
petto *m* di vitello	'pɛt-to di vi'tɛl-lo	**Kalbsbrust**
polmone *m*	pol'mo:ne	**Lunge**
polpetta *f*	pol'pet-ta	**Fleischkloß**
polpettone *m*	polpet-'to:ne	**Hackbraten, Falscher Hase**
ragù *m*	ra'gu	**Ragout**
rognoni *m/pl.*	ro'ɲo:ni	**Nieren**
rosbif *m*	'rɔzbif	**Roastbeef**
scaloppine *f/pl.*	skalop-'pi:ne	**Kleine Schnitzel**
spezzatino *m*	spet-tsa'ti:no	**Gulasch**
stufato *m*	stu'fa:to	**Schmorbraten**
vitello *m*	vi'tɛl-lo	**Kalb**
zampone *m*	tsam'po:ne	**Gefüllter Schweinsfuß**

Gemüse

aspàragi *m/pl.*	as'pa:radʒi	**Spargel**
carciofi *m/pl.*	kar'tʃɔ:fi	**Artischocken**
carote *f/pl.*	ka'rɔ:te	**Mohrrüben, Karotten**
cavolfiore *m*	kavolfi'o:re	**Blumenkohl**
càvolo *m*	'ka:volo	**Kohl**

càvolo *m* bianco	'ka:volo bi'aŋko	**Weißkohl**
càvolo *m* di Brusselle	'ka:volo di brus-'sɛl-le	**Rosenkohl**
càvolo *m* rapa	'ka:volo 'ra:pa	**Kohlrabi**
càvolo *m* rosso	'ka:volo 'ros-so	**Rotkohl**
verza *f*	'vɛrdza	**Wirsingkohl**
ceci *m/pl.*	'tʃe:tʃi	**Kichererbsen**
cicoria *f*	tʃi'kɔ:ria	**Chicorée**
cipolle *f/pl.*	tʃi'pol-le	**Zwiebeln**
crauti *m/pl.* àcidi	'kra:uti 'a:tʃidi	**Sauerkraut**
crescione *m*	kreʃ-'ʃo:ne	**Kresse**
fagiolini *m/pl.*	fadʒo'li:ni	**Schnittbohnen**
fagioli *m/pl.*	fadʒ'ɔ:li	**Bohnen**
finocchio *m*	fi'nɔk-kio	**Fenchel**
funghi *m/pl.*	'fuŋgi	**Pilze**
indivia *f*	in'di:via	**Endivie**
lenticchie *f/pl.*	len'tik-kie	**Linsen**
melanzane *f/pl.*	melan'tsa:ne	**Auberginen, Eierfrüchte**
peperoni *m/pl.*	pepe'ro:ni	**Paprikaschoten**
piselli *m/pl.*	pi'sɛl-li	**Erbsen**
pomodori *m/pl.*	pomo'do:ri	**Tomaten**
ravanelli *m/pl.*	rava'nɛl-li	**Radieschen**
rape *f/pl.*	'ra:pe	**Rüben**
sèdano *m*	'sɛ:dano	**Sellerie**
spinaci *m/pl.*	spi'na:tʃi	**Spinat**
zucca *f*	'tsuk-ka	**Kürbis**
zucchini *m/pl.*	tsuk-'ki:ni	**Kleine Kürbisse**

Kartoffeln

patate *f/pl.*	pa'ta:te	**Kartoffeln**
patate arroste *f/pl.*	pa'ta:te ar-'rɔste	**Bratkartoffeln**
patatine *f/pl.* fritte	pata'ti:ne 'frit-te	**Pommes frittes**
patate *f/pl.* lesse	pa'ta:te 'les-se	**Salzkartoffeln**
crocchette *f/pl.* di patate	krok-'ket-te di pa'ta:te	**Kartoffelkroketten**
gnocchi *m/pl.* di patate	'ɲɔk-ki di pa'ta:te	**Kartoffelklöße**
purè *m* di patate	pu'rɛ di pa'ta:te	**Kartoffelpüree**

Eierspeisen

frittata *f oder* omelette *f*	frit-ˈtaːta *oder* omˈlɛt	**Omelett, Eierkuchen**
frittata *f* verde	frit-ˈtaːta ˈverde	**Mit Kraut gefülltes Omelett**
omelette *f* ripiena di verdura	omˈlɛt ripiˈɛːna di verˈduːra	**mit Gemüse gefülltes Omelett**
tortino *m* di carciofi	torˈtiːno di karˈtʃɔːfi	**Eierkuchen mit Artischocken**
uova *f/pl.* al tegame	uˈɔːva al teˈgaːme	**Spiegeleier**
uova *f/pl.* sode	uˈɔːva ˈsɔːde	**Harte Eier**
uova *f/pl.* strapazzate	uˈɔːva strapat-ˈtsaːte	**Rühreier**

Käse

Bel Paese *m*	bel paˈeːze	**Bel Paese**
formaggio *m*	forˈmad-dʒo	**Käse**
formaggio *m* grattugiato	forˈmad-dʒo grat-tuˈdʒaːto	**Geriebener Parmesankäse**
gorgonzola *m*	gorgonˈdzɔːla	**Gorgonzola**
groviera *f*	groviˈɛːra	**Schweizer Käse**
mozzarella *f*	mot-tsaˈrɛl-la	**Geräucherter Käse**
olandese *m*	olanˈdeːse	**Holländer Käse**
parmigiano *m*	parmiˈdʒaːno	**Parmesankäse**
pecorino *m*	pekoˈriːno	**Schafkäse**
stracchino *m*	strak-ˈkiːno	**Streichkäse**

Süßspeisen

budino *m*	buˈdiːno	**Pudding**
cassata *f*	kas-ˈsaːta	**Cassata *(Eis mit kandierten Früchten)***
creme *f* caramella	ˈkrɛːma karaˈmɛl-la	**Karamelpudding**
frutta *f* cotta	ˈfrut-ta ˈkɔt-ta	**Kompott**
gelato *m*	dʒeˈlaːto	**Eis**
macedonia *f*	matʃeˈdɔːɲa	**Obstsalat**
torta *f*	ˈtorta	**Torte**
zabaione *m*	dzabaiˈoːne	**Eierkrem mit Marsala**

Früchte

albicocca *f*	albi'kɔk-ka	**Aprikose**
ananas *m*	ana'nas	**Ananas**
arancia *f*	a'rantʃa	**Apfelsine**
bacca *f*	'bak-ka	**Beere**
banana *f*	ba'na:na	**Banane**
ciliegia *f*	tʃi'ʎɛ:dʒa	**Kirsche**
cocómero *m*, anguria *f*	ko'ko:mero, aŋ'gu:ria	**Wassermelone**
cotogna *f*	ko'to:ɲa	**Quitte**
dàttero *m*	'dat-tero	**Dattel**
fico *m*	'fi:ko	**Feige**
fràgola *f*	'fra:gola	**Erdbeere**
lampone *m*	lam'po:ne	**Himbeere**
mandarino *m*	manda'ri:no	**Mandarine**
màndorla *f*	'mandorla	**Mandel**
marrone *m*	mar-'ro:ne	**Kastanie**
mela *f*	'me:la	**Apfel**
melagrana *f*	mela'gra:na	**Granatapfel**
melone *m*	me'lo:ne	**Melone**
mirabella *f*	mira'bɛl-la	**Mirabelle**
mirtillo *m*	mir'til-lo	**Blaubeere**
mirtillo *m* rosso	mir'til-lo 'ros-so	**Preiselbeere**
mora *f*	'mɔ:ra	**Brombeere**
nèspola *f*	'nɛspola	**Mispel**
nocciola *f*	nɔt-'tʃɔ:la	**Haselnuß**
noce *f*	'no:tʃe	**(Wal-)Nuß**
pera *f*	'pe:ra	**Birne**
pesca *f*	'pɛska	**Pfirsich**
pompelmo *m*	pom'pɛlmo	**Grapefruit**
prugna *f*	'pru:ɲa	**Pflaume**
prugna *f* secca	'pru:ɲa 'sek-ka	**Backpflaume**
rabàrbaro *m*	ra'barbaro	**Rhabarber**
ribes *m*	'ri:bes	**Johannisbeere**
susina *f*	su'si:na	**Eierpflaume**
susina *f* claudia	su'si:na 'kla:udia	**Reneklode**
uva *f/pl.*	'u:va	**Weintrauben**
uva *f* spina	'u:va 'spi:na	**Stachelbeere**

GETRÄNKEKARTE

Wein

Wein	(il) vino	(il) ˈviːno
– alter	– di annata	di an-ˈnaːta
– herber	– secco	ˈsek-ko
– junger	– giovane	ˈdʒoːvane
– kräftiger	– forte	ˈfɔrte
– leichter	– leggero	led-ˈdʒɛːro
– süßer	– dolce	ˈdoltʃe
Champagner	(lo) champagne	(lo) ʃɑ̃ˈpaɲ
Landwein	(il) vino nostrano	(il) ˈviːno nosˈtraːno
Muskat(eller)wein	(il) moscato	(il) mosˈkaːto
Rotwein	(il) vino rosso	(il) ˈviːno ˈros-so
Sekt	(lo) spumante	(lo) spuˈmante
Tischwein	(il) vino da pasto	(il) ˈviːno da ˈpasto
Weißwein	(il) vino bianco	(il) ˈviːno biˈaŋko
Wermutwein	(il) vermut	(il) ˈvɛrmut
ein Viertel Wein	un quarto di vino	un kuˈarto di ˈviːno
Flaschenwein	(il) vino di bottiglia	(il) ˈviːno di bot-ˈtiːʎa
eine Flasche Wein	una bottiglia di vino	ˈuːna bot-ˈtiːʎa di ˈviːno
Offener Wein, Wein vom Faß	(il) vino sfuso	(il) ˈviːno ˈsfuso

Bier

Bier	(la) birra	(la) ˈbir-ra
– dunkles	– scura	ˈskuːra
– helles	– chiara	kiˈaːra
Bockbier	(la) birra di marzo	(la) ˈbir-ra di ˈmartso
Malzbier	(la) birra al malto	(la) ˈbir-ra al ˈmalto
Münchner Bier	(la) birra Mònaco	(la) ˈbir-ra ˈmɔːnako
Pilsner Bier	(la) birra Pilsen	(la) ˈbir-ra ˈpilzen
ein Glas Bier	un bicchiere di birra	un bik-kiˈɛːre di ˈbir-ra
Bier vom Faß	(la) birra alla spina	(la) ˈbir-ra ˈal-la ˈspiːna
Dosenbier	(la) birra in lattina	(la) ˈbir-ra in latˈtiːna
Flaschenbier	(la) birra in bottiglia	(la) ˈbir-ra in botˈtiːʎa

Andere alkoholische Getränke

Absinth	(l') assenzio *m*	(l)as-ˈsɛntsio
Anislikör	(l') anisetta *f*	(l)aniˈżet-ta
Aperitiv	(l') aperitivo *m*	(l)aperiˈtiːvo
Benediktiner	(il) benedettino	(il) benedet-ˈtiːno
Branntwein	(l') acquavite *f*	(l)ak-kuaˈviːte
Enzian	(la) genziana	(la) dʒentsiˈaːna
Gin	(il) gin	(il) dʒin
Grog	(il) grog	(il) grɔg
Kirsch	(il) maraschino	(il) marasˈkiːno
Kognak	(il) cognac	(il) koˈɲak
Kümmel	(il) comino	(il) koˈmiːno
Likör	(il) liquore	(il) likuˈoːre
Magenbitter	(l') amaro *m*	(l) aˈmaːro
Pfefferminzlikör	(il) liquore alla menta	(il) likuˈoːre ˈal-la ˈmenta
Punsch	(il) punsch	(il) punʃ
Rum	(il) rum	(il) rum
Whisky	(il) whisky	(il) ˈviski
Wodka	(la) vodka	(la) ˈvɔdka

Alkoholfreie Getränke

Apfelsaft	(il) succo di mele	(il) ˈsuk-ko di ˈmeːle
Brause	(la) gazzosa	(la) gad-ˈdzoːsa
Fruchtsaft	(il) succo di frutta	(il) ˈsuk-ko di ˈfrut-ta
Granatapfelsaft	(la) granatina	(la) granaˈtiːna
Kirschsaft	(il) succo di amarena	(il) ˈsuk-ko di amaˈrɛːna
Limonade	(la) limonata	(la) limoˈnaːta
Mandelmilch	(l') orzata *f*	(l)orˈdzaːta
Milchmixgetränk	(il) frappé di latte	(il) fraˈpe di ˈlat-te
Mineralwasser	(l') acqua *f* minerale	(l)ˈak-kua mineˈraːle
Orangeade	(l') aranciata *f*	(l)aranˈtʃaːta
Selterswasser	(il) seltz	(il) selts
Tomatensaft	(il) succo di pomodoro	(il) ˈsuk-ko di pomoˈdoːro
Tonic	(l') acqua tònica	(l)ˈak-kua ˈtɔːnika
Traubensaft	(il) succo d'uva	(il) ˈsuk-ko ˈduːva
Zitronensaft	(la) spremuta di limone	(la) spreˈmuːta di liˈmoːne

Weitere Getränke siehe S. 98, 113, 114.

Café und Konditorei

Ich möchte	Desìdero	de'si:dero
ein Stück Kuchen ...	una fetta di torta ...	'u:na 'fet-ta di 'torta
einen Kaffee	un caffè	un kaf-'fɛ
eine Portion Eis	un gelato	un dʒe'la:to
– ***mit*** (***ohne***) **Sahne** ..	*con* (*senza*) panna ..	kon ('sɛntsa) 'pan-na
ein Glas Orangensaft	un bicchiere di succo d'arancia	un bik-ki'ɛ:re di 'suk-ko da'rantʃa
zwei Eiskaffee	due gelati al caffè ..	'du:e dʒe'la:ti al kaf-'fɛ
Café	(il) caffè	(il) kaf-'fɛ
Eis	(il) gelato	(il) dʒe'la:to
– **Erdbeereis**	(il) gelato di fràgola .	(il) dʒe'la:to di 'fra:gola
– **Schokoladeneis** ...	(il) gelato di cioccolata	(il) dʒe'la:to di tʃok-ko'la:ta
– **Vanilleeis**	(il) gelato di vaniglia	(il) dʒe'la:to di va'ni:ʎa
– **Zitroneneis**	(il) gelato di limone .	(il) dʒe'la:to di li'mo:ne
Eisbecher	(la) coppa di gelato .	(la) 'kɔp-pa di dʒe'la:to
– **mit Früchten**	con frutta	kon 'frut-ta
Eiscreme	(la) crema di gelato .	(la) 'krɛ:ma di dʒe'la:to
Eisdiele	(la) gelaterìa	(la) dʒelate'ri:a
Eiskaffee	(il) gelato al caffè ...	(il) dʒe'la:to al kaf-'fɛ
Eisschokolade	(la) cioccolata con gelato	(la) tʃok-ko'la:ta kon dʒe'la:to
kandierte Früchte ...	(la) frutta candita ..	(la) 'frut-ta kan'di:ta
Gebäck	(i) biscotti	(i) bis'kɔt-ti
– **Mandelgebäck**	(gli) amaretti	(ʎi) ama'ret-ti
– **Teegebäck**	(i) pasticcini	(i) pastit-'tʃi:ni
Kakao	(il) cacao	(il) ka'ka:o
Kaffee	(il) caffè	(il) kaf-'fɛ
s. a. „Frühstück"		
Kekse	(i) biscotti	(i) bis'kɔt-ti
Konditorei	(la) pasticcerìa	(la) pastit-tʃe'ri:a

Kuchen	(la) torta	(la) 'torta
– Apfelkuchen	(la) torta di mele	(la) 'torta di 'meːle
– Biskuitrolle	(il) biscotto rotolato	(il) bis'kɔt-to roto-'laːto
– Cremeschnitte	(la) fetta di mocca	(la) 'fet-ta di 'mɔk-ka
– Käsekuchen	(la) torta al formaggio	(la) 'torta al for'mad-dʒo
– Kirschkuchen	(la) torta di ciliege	(la) 'torta di tʃi'ʎɛːdʒe
– Napfkuchen	(la) focaccia	(la) fo'kat-tʃa
– Obstkuchen	(la) torta di frutta	(la) 'torta di 'frut-ta
Kuchenbrötchen	(i) panini dolci	(i) pa'niːni 'doltʃi
Makronen	(gli) amaretti	(ʎi) ama'ret-ti
Milch	(il) latte	(il) 'lat-te
– frische	fresco	'fresko
– kalte / heiße	freddo / caldo	'fred-do / 'kaldo
– Kondensmilch	(il) latte condensato	(il) 'lat-te konden-'saːto
Milchbar	(la) cremeria	(la) kreme'riːa
Portion	(la) porzione	(la) portsi'oːne
Pralinen	(i) cioccolatini	(i) tʃok-kola'tiːni
Sahne	(la) panna	(la) 'pan-na
Schlagsahne	(la) panna montata	(la) 'pan-na mon-'taːta
Schokolade	(la) cioccolata	(la) tʃok-ko'laːta
Süßigkeiten	(i) dolci	(i) 'doltʃi
Tee	(il) tè	(il) tɛ
– schwarzer Tee	(il) tè nero	(il) tɛ 'neːro
– mit Rum	al rhum	al rum
– mit Zitrone	al limone	al li'moːne
Torte	(la) torta	(la) 'torta
– Butterkremtorte	(la) torta di crema al burro	(la) 'torta di 'krɛːma al 'bur-ro
– Nußtorte	(la) torta di noci	(la) 'torta di 'noːtʃi
– Obsttorte	(la) torta di frutta	(la) 'torta di 'frut-ta
– Sandtorte	(la) torta Margherita	(la) 'torta marge'riːta
– Schokoladentorte	(la) torta alla cioccolata	(la) 'torta 'al-la tʃok-ko'laːta
Tortenschnitte	(la) fetta di torta	(la) 'fet-ta di 'torta
Zucker	(lo) zùcchero	(lo) 'tsuk-kero
– Würfelzucker	(lo) zùcchero in cubetti	(lo) 'tsuk-kero in ku'bet-ti

Beanstandungen, Bezahlen

Hier fehlt noch *eine Portion (ein Besteck, ein Glas).*
Manca ancora *una porzione (una posata, un bicchiere).*
'maŋka aŋ'ko:ra 'u:na portsi'o:ne ('u:na po'sa:ta, un bik-ki'ɛ:re)

Dies wollte ich nicht.
Non ho ordinato questo.
non ɔ ordi'na:to ku'esto

Ich wollte ...
Volevo ...
vo'le:vo

Das ist	Questo è	ku'esto ɛ
nicht mehr frisch	Non è fresco	non ɛ 'fresko
zu fett	troppo grasso	'trɔp-po 'gras-so
zu hart	troppo duro	'trɔp-po 'du:ro
zu heiß	troppo caldo	'trɔp-po 'kaldo
zu kalt	troppo freddo	'trɔp-po 'fred-do
zu salzig	troppo salato	'trɔp-po sa'la:to
zu sauer	troppo àcido	'trɔp-po 'a:tʃido
zu scharf	troppo piccante	'trɔp-po pik-'kante
zu zäh	troppo duro/legnoso	'trɔp-po 'du:ro/le-'ɲo:so

Ich möchte zahlen!
Vorrei pagare.
vor-'rɛi pa'ga:re

Die Rechnung, bitte!
Il conto, per favore!
il 'konto, per fa'vo:re

Ich zahle alles zusammen.
Pago io tutto.
'pa:go 'i:o 'tut-to

Wir zahlen getrennt.
Paghiamo separatamente.
pagi'a:mo separata'mente

Das scheint nicht zu stimmen.
Mi sembra che ci sia un errore.
mi'sembra ke tʃi 'si:a un er-'ro:re

Das haben wir nicht gehabt.
Questo non l'abbiamo avuto.
ku'esto non lab-bi'a:mo a'vu:to

Vielen Dank!
Tante grazie!
'tante 'gra:tsie

Das ist für Sie.
Questo è per Lei.
ku'esto ɛ per lɛi

IN DER STADT

Auf der Straße

Wo ist . . . ?	Dov'è . . . ?	do'vɛ
der Bahnhof	la stazione	la statsi'oːne
die Bank	la banca	la 'baŋka
die Bushaltestelle	la fermata dell'àutobus	la fer'maːta del'laːutobus
der Flugplatz	l'aeroporto	laero'pɔrto
der Hafen	il porto	il 'pɔrto
das . . . -Hotel	l'albergo	lal'bɛrgo
die . . . -Kirche	la chiesa	la ki'ɛːza
das Museum	il museo	il mu'zɛːo
der . . . -Platz	la piazza	la pi'at-tsa
das Polizeirevier	il commissariato di Pùbblica Sicurezza	il kom-mis-sari'aːto di 'pub-blika siku'ret-tsa
das Postamt	la posta	la 'pɔsta
das Rathaus	il municipio	il muni'tʃiːpio
die . . . -Straße	la strada	la 'straːda
die Straßenbahnhaltestelle	la fermata del tram	la fer'maːta del tram
ein Taxistand	un posteggiò di taxi	un pos'ted-dʒo di 'taksi

Ist es weit?
È lontano?
ɛ lon'taːno

Wie weit ist es *zum (zur)* . . . ?
Quanto tempo ci vuole per andare *al* (*alla*) . . . ?
ku'anto 'tɛmpo tʃi vu'ɔːle per an'daːre al ('al-la)

Wie viele Minuten zu Fuß?
Quanti minuti a piedi?
ku'anti mi'nuːti a pi'ɛːdi

***Ziemlich (nicht)* weit.**
Abbastanza (*non tanto*) lontano.
ab-bas'tantsa (non 'tanto) lon'taːno

In welcher Richtung liegt . . . ?
In quale direzione si trova . . . ?
in ku'aːle diretsi'oːne si 'trɔːva

In welcher Straße ist . . . ?
In quale strada si trova . . . ?
in ku'aːle 'straːda si 'trɔːva

Dort.
Là.
la

Geradeaus.
Diritto.
di'rit-to

Nach rechts.
A destra.
a 'dɛstra

Nach links.
A sinistra.
a si'nistra

Bus, Straßenbahn, Taxi

Kann ich mit *dem Bus (der Straßenbahn)* fahren?

Si può andare in autobus (con il tram)?
si pu'ɔ an'da:re in 'a:utobus (kon il tram)

***Welcher Bus (Welche Straßenbahn)* fährt *nach (zum, zur)* . . . ?**

Quale *àutobus* (*tram*) va *a* (*al, alla*) . . . ?
ku'a:le 'a:utobus (tram) va a (al, 'al-la)

Wieviel Haltestellen sind es?

Quante fermate ci sono?
ku'ante fer'ma:te tʃi 'so:no

Muß ich umsteigen?

Devo cambiare?
'dɛ:vo kambi'a:re

Wo muß ich *aussteigen (umsteigen)*?

Dove devo *scendere* (*cambiare*)?
'do:ve 'dɛ:vo 'ʃendere (kambi'a:re)

Einen Fahrschein nach . . .

Un biglietto per . . .
un bi'ʎet-to per

Wo bekomme ich ein Taxi?

Dove c'è un posteggio di taxi?
'do:ve tʃɛ un pos'ted-dʒo di 'taksi

Fahren Sie mich *zum (zur)* . . .

Mi pọrti al (alla) . . .
mi 'pɔrti al ('al-la)

Zum Bahnhof, bitte!

Alla stazione, per favore!
'al-la statsi'o:ne, per fa'vo:re

Wieviel kostet es *nach (zum, zur)* . . . ?

Quanto costa andare *a* (*al, alla*) . . . ?
ku'anto 'kɔsta an'da:re a (al, 'al-la)

Können Sie uns einige Sehenswürdigkeiten zeigen?

Può farci vedere alcune cose interessanti?
pu'ɔ 'fartʃi ve'de:re al'ku:ne 'kɔ:se interes-'santi

***Warten (Halten)* Sie hier bitte einen Augenblick.**

Aspetti (Si fermi) qui un momento, per favore.
as'pɛt-ti (si 'fermi) ku'i un mo'mento, per fa'vo:re

Ausflüge und Besichtigungen

Für morgen bitte zwei Plätze nach ...
Vorrei due posti per domani per ...
vor-'rɛi 'du:e 'pɔsti per do'ma:ni per

Ist das Mittagessen im Preis inbegriffen?
Il pranzo è compreso nel prezzo?
il 'prandzo ɛ kom'pre:so nel 'prɛt-tso

***Wann (Wo)* treffen wir uns?**
Quando (Dove) ci troviamo?
ku'ando ('do:ve) tʃi trovi'a:mo

Wir treffen uns ...
Ci troviamo ...
tʃi trovi'a:mo

Wann geht es los?
A che ora si parte?
a ke 'o:ra si 'parte

Besichtigen wir auch ...?
Visiteremo anche ...?
vizite're:mo 'aŋke

Haben wir Zeit zur freien Verfügung?
Abbiamo tempo a nostra disposizione?
ab-bi'a:mo 'tɛmpo a 'nɔstra dispozitsi'o:ne

Wieviel?
Quanto?
ku'anto

Können wir Einkäufe machen?
Possiamo fare degli acquisti?
pos-si'a:mo 'fa:re 'de:ʎi ak-ku'isti

Wann kommen wir zurück?
Quando torniamo?
ku'ando torni'a:mo

Wie lange bleiben wir in ...?
Quanto ci fermiamo a (in) ...?
ku'anto tʃi fermi'a:mo a (in)

Kommen wir auch nach ...?
Passiamo anche per ...?
pas-si'a:mo 'aŋke per

Welche Sehenswürdigkeiten gibt es in ...?
Che cosa c'è da vedere a ...?
ke 'kɔ:sa tʃɛ da ve'de:re a

Wann wird ... *geöffnet (geschlossen)*?
Quando si *apre (chiude)* ...?
ku'ando si 'a:pre (ki'u:de)

Wieviel kostet *der Eintritt (die Führung)*?
Quanto costa *l'ingresso (la visita guidata)*?
ku'anto 'kɔsta liŋ'grɛs-so (la 'vi:zita gui'da:ta)

Gibt es einen Fremdenführer, der Deutsch spricht?
C'è una guida che parla tedesco?
tʃɛ 'u:na gu'i:da ke 'parla te'desko

Ich würde mir gern ... ansehen.
Desìdero vedere ...
de'si:dero ve'de:re

Kann man heute ... besichtigen?
Si può visitare oggi ...?
si pu'ɔ vizi'ta:re 'ɔd-dʒi

die Ausstellung	l'esposizione	lespozitsi'o:ne
die Burg	il castello	il kas'tɛl-lo
die Galerie	la gallerìa	la gal-le'ri:a
die Kirche	la chiesa	la ki'ɛ:za
das Museum	il museo	il mu'zɛ:o
den Palast	il palazzo	il pa'lat-tso
das Schloß	il castello	il kas'tɛl-lo
den Zoo	il giardino zoològico	il dʒar'di:no dzoo'lɔ:dʒiko

Wann beginnt die Führung?
Quando comincia la visita guidata?
ku'ando ko'mintʃa la 'vi:zita gui'da:ta

Darf man photographieren?
È permesso fotografare?
ɛ per'mes-so fotogra'fa:re

Was für ein *Gebäude (Denkmal)* ist das?
Che *edificio (monumento)* è questo?
ke edi'fi:tʃo (monu'mento) ɛ ku'esto

Von wem stammt *dieses Bild (diese Statue)*?
Di chi è questo quadro (questa stàtua)?
di ki ɛ ku'esto ku'a:dro (ku'esta 'sta:tua)

Aus welchem Jahrhundert stammt ...?
Di che sècolo è ...?
di ke 'sɛ:kolo ɛ

Wann wurde ... gebaut?
Quando fu costruito (-a) ...?
ku'ando fu kostru'i:to (-a)

Wer hat ... gebaut?
Chi ha costruito ...?
ki a kostru'i:to

Wo befindet sich ...?
Dove si trova ...?
'do:ve si 'trɔ:va

Ist das ...?
È questo ...?
ɛ ku'esto

***Hier *lebte (wurde geboren, starb)* ...**
Qui *viveva (nacque, morì)* ...
ku'i vi've:va ('nak-kue, mo'ri)

Allee	(il) viale	(il) vi'a:le
Altstadt	(la) città vecchia	(la) tʃit-'ta 'vɛk-kia
Amt	(l') ufficio *m*	(l) uf-'fi:tʃo
Ausflug	(l') escursione *f*	(l) eskursi'o:ne
Ausgrabungen	(gli) scavi	(ʎi) 'ska:vi
Ausstellung	(l') esposizione *f*	(l)espozitsi'o:ne
Bad(egelegenheit)	(la) piscina	(la) piʃ-'ʃi:na
Bauernhof	(la) fattorìa	(la) fat-to'ri:a
Bedürfnisanstalt	(i) gabinetti pubblici	(i) gabi'net-ti 'pub-blitʃi
Berg	(il) monte	(il) 'monte
Besichtigung	(la) vìsita	(la) 'vi:zita
Bibliothek	(la) biblioteca	(la) biblio'tɛ:ka
Bootsfahrt	(la) gita in barca	(la) 'dʒi:ta in 'barka
Botanischer Garten	(il) giardino botànico	(il) dʒar'di:no bo'ta:niko
Botschaft	(l') ambasciata *f*	(l)ambaʃ-'ʃa:ta
Brücke	(il) ponte	(il) 'ponte
Brunnen	(la) fontana	(la) fon'ta:na
Bürgersteig	(il) marciapiede	(il) martʃapi'ɛ:de
Bus	(l') àutobus *m*	(l)'a:utobus
Denkmal	(il) monumento	(il) monu'mento
Dorf	(il) villaggio	(il) vil-'lad-dʒo
Drahtseilbahn	(la) funivia	(la) funi'vi:a
Durchgang	(il) passaggio	(il) pas-'sad-dʒo
Ecke	(l') àngolo *m*	(l)'aŋgolo
Einkaufszentrum	(il) centro d'acquisti	(il) 'tʃɛntro dak-ku'isti
Endhaltestelle	(il) capolìnea	(il) kapo'li:nea
Fabrik	(la) fàbbrica	(la) 'fab-brika
Feuerwehr	(i) pompieri	(i) pompi'ɛ:ri
Fluß	(il) fiume	(il) fi'u:me
Fremdenführer	(la) guida	(la) gu'i:da
Friedhof	(il) cimitero	(il) tʃimi'tɛ:ro
Fundbüro	(l') ufficio *m* oggetti smarriti	(l)uf-'fi:tʃo od-'dʒɛt-ti zmar-'ri:ti
Fußgänger	(il) pedone	(il) pe'do:ne
– Fußgängerübergang	(il) passaggio pedonale	(il) pas-'sad-dʒo pedo'na:le
Garten	(il) giardino	(il) dʒar'di:no

Gasse	(il) vìcolo	(il) 'vi:kolo
– Sackgasse	(il) vìcolo cieco	(il) 'vi:kolo 'tʃɛ:ko
Gebäude	(l') edificio *m*	(l)edi'fi:tʃo
Gebirge	(i) monti	(i) 'monti
Gegend	(la) zona	(la) 'dzɔ:na
Gericht(sgebäude)	(il) palazzo di giustizia	(il) pa'lat-tso di dʒus'ti:tsia
Geschäft, Laden	(il) negozio	(il) ne'gɔ:tsio
Grab	(la) tomba	(la) 'tomba
Graben	(la) fossa	(la) 'fɔs-sa
Grünanlage	(il) giardino pùbblico	(il) dʒar'di:no 'pub-bliko
Haltestelle	(la) fermata	(la) fer'ma:ta
Hauptstadt	(la) capitale	(la) kapi'ta:le
Haus	(la) casa	(la) 'ka:sa
Hausnummer	(il) nùmero civico	(il) 'nu:mero 'tʃi:viko
Hochhaus	(il) grattacielo	(il) grat-ta'tʃɛ:lo
Höhle	(la) caverna	(la) ka'vɛrna
Innenstadt	(il) centro	(il) 'tʃɛntro
Kaserne	(la) caserma	(la) ka'zɛrma
Kirche	(la) chiesa	(la) ki'ɛ:za
Konsulat	(il) consolato	(il) konso'la:to
Kraftwerk	(la) centrale elèttrica	(la) tʃen'tra:le e'lɛt-trika
Krankenhaus	(l') ospedale *m*	(l)ospe'da:le
Landschaft	(il) paesaggio	(il) pae'zad-dʒo
Markt	(il) mercato	(il) mer'ka:to
Markthalle	(il) mercato coperto	(il) mer'ka:to ko'pɛrto
Mauer	(il) muro	(il) 'mu:ro
Ministerium	(il) ministero	(il) minis'tɛ:ro
Museum	(il) museo	(il) mu'zɛ:o
Naturschutzgebiet	(il) parco nazionale	(il) 'parko natsio'na:le
Nebenstraße	(la) strada laterale	(la) 'stra:da late'ra:le
Oper	(l') òpera *f*	(l)'ɔ:pera
Palast	(il) palazzo	(il) pa'lat-tso
Park	(il) parco	(il) 'parko
Pavillon	(il) padiglione	(il) padi'ʎo:ne
Platz	(la) piazza	(la) pi'at-tsa
Polizei	(la) polizìa	(la) poli'tsi:a

Polizist	(il) poliziotto	(il) politsi'ɔt-to
Rathaus	(il) municipio	(il) muni'tʃiːpio
Raststätte	(il) ristorante autostradale	(il) risto'rante autostra'daːle
Reisebüro	(l') ufficio *m* viaggi	(l) uf-'fiːtʃo vi'ad-dʒi
Rettungsstation	(il) posto di pronto soccorso	(il) 'posto di 'pronto sok-'korso
Ruine	(le) rovine	(le) ro'viːne
Rundfahrt	(il) giro turìstico	(il) 'dʒiːro tu'ristiko
Schloß	(il) castello	(il) kas'tɛl-lo
Schnellbahn	(la) ferrovìa urbana	(la) fer-ro'viːa ur'baːna
Schule	(la) scuola	(la) sku'ɔːla
Sessellift	(la) seggiovìa	(la) sed-dʒo'viːa
Skilift	(lo) skilift	(lo) 'skiːlift
Stadion	(lo) stadio	(lo) 'staːdio
Stadt	(la) città	(la) tʃit-'ta
Stadtteil	(il) quartiere	(il) kuarti'ɛːre
Stadtzentrum	(il) centro	(il) 'tʃɛntro
Sternwarte	(l') osservatorio *m*	(l) os-serva'tɔːrio
Straße	(la) strada	(la) 'straːda
Straßenbahn	(il) tram	(il) tram
Synagoge	(la) sinagoga	(la) sina'gɔːga
Tal	(la) valle	(la) 'val-le
Taxi	(il) taxi	(il) 'taksi
Taxistand	(il) posteggio di taxi	(il) pos'ted-dʒo di 'taksi
Tempel	(il) tempio	(il) 'tɛmpio
Theater	(il) teatro	(il) te'aːtro
Tor	(la) porta	(la) 'pɔrta
Turm	(la) torre	(la) 'tor-re
U-Bahn	(la) metropolitana	(la) metropoli'taːna
Umgebung	(i) dintorni	(i) din'torni
Verkehrsampel	(il) semàforo	(il) se'maːforo
Vorort	(il) sobborgo	(il) sob-'borgo
Wanderweg	(il) sentiero	(il) senti'ɛːro
Wasserfall	(la) cascata	(la) kas'kaːta
Weg	(la) via	(la) 'viːa
Zebrastreifen	(le) strisce pedonali	(le) 'striʃ-ʃe pedo-'naːli

Kirchen, Gottesdienst

Wo ist die . . . -Kirche?
Dov'è la chiesa . . . ?
do'vɛ la ki'ɛːza

Wann findet *der Gottesdienst (das Hochamt)* statt?
Quando si cèlebra *la messa (la messa solenne)?*
ku'ando si 'tʃɛːlebra la 'mes-sa (la 'mes-sa so'lɛn-ne)

Findet heute eine *Trauung (Taufe)* statt?
Si cèlebra *un matrimonio (un battésimo)*, oggi?
si 'tʃɛːlebra un matri'mɔːɲo (un bat-'teːzimo), 'ɔd-dʒi

Darf ich *am Gottesdienst (an der Messe)* teilnehmen?
Posso partecipare *alla funzione religiosa (alla messa)?*
'pɔs-so partetʃi'paːre 'al-la funtsi'oːne reli'dʒoːsa ('al-la 'mes-sa)

Wer hält die Predigt?
Chi fa la prèdica?
ki fa la 'prɛːdika

Werden Kirchenkonzerte veranstaltet?
Si tengono concerti in chiesa?
si 'tɛŋgono kon'tʃɛrti in ki'ɛːza

Waren Sie heute schon in der Kirche?
È già stato (-a) in chiesa, oggi?
ɛ dʒa 'staːto (-a) in ki'ɛːza, 'ɔd-dʒi.

Rufen Sie bitte einen *Geistlichen (Priester)*.
Per favore, chiami *un sacerdote (un prete)*.
per fa'voːre, ki'aːmi un satʃer'dɔːte (un 'prɛːte)

Ich bin	Sono	'soːno
Buddhist	buddista	bud-'dista
Christ	cristiano	kristi'aːno
Jude	ebreo	e'brɛːo
Katholik	cattòlico	kat-'tɔːliko
konfessionslos	senza confessione . . .	'sɛntsa konfes-si'oːne
Mohammedaner	maomettano	maomet-'taːno
Moslem	musulmano	musul'maːno
Protestant	protestante	protes'tante

Abendmahl	(la) comunione	(la) komu'ɲoːne
Abtei	(l') abbazìa *f*	(l)ab-ba'tsiːa
Altar	(l') altare *m*	(l)al'taːre
Andacht	(la) funzione	(la) funtsi'oːne
barock	barocco	ba'rɔk-ko
Beichte	(la) confessione	(la) konfes-si'oːne
beichten	confessarsi	konfes-'sarsi
Bogen	(l') arco *m*	(l)'arko
Buddhist	(il) buddista	(il) bud-'dista
Christ	(il) cristiano	(il) kristi'aːno
Christentum	(il) cristianésimo	(il) kristia'neːzimo
christlich	cristiano	kristi'aːno
Christus	Cristo	'kristo
Chor	(il) coro	(il) 'kɔːro
evangelisch	evangèlico	evan'dʒɛːliko
Evangelium	(il) vangelo	(il) van'dʒɛːlo
Fresko	(l') affresco *m*	(l)af-'fresko
Friedhof	(il) cimitero	(il) tʃimi'tɛːro
Geistlicher	(il) sacerdote	(il) satʃer'dɔːte
Glaubensbekenntnis	(il) credo	(il) 'krɛːdo
Glocke	(la) campana	(la) kam'paːna
gotisch	gòtico	'gɔːtiko
Gott	(il) Dio	(il) 'diːo
Gottesdienst	(le) funzioni	(le) funtsi'oːni
Grab	(la) tomba	(la) 'tomba
Hochamt	(la) messa solenne	(la) 'mes-sa so'lɛn-ne
Jude	(l') ebreo *m*	(l)e'brɛːo
Kanzel	(il) pùlpito	(il) 'pulpito
Kapelle	(la) cappella	(la) kap-'pɛl-la
Kathedrale	(la) cattedrale	(la) kat-te'draːle
katholisch	cattòlico	kat-'tɔːliko
Kirche	(la) chiesa	(la) ki'ɛːza
Kirchendiener	(il) sagrestano	(il) sagres'taːno
Kirchenkonzert	(il) concerto di mùsica sacra	(il) kon'tʃɛrto di 'muːzika 'saːkra
Kloster	(il) convento	(il) kon'vɛnto
Klosterkirche	(la) chiesa conventuale	(la) ki'ɛːza konventu'aːle
Konfession	(la) confessione	(la) konfes-si'oːne
konfessionslos	senza confessione	'sɛntsa konfes-si'oːne
Kreuz	(la) croce	(la) 'kroːtʃe

Kreuzgang	(il) chiostro	(il) ki'ɔstro
Kruzifix	(il) crocefisso	(il) krotʃe'fis-so
Krypta	(la) cripta	(la) 'kripta
Kuppel	(la) cùpola	(la) 'kuːpola
Leuchter	(il) candelabro	(il) kande'laːbro
Messe	(la) messa	(la) 'mes-sa
Minarett	(il) minareto	(il) mina'reːto
Mohammedaner	(il) maomettano	(il) maomet-'taːno
Mosaik	(il) mosàico	(il) mo'zaːiko
Moschee	(la) moschea	(la) mos'kɛːa
Moslem	(il) musulmano	(il) musul'maːno
Orgel	(l') òrgano *m*	(l)'ɔrgano
Pastor	(il) pastore	(il) pas'toːre
Pfarrer	(il) pàrroco	(il) 'par-roko
Pfeiler	(il) pilastro	(il) pi'lastro
Portal	(il) portale	(il) por'taːle
Predigt	(la) prèdica	(la) 'prɛːdika
Priester	(il) prete	(il) 'prɛːte
protestantisch	protestante	protes'tante
Prozession	(la) processione	(la) protʃes-si'oːne
Religion	(la) religione	(la) reli'dʒoːne
religiös	religioso	reli'dʒoːso
romanisch	romànico	ro'maːniko
Rosenkranz	(il) rosario	(il) ro'zaːrio
Sakristei	(la) sagrestìa	(la) sagres'tiːa
Sarkophag	(il) sarcòfago	(il) sar'kɔːfago
Säule	(la) colonna	(la) ko'lon-na
Schiff	(la) navata	(la) na'vaːta
Statue	(la) stàtua	(la) 'staːtua
Synagoge	(la) sinagoga	(la) sina'gɔːga
Taufbecken	(il) fonte battesimale	(il) 'fonte bat-tezi-'maːle
Taufe	(il) battésimo	(il) bat-'teːzimo
Turm	(la) torre	(la) 'tor-re
Vorhalle	(l') atrio *m*	(l)'aːtrio

Allgemeines

EINKÄUFE

Wo kann ich ... *kaufen (bekommen)?*
Dove posso *comprare (avere)?*
ˈdoːve ˈpɔs-so komˈpraːre (aˈveːre)

Gibt es hier ein Fachgeschäft für ...?
C'è qui un negozio specializzato in ...?
tʃɛ kuˈi un neˈgɔːtsio spetʃalid-ˈdzaːto in

Haben Sie ...?
Ha ...?
a

Ich möchte (Wir möchten) ...
Vorrei (Vorremmo) ...
vor-ˈrɛi (vor-ˈrem-mo)

Zeigen Sie mir bitte ...
Per favore, mi faccia vedere ...
per faˈvoːre, mi ˈfat-tʃa veˈdeːre

Ich brauche ...
Ho bisogno di ...
ɔ biˈzoːɲo di

Geben Sie mir bitte	Per favore, mi dia	per faˈvoːre, mi ˈdiːa
eine Dose	una scàtola, una lattina	ˈuːna ˈskaːtola, ˈuːna lat-ˈtiːna
eine Flasche	una bottiglia	ˈuːna bot-ˈtiːʎa
ein Glas	un bicchiere	un bik-kiˈɛːre
100 Gramm	un etto	un ˈɛt-to
einen Karton	una scàtola di cartone	ˈuːna ˈskaːtola di karˈtoːne
ein Kilo	un chilo	un ˈkiːlo
ein halbes Kilo	mezzo chilo	ˈmɛd-dzo ˈkiːlo
ein Liter	un litro	un ˈliːtro
einen Meter	un metro	un ˈmɛːtro
ein Paar	un paio	un ˈpaːio
eine Packung	un pacco	un ˈpak-ko
eine Rolle	un ròtolo	un ˈrɔːtolo
ein Stück	un pezzo	un ˈpɛt-tso
eine Tube	un tubetto	un tuˈbet-to
eine Papiertüte	un sacchetto di carta	un sak-ˈket-to di ˈkarta
eine Plastiktüte	una borsa di plastica	ˈuːna ˈborsa di ˈplastika

Genug.
Basta.
ˈbasta

Noch etwas.
Ancora qualcosa.
aŋˈkoːra kualˈkɔːsa

Noch mehr.
Di più.
di piˈu

Können Sie es bestellen?
Può ordinarlo?
pu'ɔ ordi'narlo

Wann bekommen Sie es?
Quando lo riceve?
ku'ando lo ri'tʃe:ve

Kann ich es umtauschen?
Posso cambiarlo?
'pɔs-so kambi'arlo

Die *Form (Farbe)* gefällt mir nicht.
La forma (Il colore) non mi piace.
la 'forma (il ko'lo:re) non mi pi'a:tʃe

Das ist	È	ɛ
zu breit	troppo largo	'trɔp-po 'largo
zu dunkel	troppo scuro	'trɔp-po 'sku:ro
zu groß	troppo grande	'trɔp-po 'grande
zu hell	troppo chiaro	'trɔp-po ki'a:ro
zu klein	troppo pìccolo	'trɔp-po 'pik-kolo
zu schmal	troppo stretto	'trɔp-po 'stret-to
zu teuer	troppo caro	'trɔp-po 'ka:ro
zuviel	troppo	'trɔp-po
zuwenig	troppo poco	'trɔp-po 'pɔ:ko

Haben Sie etwas *Besseres (Billigeres)?*
Ha qualcosa *di meglio (a più buon prezzo)?*
a kual'kɔ:sa di 'mɛ:ʎo (a pi'u bu'ɔn 'prɛt-tso)

Das gefällt mir.
Questo mi piace.
ku'esto mi pi'a:tʃe

Ich nehme *es (sie).*
Lo (la; li; le) prendo.
lo (la; li; le) 'prɛndo

Wieviel kostet das?
Quanto costa?
ku'anto 'kɔsta

Danke, das ist alles!
Grazie, basta così.
'gra:tsie, 'basta ko'si

Können Sie mir die Ware ins Hotel ... schicken?
Può mandarmi tutto in albergo ...?
pu'ɔ man'darmi 'tut-to in al'bɛrgo

Nehmen Sie *deutsches Geld (Reiseschecks)*?
Accetta marchi (travellers' cheque)?
at-'tʃet-ta 'marki ('trævlərstʃek)

Geschäfte

Antiquariat	(l') antiquariato *m*	(l)antikuari'aːto
Antiquitäten	(le) antichità	(le) antiki'ta
Apotheke	(la) farmacìa	(la) farma'tʃiːa
Bäckerei	(la) panetteria, (il) panificio	(la) panet-te'riːa, (il) pani'fiːtʃo
Blumenhandlung	(il) fioraio	(il) fio'raːio
Boutique	(la) boutique	(la) bu'tik
Buchhandlung	(la) librerìa	(la) libre'riːa
Drogerie	(la) drogherìa	(la) droge'riːa
Eisenwarengeschäft	(il) negozio di ferramenta	(il) ne'gɔːtsio di fer-ra'menta
Elektrohandlung	(il) negozio di apparecchi elèttrici	(il) ne'gɔːtsio di ap-pa'rek-ki e'lɛt-tritʃi
Färberei	(la) tintorìa	(la) tinto'riːa
Fischhandlung	(la) pescherìa	(la) peske'riːa
Fleischerei	(la) macellerìa	(la) matʃel-le'riːa
Fotogeschäft	(gli) artìcoli fotogràfici	(ʎi) ar'tiːkoli foto-'graːfitʃi
Fotograf	(il) fotògrafo	(il) fo'tɔːgrafo
Friseur	(il) parrucchiere	(il) par-ruk-ki'ɛːre
Gemüsehandlung	(il) negozio di frutta e verdura, (l') erbivendolo *m*	(il) ne'gɔːtsio di 'frut-ta e ver'duːra, (l) erbi'vendolo
Geschäft	(il) negozio	(il) ne'gɔːtsio
Haushaltswaren	(gli) artìcoli casalinghi	(ʎi) ar'tiːkoli kasa'liŋgi
Immobilien	(gli) immòbili	(ʎi) im-'mɔːbili
Juwelier	(il) gioielliere	(il) dʒoiel'ʎɛːre
Kaufhaus	(il) grande magazzino	(il) 'grande magat-'tsiːno
Konfektion	(la) confezione	(la) konfetsi'oːne
Kosmetiksalon	(il) salone di bellezza	(il) sa'loːne di bel-'let-tsa
Kunsthändler	(il) negoziante di oggetti d'arte	(il) negotsi'ante di od-'dʒɛt-ti 'darte
Kurzwaren	(la) merceria	(la) mertʃe'riːa
Lebensmittel	(i) gèneri alimentari	(i) 'dʒɛːneri alimen-'taːri

Lederwaren	(le) pelletterìe	(le) pel-let-te'ri:e
Milchgeschäft	(la) latterìa	(la) lat-te'ri:a
Musikalienhandlung	(il) negozio di artìcoli musicali	(il) ne'gɔ:tsio di ar'ti:koli muzi'ka:li
Obstgeschäft	(il) negozio di frutta	(il) ne'gɔ:tsio di 'frut-ta
Optiker	(l') òttico *m*	(l)'ɔt-tiko
Parfümerie	(la) profumerìa	(la) profume'ri:a
Pelzgeschäft	(la) pellicceria	(la) pel-lit-tʃe'ri:a
Porzellangeschäft	(il) negozio di porcellane	(il) ne'gɔ:tsio di portʃel-la:ne
Reinigung	(la) pulitura	(la) puli'tu:ra
– chem. Reinigung	(la) pulitura a secco	(la) puli'tu:ra a 'sek-ko
Reiseandenken	(i) ricordi di viaggio	(i) ri'kɔrdi di vi'ad-dʒo
Reisebüro	(l') ufficio *m* viaggi	(l)uf-'fi:tʃo vi'ad-dʒi
Schallplattengeschäft	(il) negozio di dischi	(il) ne'gɔ:tsio di 'diski
Schneiderei	(la) sartorìa	(la) sarto'ri:a
Schreibwaren	(la) cartolerìa	(la) kartole'ri:a
Schuhgeschäft	(la) calzolerìa	(la) kaltsole'ri:a
Schuhmacher	(il) calzolaio	(il) kaltso'la:io
Selbstbedienung	(il) selfservice	(il) sɛlf'sərvis
Spielzeuggeschäft	(il) negozio di giocàttoli	(il) ne'gɔ:tsio di dʒo'kat-toli
Sportartikel	(gli) artìcoli sportivi	(ʎi) ar'ti:koli spor-ti:vi
Supermarkt	(il) supermercato	(il) supermer'ka:to
Süßwaren	(i) dolciumi	(i) dol'tʃu:mi
Tabakladen	(la) tabaccherìa	(la) tabak-ke'ri:a
Textilien	(i) prodotti tèssili	(i) pro'dot-ti 'tɛs-sili
Uhrmacher	(l') orologiaio *m*	(l)orolo'dʒa:io
Waffenhandlung	(l') armeria *f*	(l)arme'ri:a
Warenhaus	(il) grande magazzino	(il) 'grande magat-'tsi:no
– Schaufenster	(la) vetrina	(la) ve'tri:na
Wäschegeschäft	(le) biancherìe	(le) biaŋke'ri:e
Wäscherei	(la) lavanderìa	(la) lavande'ri:a
Weinhandlung	(il) negozio di vini	(il) ne'gɔ:tsio di 'vi:ni
Zeitungshändler	(il) giornalaio	(il) dʒorna'la:io

Blumen

Blumen	(i) fiori	(i) fi'o:ri
Blumenstrauß	(il) mazzo di fiori	(il) 'mat-tso di fi'o:ri
Blumentopf	(il) vaso di fiori, (la) pianta	(il) 'va:zo di fi'o:ri, (la) pi'anta
Chrysanthemen	(i) crisantemi	(i) krizan'tɛ:mi
Flieder	(la) lilla	(la) 'lil-la
Gladiolen	(i) gladìoli	(i) gla'di:oli
Nelken	(i) garòfani	(i) ga'rɔ:fani
Rosen	(le) rose	(le) 'rɔ:ze
Tulpen	(i) tulipani	(i) tuli'pa:ni
Veilchen	(le) violette	(le) vio'let-te

Buchhandlung

Band	(il) volume	(il) vo'lu:me
Broschüre	(il) fascicolo	(il) faʃ-'ʃi:kolo
Buch	(il) libro	(il) 'li:bro
Globus	(il) globo	(il) 'glɔ:bo
Katalog	(il) catàlogo	(il) ka'ta:logo
Kinderbuch	(il) libro per ragazzi	(il) 'li:bro per ra'gat-tsi
Kriminalroman	(il) giallo	(il) 'dʒal-lo
Landkarte	(la) carta geogràfica	(la) 'karta dʒeo-'gra:fika
Lehrbuch	(il) libro di testo	(il) 'li:bro di 'tɛsto
Prospekt	(il) prospetto	(il) pros'pɛt-to
Reiseführer	(la) guida	(la) gu'i:da
Reiselektüre	(i) *libri* (*giornali*) da lèggere in viaggio	(i) 'li:bri (dʒor'na:li) da 'lɛd-dʒere in vi'ad-dʒo
Roman	(il) romanzo	(il) ro'mandzo
Schallplatte	(il) disco	(il) 'disko
Sprachführer, deutscher	(il) manuale di lingua tedesca	(il) manu'a:le di 'liŋgua te'deska
Stadtplan	(la) pianta della città	(la) pi'anta 'del-la tʃit-'ta
Straßenkarte	(la) carta automobilistica	(la) 'karta auto-mobi'listika
Übersetzung	(la) traduzione	(la) tradutsi'o:ne
Wörterbuch	(il) dizionario	(il) ditsio'na:rio

Fotogeschäft

Entwickeln Sie mir bitte diesen Film.
Mi sviluppi questa pellìcola, per favore.
mi zvi'lup-pi ku'esta pel-'liːkola, per fa'voːre

Von jedem Negativ bitte *einen Abzug (eine Vergrößerung)*.
Di ogni negativa *una copia* (*una copia ingrandita*).
di 'oːɲi nega'tiːva 'uːna 'kɔːpia ('uːna 'kɔːpia iŋgran'diːta)

– sieben mal zehn.
– sette per dieci.
'sɛt-te per di'ɛːtʃi

– neun mal neun.
– nove per nove.
'nɔːve per 'nɔːve

– neun mal dreizehn.
– nove per trédici.
'nɔːve per 'treːditʃi

Können Sie das etwas retuschieren?
Può ritoccare qui?
pu'ɔ ritok-'kaːre ku'i

Ich möchte ...
Vorrei ...
vor-'rɛi

– einen Kassettenfilm.
– una pellìcola a caricatore.
'uːna pel-'liːkola a karika'toːre

– einen Super-8-Farbfilm.
– una pellìcola a colori super-otto.
'uːna pel-'liːkola a ko'loːri 'suːper'ɔt-to

– einen 16-mm-Farbfilm.
– una pellìcola da sédici millìmetri.
'uːna pel-'liːkola da 'seːditʃi mil-'liːmetri

– einen Schwarzweiß-Schmalfilm.
– una pellìcola a passo ridotto in bianco e nero.
'uːna pel-'liːkola a 'pas-so ri'dot-to in bi'aŋko e 'neːro

– einen 35-mm-Film.
– una pellìcola da trentacinque millìmetri
'uːna pel-'liːkola da trenta-'tʃiŋkue mil-'liːmetri

– einen Farbfilm für Dias.
– una pellìcola a colori per diapositive.
'uːna 'pel-'liːkola a ko'loːri per diapozi'tiːve

– einen *36er* (*20er*) Film.
– una pellìcola da *trentasei* (*venti*) pose.
'uːna pel-'liːkola da trenta'sɛi ('venti) 'pɔːse

Würden Sie mir den Film bitte einlegen?
Può caricarmi la macchina, per favore?
pu'ɔ kari'karmi la 'mak-kina, per fa'voːre

Abzug	(la) copia	(la) 'kɔ:pia
– Farbabzug	(la) copia a colori	(la) 'kɔ:pia a ko'lo:ri
Aufnahme	(la) fotografìa	(la) fotogra'fi:a
Auslöser	(lo) scatto	(lo) 'skat-to
– Selbstauslöser	(lo) scatto automàtico	(lo) 'skat-to auto'ma:tiko
belichten	esporre	es'por-re
Belichtungsmesser	(l') esposìmetro *m*	(l)espo'zi:metro
Blende	(il) diaframma	(il) dia'fram-ma
Blitzlichtbirne	(la) lampadina da flash	(la) lampa'di:na da 'flɛʃ
Blitzwürfel	(il) cubo-flash	(il) 'ku:bo flɛʃ
Diapositiv	(la) diapositiva	(la) diapozi'ti:va
Diarähmchen	(la) cornicetta per diapositive	(la) korni'tʃet-ta per diapozi'ti:ve
entwickeln	sviluppare	zvilup-'pa:re
Entwicklung	(lo) sviluppo	(lo) zvi'lup-po
Farbfilm	(la) pellìcola a colori	(la) pel-'li:kola a ko'lo:ri
Film	(la) pellìcola, (il) film	(la) pel-'li:kola, (il) film
filmen	riprèndere, filmare	ri'prɛndere, fil'ma:re
Filmkamera	(la) cinepresa	(la) tʃine'pre:sa
Fotoapparat	(l') apparecchio *m* fotogràfico	(l)ap-pa'rek-kio foto'gra:fiko
fotografieren	fotografare	fotogra'fa:re
Gelbfilter	(il) filtro giallo	(il) 'filtro 'dʒal-lo
Negativ	(la) negativa	(la) nega'ti:va
Objektiv	(l') obiettivo *m*	(l)obiet-'ti:vo
Papier	(la) carta	(la) 'karta
– glänzend	– lùcida	'lu:tʃida
– matt	– opaca	o'pa:ka
Rollfilm	(la) pellìcola in ròtolo	(la) pel-'li:kola in 'rɔ:tolo
Schmalfilm	(la) pellìcola a passo ridotto	(la) pel-'li:kola a 'pas-so ri'dot-to
Stativ	(il) treppiedi	(il) trep-pi'ɛ:di
Sucher	(il) mirino	(il) mi'ri:no
Umkehrfilm	(la) pellìcola invertìbile	(la) pel-'li:kola inver'ti:bile
Vergrößerung	(l') ingrandimento *m*	(l)iŋgrandi'mento
Verschluß	(l') otturatore *m*	(l)ot-tura'to:re

Juwelier

Anhänger	(il) cióndolo	(il) 'tʃondolo
Armband	(il) braccialetto	(il) brat-tʃa'let-to
Bernstein	(l') ambra *f*	(l)'ambra
Brillant	(il) brillante	(il) bril-'lante
Brosche	(la) spilla	(la) 'spil-la
Ehering	(la) fede	(la) 'fe:de
Gold	(l') oro *m*	(l)'ɔ:ro
Kette	(la) collana	(la) kol-'la:na
Manschettenknöpfe	(i) gemelli	(i) dʒe'mɛl-li
Modeschmuck	(i) gioielli di moda	(i) dʒoi'ɛl-li di 'mɔ:da
Ohrklips	(gli) orecchini, (le) klips	ʎi orek-'ki:ni, (le) klips
Ohrringe	(gli) orecchini	(ʎi) orek-'ki:ni
Perlen	(le) perle	(le) 'pɛrle
Ring	(l') anello *m*	(l)a'nɛl-lo
Schmuck	(i) gioielli	(i) dʒoi'ɛl-li
Silber	(l') argento *m*	(l)ar'dʒɛnto
vergoldet	dorato	do'ra:to
versilbert	argentato	ardʒen'ta:to

Kleidung, Wäsche

Kann ich es anprobieren?
Posso provarlo?
'pɔs-so pro'varlo

Ich habe Größe ...
Ho la taglia ...
ɔ la 'ta:ʎa

Das ist ...	È ...	ɛ
zu knapp	troppo stretto	'trɔp-po 'stret-to
zu kurz	troppo corto	'trɔp-po 'korto
zu lang	troppo lungo	'trɔp-po 'luŋgo
zu weit	troppo largo	'trɔp-po 'largo

Kann es geändert werden?
Si può modificare un po'?
si pu'ɔ modifi'ka:re un pɔ

... paßt *nicht (gut)*.
... *non va bene* (*va bene*).
non va 'bɛ:ne (va 'bɛ:ne)

Anorak	(la) giacca a vento	(la) 'dʒak-ka a 'vento
Anzug	(il) vestito	(il) ves'tiːto
Badeanzug	(il) costume de bagno	(il) kos'tuːme da 'baːɲo
Bademütze	(la) cuffia da bagno	(la) 'kuf-fia da 'baːɲo
Bikini	(il) due pezzi	(il) 'duːe 'pɛt-tsi
Blue jeans	(i) blue jeans	(i) blu'dʒiːns
Bluse	(la) camicetta	(la) kami'tʃet-ta
Büstenhalter	(il) reggiseno	(il) red-dʒi'seːno
Freizeithemd	(la) casacca	(la) ka'zak-ka
Halstuch	(il) foulard	(il) fu'laːr
Handschuhe	(i) guanti	(i) gu'anti
Hemd	(la) camicia	(la) ka'miːtʃa
– bügelfrei	non-stiro	non'stiːro
– mit kurzen Ärmeln	con màniche corte	kon 'maːnike 'korte
Hose	(i) pantaloni	(i) panta'loːni
– kurze Hose	(i) pantaloni corti, (i) pantaloncini	(i) panta'loːni 'korti, (i) pantalon'tʃiːni
Hosenanzug	(il) completo con pantaloni	(il) kom'plɛːto kon panta'loːni
Hüfthalter	(la) guaina, (il) busto	(la) gua'iːna, (il) 'busto
Hut	(il) cappello	(il) kap-'pɛl-lo
– Strohhut	(il) cappello di paglia	(il) kap-'pɛl-lo di 'paːʎa
Jacke	(la) giacca	(la) 'dʒak-ka
Jackenkleid	(il) tailleur	(il) ta'jœːr
Jackett	(la) giacca	(la) 'dʒak-ka
Kleid	(l') àbito *m*	(l)'aːbito
Kniestrümpfe	(i) calzettoni	(i) kaltset-'toːni
Kostüm	(il) tailleur	(il) ta'jœːr
Krawatte	(la) cravatta	(la) kra'vat-ta
Lederhose	(i) pantaloni di pelle	(i) panta'loːni di 'pɛl-le
Lederjacke	(la) giacca di pelle	(la)'dʒak-ka di'pɛl-le
Ledermantel	(il) cappotto di pelle	(il) kap-'pɔt-to di 'pɛl-le
Mantel	(il) cappotto	(il) kap-'pɔt-to
– Übergangsmantel	(il) soprabito	(il) so'praːbito

Morgenrock	(la) vestaglia	(la) ves'ta:ʎa
Mütze	(il) berretto	(il) ber-'ret-to
Nachthemd	(la) camicia da notte	(la) ka'mi:tʃa da 'nɔt-te
Oberhemd	(la) camicia	(la) ka'mi:tʃa
Pelzjacke	(la) giacca di pelliccia	(la) 'dʒak-ka di pel-'lit-tʃa
Pelzmantel	(la) pelliccia	(la) pel-'lit-tʃa
Pullover	(il) pullover	(il) pul-'lo:ver
Regenmantel	(l') impermeàbile *m*	(l)imperme'a:bile
Rock	(la) gonna	(la) 'gon-na
Sakko	(la) giacca	(la) 'dʒak-ka
Schal	(lo) scialle	(lo) 'ʃal-le
Schihose	(i) pantaloni da sci	(i) panta'lo:ni da ʃi
Schlafanzug	(il) pigiama	(il) pi'dʒa:ma
Schlüpfer, Slip	(le) mutandine, (lo) slip	(le) mutan'di:ne, (lo) zlip
Schürze	(il) grembiule	(il) grembi'u:le
Shorts	(gli) shorts	(ʎi) ʃɔrts
Socken	(i) calzini	(i) kal'tsi:ni
Sommerkleid	(l') àbito *m* estivo	(l)'a:bito es'ti:vo
Sporthemd	(la) camicia sportiva	(la) ka'mi:tʃa spor-'ti:va
Stola	(la) stola	(la) 'stɔ:la
Strickjacke	(il) golf	(il) gɔlf
Strümpfe	(le) calze	(le) 'kaltse
Strumpfhaltergürtel	(il) reggicalze	(il) red-dʒi'kaltse
Strumpfhose	(le) collante	(le) col-'lante
Taschentuch	(il) fazzoletto	(il) fat-tso'let-to
Trainingsanzug	(la) tuta da ginnastica	(la) 'tu:ta da dʒin-'nastika
Trainingshose	(i) pantaloni da ginnastica	(i) panta'lo:ni da dʒin-'nastika
Unterhemd	(la) canottiera	(la) kanot-ti'ɛ:ra
Unterhose	(le) mutande	(le) mu'tande
Unterrock	(la) sottoveste	(la) sot-to'vɛste
Unterwäsche	(la) biancherìa ìntima	(la) biaŋke'ri:a 'intima
Weste	(il) panciotto	(il) pan'tʃɔt-to
Windjacke	(la) giacca a vento	(la) 'dʒak-ka a 'vɛnto

Kurzwaren, Zubehör

Band	(il) nastro	(il) ˈnastro
Druckknopf	(il) bottone automàtico	(il) bot-ˈtoːne auto-ˈmaːtiko
Faden	(il) filo	(il) ˈfiːlo
Fingerhut	(il) ditale	(il) diˈtaːle
Futter	(la) fòdera	(la) ˈfɔːdera
Garn	(il) filo	(il) ˈfiːlo
Gummiband	(l') elàstico *m*	(l)eˈlastiko
Gürtel	(la) cintura	(la) tʃinˈtuːra
Haken und Ösen	(i) ganci e (gli) occhielli	(i) ˈgantʃi e (ʎi) ok-kiˈɛl-li
Hosenträger	(le) bretelle	(le) breˈtɛl-le
Knopf	(il) bottone	(il) bot-ˈtoːne
Nadel	(l') ago *m*	(l)ˈaːgo
Nähgarn	(il) filo da cucito	(il) ˈfiːlo da kuˈtʃiːto
Nähnadel	(l') ago *m* da cucire	(l)ˈaːgo da kuˈtʃiːre
Nähseide	(la) seta da cucito	(la) ˈseːta da kuˈtʃiːto
Reißverschluß	(la) chiusura lampo	(la) kiuˈsuːra ˈlampo
Schere	(le) fòrbici	(le) ˈfɔrbitʃi
Schnalle	(la) fibbia	(la) ˈfib-bia
Schweißblatt	(le) sottascelle	(le) sot-taʃ-ˈʃɛl-le
Sicherheitsnadel	(la) spilla di sicurezza	(la) ˈspil-la di sikuˈret-tsa
Stecknadel	(lo) spillo	(lo) ˈspil-lo
Stopfgarn	(il) filo da rammendo	(il) ˈfiːlo da ram-ˈmendo
Strumpfhalter	(la) giarrettiera	(la) dʒar-ret-tiˈɛːra
Wolle	(la) lana	(la) ˈlaːna
Zentimetermaß	(il) centimetro	(il) tʃenˈtiːmetro
Zubehör	(gli) accessori	(ʎi) at-tʃes-ˈsɔːri
Zwirn	(il) refe	(il) ˈreːfe

Stoffe

Baumwolle	(il) cotone	(il) koˈtoːne
Flanell	(la) flanella	(la) flaˈnɛl-la
Kammgarn	(la) lana pettinata	(la) ˈlaːna pet-tiˈnaːta

Kunstfaser	(la) fibra sintètica	(la) 'fi:bra sin'tɛ:tika
Leinen	(la) tela di lino	(la) 'te:la di 'li:no
Nylon	(il) nylon	(il) 'nailon
Samt	(il) velluto	(il) vel-'lu:to
Seide	(la) seta	(la) 'se:ta
– Kunstseide	(la) seta artificiale	(la) 'se:ta artifi'tʃa:le
Stoff	(la) stoffa	(la) 'stɔf-fa
– bunt	colorata	kolo'ra:ta
– einfarbig	in tinta unita	in 'tinta u'ni:ta
– gemustert	a fantasìa	a fanta'zi:a
– gestreift	a righe	a 'ri:ge
– kariert	a quadretti, scozzesse	a kua'dret-ti, skot-'tse:se
Tuch	(il) panno	(il) 'pan-no
Wolle	(la) lana	(la) 'la:na
– reine Wolle	(la) lana pura	(la) 'la:na 'pu:ra

Reinigung, Reparaturen

Ich möchte *dieses Kleid (diesen Anzug)* reinigen lassen.
Vorrei far pulire questo *àbito (vestito).*
vor-'rɛi far pu'li:re ku'esto 'a:bito (ves'ti:to)

Ich möchte diese Wäsche waschen lassen.
Vorrei far lavare questa biancherìa.
vor-'rɛi far la'va:re ku'esta biaŋke'ri:a

Können Sie *dies aufbügeln (diesen Fleck entfernen)?*
Potrebbe *far stirare questo (levare questa macchia)*?
po'trɛb-be far sti'ra:re ku'esto (le'va:re ku'esta 'mak-kia)

Können Sie *dies stopfen (diesen Knopf annähen)?*
Può *rammendare questo (attaccare questo bottone)*?
pu'ɔ ram-men'da:re ku'esto (at-tak-'ka:re ku'esto bot-'to:ne)

Würden Sie mir diese Maschen aufnehmen?
Potrebbe riprèndermi queste maglie?
po'trɛb-be ri'prɛndermi ku'este 'ma:ʎe

Können Sie das etwas *länger (kürzer)* machen?
Può *allungare (accorciare)* questo?
pu'ɔ al-luŋ'ga:re (ak-kor'tʃa:re) ku'esto

Optiker

Können Sie diese Brille reparieren?
Può riparare questi occhiali?
pu'ɔ ripa'ra:re ku'esti ok-ki'a:li

Ich bin *kurzsichtig (weitsichtig)*.
Sono *mìope* (*prèsbite*).
'so:no 'mi:ope ('prɛzbite)

Ich brauche Gläser mit ... Dioptrien.
Ho bisogno di lenti di ... diotterìe.
ɔ bi'zo:ɲo di 'lɛnti di ... diot-te'ri:e

Brille	(gli) occhiali	(ʎi) ok-ki'a:li
Brillenetui	(l') astuccio *m* da occhiali	(l)as'tut-tʃo da ok-ki'a:li
Brillenfassung	(la) montatura degli occhiali	(la) monta'tu:ra 'deʎi ok-ki'a:li
Fernglas	(il) cannocchiale	(il) kan-nok-ki'a:le
Haftschalen	(le) lenti a contatto	(le)'lɛnti a kon'tat-to
Kompaß	(la) bùssola	(la) 'bus-sola
Lupe	(la) lente d'ingrandimento	(la) 'lɛnte diŋgrandi'mento
Sonnenbrille	(gli) occhiali da sole	(ʎi) ok-ki'a:li da 'so:le

Schreibwaren

Bleistift	(la) matita	(la) ma'ti:ta
Briefpapier	(la) carta da lèttere	(la) 'karta da 'lɛt-tere
Briefumschlag	(la) busta	(la) 'busta
Buntstifte	(le) matite colorate	(le) ma'ti:te kolo'ra:te
Klebstoff	(la) colla	(la) 'kɔl-la
Kohlepapier	(la) carta carbone	(la) 'karta kar'bo:ne
Kugelschreiber	(la) penna a sfera	(la) 'pen-na a 'sfɛ:ra
– Mine	(la) mina di ricambio	(la) 'mi:na di ri'kambio
Papier	(la) carta	(la) 'karta
– Packpapier	(la) carta da pacco	(la) 'karta da 'pak-ko
– Seidenpapier	(la) carta velina	(la) 'karta ve'li:na
Radiergummi	(la) gomma per cancellare	(la) 'gom-ma per kantʃel-'la:re
Zeichenblock	(l') album da disegno	(l)al'bəm da di'se:ɲo

Schuhe

Ich habe Größe ...
Ho il nùmero ...
ɔ il 'nu:mero

Ich möchte ein Paar ...
Vorrei un paio di ...
vor-'rɛi un 'pa:io di

Badeschuhe	scarpette da bagno..	skar'pet-te da 'ba:ɲo
Damenschuhe	scarpe da donna ...	'skarpe da 'dɔn-na
Halbschuhe	scarpe basse	'skarpe 'bas-se
Hausschuhe	pantofole..........	pan'tɔ:fole
Kinderschuhe	scarpe per bambini .	'skarpe per bam'bi:ni
Sandalen	sàndali	'sandali
Stiefel	stivali	sti'va:li
– Schistiefel	scarponi da sci	skar'po:ni da ʃi
Strandschuhe	scarpe da spiaggia ..	'skarpe da spi'ad-dʒa
Turnschuhe	scarpe da ginnàstica.	'skarpe da dʒin-'nastika

Sie sind zu *eng (weit)*.
Sono troppo *strette* (*larghe*).
'so:no 'trɔp-po 'stret-te ('large)

Hier drücken sie.
Mi fanno male qui.
mi 'fan-no 'ma:le ku'i

Würden Sie mir diese Schuhe reparieren?
Potrebbe ripararmi queste scarpe?
po'trɛb-be ripa'rarmi ku'este 'skarpe

Absatz	(il) tacco	(il) 'tak-ko
– flach	basso	'bas-so
– hoch	alto	'alto
besohlen...........	risuolare	risuo'la:re
Einlegesohle	(la) soletta	(la) so'let-ta
Leder	(il) cuoio	(il) ku'ɔ:io
– Rindleder	(la) pelle di manzo.	(la) 'pɛl-le di 'mandzo
– Wildleder	(il) camoscio	(il) ka'mɔʃ-ʃo
Ledersohle.........	(la) suola di cuoio ..	(la) su'ɔ:la di ku'ɔ:io
Schnürsenkel.......	(il) laccio per le scarpe	(il) 'lat-tʃo per le 'skarpe
Schuhanzieher......	(il) corno per le scarpe	(il) 'kɔrno per le 'skarpe
Schuhkrem	(il) lùcido da scarpe	(il) 'lu:tʃido da 'skarpe
Sohle	(la) suola	(la) su'ɔ:la

Tabakladen

Ein Päckchen ... *Zigaretten (Tabak)*.
Un pacchetto di *sigarette* (*tabacco*) ...
un pak-ˈket-to di sigaˈret-te (taˈbak-ko)

Haben Sie deutsche Zigaretten?
Ha sigarette tedesche?
a sigaˈret-te teˈdeske

Zwanzig Zigarren, bitte.
Venti sìgari, per favore.
ˈventi ˈsiːgari, per faˈvoːre

Würden Sie mir bitte das Feuerzeug füllen?
Mi carica l'accendino, per favore?
mi ˈkaːrika lat-tʃenˈdiːno, per faˈvoːre

Eine Schachtel Streichhölzer, bitte.
Una scàtola di fiammìferi, per favore.
ˈuːna ˈskaːtola di fiam-ˈmiːferi, per faˈvoːre

Haben Sie bitte Feuer?
Mi fa accendere, per favore?
mi fa at-ˈtʃendere, per faˈvoːre

Feuerstein	(la) pietrina	(la) pieˈtriːna
Feuerzeug	(l') accendino	(l)at-tʃenˈdiːno
Feuerzeugbenzin	(la) benzina per accendisìgari	(la) benˈdziːna per at-tʃendiˈsiːgari
Filterzigarette	(la) sigaretta con filtro	(la) sigaˈret-ta kon ˈfiltro
Gasfeuerzeug	(l') accendisìgari *m* a gas	(l)at-tʃendiˈsiːgari a gas
Pfeife	(la) pipa	(la) ˈpiːpa
Pfeifenreiniger	(il) nettapipe	(il) net-taˈpiːpe
Streichhölzer	(i) fiammìferi	(i) fiam-ˈmiːferi
Tabak	(il) tabacco	(il) taˈbak-ko
Zigarette	(la) sigaretta	(la) sigaˈret-ta
– ohne Filter	senza filtro	ˈsɛntsa ˈfiltro
Zigarillo	(il) sigarillo	(il) sigaˈril-lo
Zigarre	(il) sìgaro	(il) ˈsiːgaro

Toilettenartikel

Augenbrauenstift ...	(la) matita per le sopracciglia	(la) maˈtiːta per le soprat-ˈtʃiːʎa
Badesalz	(il) sale da bagno ..	(il) ˈsaːle da ˈbaːɲo
Bürste	(la) spàzzola	(la) ˈspat-tsola

Damenbinden	(gli) assorbenti igienici	(ʎi) as-sor'bɛnti i'dʒɛːnitʃi
Deodorant	(il) deodorante	(il) deodo'rante
Farbfestiger	(il) fissatore colorante	(il) fis-sa'toːre kolo'rante
Haarbürste	(la) spàzzola per i capelli	(la) 'spat-tsola per i ka'pel-li
Haarfestiger	(il) fissatore	(il) fis-sa'toːre
Haarklemmen	(i) fermagli	(i) fer'maːʎi
Haarnadel	(la) forcina	(la) for'tʃiːna
Haarnetz	(la) retina	(la) re'tiːna
Haarspray	(la) lacca per capelli	(la) 'lak-ka per ka'pel-li
Haarwaschmittel	(lo) shampoo	(lo) 'ʃampo
Haarwasser	(la) lozione per capelli	(la) lotsi'oːne per ka'pel-li
Handtuch	(l') asciugamano *m*	(l)aʃ-ʃuga'maːno
Hautkrem	(la) crema per la pelle	(la) 'krɛːma per la 'pɛl-le
Kamm	(il) pèttine	(il) 'pɛt-tine
Kölnisch Wasser	(l') acqua *f* di Colonia	(l)'ak-kua di ko'lɔːɲa
Lack	(lo) smalto	(lo) 'zmalto
Lidschatten	(l') ombretto *m*	(l)om'bret-to
Lidstrich	(l') eye-line *f*	(l)'ai-lain
Lippenstift	(il) rossetto per le labbra	(il) ros-'set-to per le 'lab-bra
Lockenwickel	(il) bigodino	(il) bigo'diːno
Mundwasser	(il) collutorio	(il) kol-lu'tɔːrio
Nagellack	(lo) smalto per le unghie	(lo) 'zmalto per le 'uŋgie
Nagellackentferner	(il) dissolvente per lo smalto	(il) dis-sol'vɛnte per lo 'zmalto
Nagelreiniger	(il) pulisciunghie	(il) puliʃ-ʃi'uŋgie
Nagelschere	(le) fòrbici per le unghie	(le) 'fɔrbitʃi per le 'uŋgie
Papiertaschentücher	(i) fazzoletti di carta	(i) fat-tso'let-ti di 'karta
Parfüm	(il) profumo	(il) pro'fuːmo
Puder	(la) cipria	(la) 'tʃiːpria
– Körperpuder	(il) borotalco	(il) boro'talko

Puderdose	(il) portacipria	(il) porta'tʃiːpria
Puderquaste	(il) piumino per la cipria	(il) piu'miːno per la 'tʃiːpria
Rasierapparat	(il) rasoio di sicurezza	(il) ra'soːio di siku'ret-tsa
Rasierkrem	(la) crema da barba	(la) 'krɛːma da 'barba
Rasierpinsel	(il) pennello da barba	(il) pen-'nɛl-lo da 'barba
Rasierwasser	(la) lozione da barba	(la) lotsi'oːne da 'barba
– nach der Rasur	(il) dopobarba	(il) dopo'barba
– vor der Rasur	(il) prebarba	(il) pre'barba
Rouge	(il) rossetto	(il) ros-'set-to
Schere	(le) fòrbici	(le) 'fɔrbitʃi
Schwamm	(la) spugna	(la) 'spuːɲa
Seife	(il) sapone	(il) sa'poːne
Shampoo	(lo) shampoo	(lo) 'ʃampo
– mild	– leggero	led-'dʒɛːro
Sonnenkrem	(la) crema solare	(la) 'krɛːma so'laːre
Sonnenöl	(l') olio *m* solare	(l)'ɔːʎo so'laːre
Spange	(il) fermaglio	(il) fer'maːʎo
Tampons	(i) tamponi	(i) tam'poːni
Toilettenartikel	(gli) accessori da toletta	(ʎi) at-tʃes-'soːri da to'let-ta
Toilettenpapier	(la) carta igiènica	(la) 'karta i'dʒɛːnika
Trockenrasierer	(il) rasoio elèttrico	(il) ra'soːio e'lɛt-triko
Waschlappen	(il) guanto spugna	(il) gu'anto 'spuːɲa
Wimperntusche	(il) màscara	(il) 'maskara
Zahnbürste	(lo) spazzolino da denti	(lo) spat-tso'liːno da 'dɛnti
Zahnpasta	(la) pasta dentifricia	(la) 'pasta denti-'friːtʃa

Uhrmacher

Können Sie die Uhr reparieren?
Può riparare quest'orologio?
pu'ɔ ripa'raːre ku'estoro'lɔːdʒo

Wieviel wird die Reparatur kosten?
Quanto costa la riparazione?
ku'anto 'kɔsta la riparatsi'oːne

Sie geht *vor (nach)*.
Va *avanti* (*indietro*).
va a'vanti (indi'ɛːtro)

Armbanduhr	(l') orologio *m* da polso	(l)oro'lɔːdʒo da 'polso
Feder	(la) molla	(la) 'mɔl-la
Glas	(il) vetro	(il) 'veːtro
Stoppuhr	(il) cronòmetro	(il) kro'nɔːmetro
Taschenuhr	(l') orologio *m* da tasca	(l)oro'lɔːdʒo da 'taska
Uhr	(l') orologio *m*	(l)oro'lɔːdʒo
Uhrenarmband	(il) cinturino	(il) tʃintu'riːno
Wecker	(la) sveglia	(la) 'zveːʎa
Zeiger	(la) lancetta	(la) lan'tʃet-ta
Ziffernblatt	(il) quadrante	(il) kua'drante

Waffenhandlung

Büchse	(il) moschetto	(il) mos'ket-to
Gewehr	(il) fucile	(il) fu'tʃiːle
Jagdgewehr	(il) fucile da caccia	(il) fu'tʃiːle da 'kat-tʃa
Kaliber	(il) càlibro	(il) 'kaːlibro
Kleinkalibergewehr	(il) fucile a càlibro ridotto	(il) fu'tʃiːle a 'kaːlibro ri'dɔt-to
Munition	(la) munizione	(la) munitsi'oːne
Patrone	(la) cartuccia	(la) kar'tut-tʃa
Pistole	(la) pistola	(la) pis'tɔːla
Schrotflinte	(il) fucile a pallini	(il) fu'tʃiːle ap-pal-'liːni

Verschiedenes

Aktentasche	(la) cartella	(la) kar'tɛl-la
Aschenbecher	(il) portacénere	(il) porta'tʃeːnere
Ball	(la) palla	(la) 'pal-la
Batterie	(la) batterìa	(la) bat-te'riːa
Bild	(il) quadro	(il) ku'aːdro
Bindfaden	(lo) spago	(lo) 'spaːgo
Bonbons	(le) caramelle	(le) kara'mɛl-le
Brieftasche	(il) portafoglio	(il) porta'fɔːʎo
Büchsenöffner	(l') apriscàtole *m*	(l)apris'kaːtole
Campingbeutel	(il) sacco da campeggio	(il) 'sak-ko da kam'ped-dʒo

Figur	(la) figura	(la) fi'gu:ra
Fleckenwasser	(lo) smacchiatore	(lo) zmak-kia'to:re
Gummitier	(l') animale *m* di gomma	(l) ani'ma:le di 'gom-ma
Handarbeiten	(i) lavori a mano	(i) la'vo:ri a 'ma:no
Hängematte	(l') amaca *f*	(l) a'ma:ka
Holzschnitzereien	(le) sculture in legno	(le) skul'tu:re in 'le:ɲo
Keramik	(la) ceràmica	(la) tʃe'ra:mika
Kerze	(la) candela	(la) kan'de:la
Kerzenständer	(il) portacandela	(il) portakan'de:la
Konserven	(le) conserve	(le) kon'sɛrve
Kopftuch	(il) foulard	(il) fu'la:r
Korb	(la) cesta	(la) 'tʃesta
Korkenzieher	(il) cavatappi	(il) kava'tap-pi
Leine	(la) corda	(la) 'kɔrda
Papierservietten	(i) tovaglioli di carta	(i) tova'ʎɔ:li di 'karta
Plastikbeutel	(la) borsa di plàstica	(la) 'borsa di 'plastika
Portemonnaie	(il) portamonete	(il) portamo'ne:te
Porzellan	(la) porcellana	(la) portʃel-'la:na
Puppe	(la) bàmbola	(la) 'bambola
Regenschirm	(l') ombrello *m*	(l)om'brɛl-lo
Rucksack	(il) sacco da montagna	(il) 'sak-ko da mon'ta:ɲa
Spielkarten	(le) carte da gioco	(le) 'karte da 'dʒɔ:ko
Spielzeug	(i) giocàttoli	(i) dʒo'kat-toli
Spirituskocher	(il) fornello a spìrito	(il) for'nɛl-lo a 'spi:rito
Stofftier	(l') animale *m* di stoffa	(l)ani'ma:le di 'stɔf-fa
Tasche	(la) borsa	(la) 'borsa
Taschenlampe	(la) lampadina tascàbile	(la) lampa'di:na tas'ka:bile
Taschenmesser	(il) temperino	(il) tempe'ri:no
Tesafilm	(lo) skotsch	(lo) skətʃ
Thermometer	(il) termòmetro	(il) ter'mɔ:metro
Thermosflasche	(il) termos	(il) 'tɛrmos
Tonband	(il) nastro magnètico	(il) 'nastro ma'ɲɛ:tiko
Vase	(il) vaso	(il) 'va:zo
Waschpulver	(il) detersivo	(il) deter'si:vo

POST, TELEGRAMM, TELEFON

Postamt

Wo ist das Postamt?
Dov'è l'ufficio postale?
do'vɛ luf-'fiːtʃo pos'taːle

Wo ist ein Briefkasten?
Dov'è una cassetta postale?
do'vɛ 'uːna kas-'set-ta pos'taːle

Was kostet *dieser Brief (diese Karte)?*
Quanto costa *questa lèttera* (*questa cartolina*)?
ku'anto 'kɔsta ku'esta 'lɛt-tera (ku'esta karto'liːna)

– nach Deutschland.
– per la Germania.
per la dʒer'maːɲa

– nach Österreich.
– per l'Austria.
per 'laːustria

– in die Schweiz.
– per la Svìzzera.
per la 'zvit-tsera

Wieviel beträgt das Porto für ...
Quale è la tariffa postale per ...
ku'aːle ɛ la ta'rif-fa pos'taːle per

eine Ansichtskarte ..	una cartolina illustrata	'uːna karto'liːna il-lus'traːta
diesen Auslandsbrief.	questa lèttera per l'èstero	ku'esta 'lɛt-tera per 'lɛstero
diese Drucksache ...	queste stampe......	ku'este 'stampe
einen Eilbrief.......	un espresso	un es'prɛs-so
einen Einschreibebrief	una raccomandata ..	'uːna rak-koman-'daːta
eine Grußkarte	una cartolina di saluti	'uːna karto'liːna di sa'luːti
einen Inlandsbrief ...	una lèttera per l'interno	'uːna 'lɛt-tera per lin'tɛrno
eine Inlandskarte ...	una cartolina per l'interno	'uːna karto'liːna per lin'tɛrno
diesen Luftpostbrief .	questa lèttera per posta aèrea	ku'esta 'lɛt-tera per 'pɔsta a'ɛːrea
dieses Päckchen	questo pacchetto ...	ku'esto pak-'ket-to
dieses Paket	questo pacco	ku'esto 'pak-ko
eine Postkarte......	una cartolina postale	'uːna karto'liːna pos'taːle

Bitte fünf Briefmarken zu ...
Per favore, cinque francobolli da ...
per fa'voːre, 'tʃiŋkue fraŋko'bol-li da

Haben Sie auch Sondermarken?
Ci sono francobolli di emissione speciale?
tʃi 'so:no fraŋko'bol-li di emis-si'o:ne spe'tʃa:le

Je zwei Stück, bitte.
Due di ogni serie, per favore.
'du:e di 'o:ɲi 'sɛ:rie, per fa'vo:re

Diesen Briefmarkensatz, bitte.
Questa serie di francobolli, per favore.
ku'esta 'sɛ:rie di fraŋko'bol-li, per fa'vo:re

Diesen Brief bitte *per Einschreiben (als Eilbrief)*.
Questa lèttera *raccomandata* (*espresso*), per favore.
ku'esta 'lɛt-tera rak-koman'da:ta (es'prɛs-so), per fa'vo:re

Wann wird *der Brief (das Paket)* in ... sein?
Quando arriva *la lettera* (*il pacco*) a ...?
ku'ando ar'ri:va la 'lɛt-tera (il 'pak-ko) a

Eine *Postanweisung (Zahlkarte)*, bitte.
Un mòdulo di *vaglia* (*versamento*), per favore.
un 'mɔ:dulo di 'va:ʎa (versa'mento), per fa'vo:re

Kann ich Geld vom Postsparbuch abheben?
Posso prelevare del denaro dal libretto di risparmio postale?
'pɔs-so prele'va:re del de'na:ro dal li'bret-to di ri'sparmio pos'ta:le

Ist Post für mich da?
C'è corrispondenza per me?
tʃɛ kor-rispon'dɛntsa per me

Mein Name ist ...
Il mio nome è ...
il 'mi:o 'no:me ɛ

Wo ist die *Paketannahme (Paketausgabe)*?
Dov'è *l'accettazione* (*la rimessa*) pacchi?
do'vɛ lat-tʃet-tatsi'o:ne (la ri'mes-sa) 'pak-ki

Brauche ich eine Zollerklärung?
C'è bisogno di una dichiarazione doganale?
tʃɛ bi'zɔ:ɲo di 'u:na dikiaratsi'o:ne doga'na:le

Ich möchte meine Post nachsenden lassen.
Per favore, faccia seguire la mia corrispondenza.
per fa'vo:re, 'fat-tʃa segu'i:re la 'mi:a kor-rispon'dɛntsa

Hier ist meine neue Adresse.
Ecco il mio nuovo indirizzo.
'ɛk-ko il 'mi:o nu'ɔ:vo indi'rit-tso

***Bitte hier unterschreiben.**
Per favore, firmi qui.
per fa'vo:re, 'firmi ku'i

Telegramme

Ein Telegrammformular, bitte!
Un mòdulo per telegrammi, per favore.
un 'mɔːdulo per tele'gram-mi, per fa'voːre

Ich möchte ... aufgeben.
Vorrei spedire ...
vor-'rɛi spe'diːre

ein Telegramm	un telegramma	un tele'gram-ma
– mit bezahlter Rückantwort	con risposta pagata .	kon ris'posta pa'gaːta
ein dringendes Telegramm	un telegramma urgente	un tele'gram-ma ur'dʒɛnte
ein Brieftelegramm ..	un telegramma-lèttera	un tele'gram-ma 'lɛt-tera
ein Glückwunschtelegramm	un telegramma d'auguri	un tele'gram-ma dau'guːri

Wieviel kosten zehn Worte nach ...?
Quanto còstano dieci parole per ...?
ku'anto 'kɔstano di'ɛːtʃi pa'rɔːle per

Wann ist es in ...?
Quando sarà a ...?
ku'ando sa'ra a

Ist das Telegramm heute noch in ...?
Il telegramma arriva oggi a ...?
il tele'gram-ma ar'riːva 'ɔd-dʒi a

Telefon

Wo ist die nächste Telefonzelle?
Dov'è la cabina telefònica più vicina?
do'vɛ la ka'biːna tele'fɔːnika pi'u vi'tʃiːna

Wo kann ich telefonieren?
Dove posse telefonare?
'doːve 'pɔs-so telefo'naːre

Das Telefonbuch, bitte!
L'elenco telefònico, per favore!
le'lɛŋko tele'fɔːniko, per fa'voːre

Darf ich bei Ihnen telefonieren?
Posso telefonare da qui?
'pɔs-so telefo'naːre da ku'i

Kann man nach ... durchwählen?
Si può chiamare ... in teleselezione?
si pu'ɔ kia'maːre ... in teleseletsi'oːne

Wie ist die Vorwählnummer von ...?
Qual'è il prefisso di ...?
kua'lɛ il pre'fis-so di

Bitte ein Ferngespräch nach ...
Per favore, una comunicazione interurbana, per ...
per fa'vo:re, 'u:na komunika-tsi'o:ne interur'ba:na per

Wie lange wird es dauern?
Quanto tempo dovrò aspettare?
ku'anto 'tɛmpo do'vrɔ aspet-'ta:re

Haben Sie Münzen für den Münzfernsprecher?
Ha dei gettoni del telèfono?
a dei dʒet-'to:ni del te'lɛ:fono

Was kostet ein *Ortsgespräch (Gespräch nach ...)?*
Quanto costa *una telefonata urbana* (*una telefonata per ...*)?
ku'anto 'kɔsta 'u:na telefo'na:ta ur'ba:na ('u:na telefo'na:ta per)

Ab wieviel Uhr gilt der Nachttarif?
Da che ora è vàlida la tariffa notturna?
da ke 'o:ra ɛ 'va:lida la ta'rif-fa not-'turna

***Ihr Gespräch ist in Kabine 4.**
La Sua comunicazione è in cabina quattro.
la 'su:a komunikatsi'o:ne ɛ in ka'bi:na ku'at-tro

***Welche Nummer haben Sie?**
Che nùmero ha?
ke 'nu:mero a

Verbinden Sie mich bitte mit ...
Per favore, mi metta in comunicazione con ...
per fa'vo:re, mi 'met-ta in komunikatsi'o:ne kon

Die Leitung ist *besetzt (gestört).*
La lìnea è *occupata* (*disturbata*).
la 'li:nea ɛ ok-ku'pa:ta (distur'ba:ta)

Falsch verbunden!
Ho sbagliato nùmero!
ɔ zba'ʎa:to 'nu:mero

Der Teilnehmer meldet sich nicht.
L'abbonato non risponde.
lab-bo'na:to non ris'ponde

Kann ich *Herrn (Frau, Fräulein)* ... sprechen?
Posso parlare *col signor* (*con la signora, con la signorina*) ...?
'pɔs-so par'la:re kol si'ɲo:r (kon la si'ɲo:ra, kon la siɲo'ri:na)

Hier ist ...
Pronto, sono il signor ...
'pronto, 'sono il si'ɲor ...

Wer ist dort?
Pronto, chi parla?
'pronto, ki 'parla

Bleiben Sie am Apparat!
Attenda all'apparecchio!
at-'tɛnda al-lap-pa'rek-kio

Bitte streichen Sie das Gespräch.
Annulli, per favore, la comunicazione.
an-'nul-li, per fa'vo:re, la komunikatsi'o:ne

Buchstabiertafel

A	come Ancona	a
B	come Bologna	bi
C	come Como	tʃi
D	come Domodòssola	di
E	come Èmpoli	e
F	come Forlì	'ɛf-fe
G	come Gènova	dʒi
H	come Hotel	'ak-ka
I	come Imola	i
J	come Jolanda	i 'luŋga
K	come Kursaal	'kap-pa
L	come Livorno	'ɛl-le
M	come Milano	'ɛm-me
N	come Nàpoli	'ɛn-ne
O	come Otranto	o
P	come Pisa	pi
Q	come Quattro	ku
R	come Roma	'ɛr-re
S	come Salerno	'ɛs-se
T	come Torino	ti
U	come Udine	u
V	come Varese	vi
W	come Walter	vi 'dop-pia
X	come Ixe	'ikse
Y	come Ypsilon	'iːpsilon
Z	come Zara	'dzɛːta

Münzautomat

Gebrauchsanweisung:

1. Eine Münze zu ... in den dafür bestimmten Schlitz stecken, wie auf der Abbildung angegeben.	Introdurre un gettone nell'apposita fessura come indicato nella figura.
2. Den Hörer abnehmen und die gewünschte Nummer wählen.	Staccare il ricevitore e formare il nùmero desiderato.
3. Für Telefongespräche außerhalb des Ortsnetzes mindestens 6 Münzen einwerfen.	Per le chiamate in teleselezione introdurre almeno 6 gettoni.
4. Wenn die gewünschte Nummer besetzt ist, den Hörer wieder auflegen und die Münze aus dem unteren Kästchen herausnehmen.	Se il numero è occupato, riappendere il ricevitore e prelevare il gettone dall'apposita apertura in basso.
5. Telefonapparate, die neben dem Schlitz einen Knopf haben, sind lediglich für Ortsgespräche bestimmt. Die Nummer wählen, sobald der Teilnehmer antwortet, auf den Knopf drücken und sprechen.	Gli apparecchi muniti di un bottone a fianco della fessura sono collegati solamente con la rete urbana. Appena il numero chiamato risponde, premere il bottone e parlare.

Absender	(il) mittente	(il) mit-'tɛnte
Adresse	(l') indirizzo *m*	(l)indi'rit-tso
Ansichtskarte	(la) cartolina illustrata	(la) karto'li:na il-lus'tra:ta
Bestimmungsort	(la) destinazione	(la) destinatsi'o:ne
Brief	(la) lèttera	(la) 'lɛt-tera
Briefkasten	(la) cassetta postale	(la) kas-'set-ta pos'ta:le
Briefmarke	(il) francobollo	(il) fraŋko'bol-lo
Briefmarkenautomat	(il) distributore automàtico per francobolli	(il) distribu'to:re auto'ma:tiko per fraŋko'bol-li
Drucksache	(le) stampe	(le) 'stampe
Eilbote	(il) corriere	(il) kor-ri'ɛ:re
Eilbrief	(l') espresso *m*	(l)es'prɛs-so
Einschreiben	(la) raccomandata	(la) rak-koman'da:ta
Empfänger	(il) destinatario	(il) destina'ta:rio
frankieren	affrancare	af-fraŋ'ka:re
Gebühr	(l') importo *m*	(l)im'pɔrto
Luftpost	(la) posta aèrea	(la) 'pɔsta a'ɛ:rea
Münzautomat	(il) telèfono a gettone	(il) te'lɛ:fono a dʒet-'to:ne
Nachnahme	(il) contrassegno	(il) contras-'se:ɲo
Päckchen	(il) pacchetto	(il) pak-'ket-to
Paket	(il) pacco	(il) 'pak-ko
Paketkarte	(la) bolletta di spedizione	(la) bol-'let-ta di speditsi'o:ne
Post(amt)	(la) posta	(la) 'pɔsta
Postfach	(la) casella postale	(la) ka'sɛl-la pos'ta:le
Postkarte	(la) cartolina postale	(la) karto'li:na pos'ta:le
postlagernd	fermo in posta	'fermo in 'pɔsta
Rückporto	(la) risposta pagata	(la) ris'posta pa'ga:ta
Schalter	(lo) sportello	(lo) spor'tɛl-lo
Telefon	(il) telèfono	(il) te'lɛ:fono
Telegramm	(il) telegramma	(il) tele'gram-ma
unfrankiert	non affrancato	non af-fraŋ'ka:to
Wertangabe	(il) valore dichiarato	(il) va'lo:re dikia'ra:to
Wertpaket	(il) pacco assicurato	(il) 'pak-ko as-siku'ra:to

BANK, GELDWECHSEL

Die italienische Währung
Die Grundlage der italienischen Währung ist die Lira ['li:ra]. *In Umlauf sind: Münzen* (monete [mo'ne:te]) *zu* 10, 50, 100 *und* 200 Lire *sowie Banknoten* (banconote [baŋko'nɔ:te]) *zu* 500, 1000, 5000, 10000 *und* 100000 Lire.
Eine 10-Lire-Münze *heißt* una moneta da dieci lire ['u:na mo'ne:ta da di'ɛ:tʃi 'li:re], **ein 1000-Lire-Schein** *heißt* un biglietto da mille lire [un bi'ʎet-to da 'mil-le 'li:re].

Wo kann ich Geld umtauschen?
Dove posso cambiare del denaro?
'do:ve 'pɔs-so kambi'a:re del de'na:ro

Wo ist die Bank?
Dov'è la banca?
do'vɛ la 'baŋka

Ich möchte 100 DM in Lire umwechseln.
Vorrei cambiare cento marchi in Lire.
vor-'rɛi kambi'a:re 'tʃɛnto 'marki in 'li:re

Wieviel bekomme ich für ...?
Quanto ricevo per ...?
ku'anto ri'tʃe:vo per

Können Sie mir Lire in Deutsche Mark umtauschen?
Può cambiarmi Lire in marchi?
pu'ɔ kambi'armi 'li:re in 'marki

Wie ist der Wechselkurs?
Qual'è il cambio?
kua'lɛ il 'kambio

Bitte auch etwas Kleingeld.
Mi da anche degli spìccioli, per favore.
mi da 'aŋke 'deʎi 'spit-tʃoli, per fa'vo:re

Können Sie wechseln?
Può cambiare?
pu'ɔ kambi'a:re

Ich möchte diesen *Scheck (Reisescheck)* einlösen.
Vorrei riscuòtere questo *assegno (travellers' cheque).*
vor-'rɛi risku'ɔ:tere ku'esto as-'se:ɲo ('trævlərstʃek)

Ist Geld für mich eingegangen?
È arrivato del denaro per me?
ɛ ar-ri'va:to del de'na:ro per me

Aktie	(l') azione *f*	(l)atsi'o:ne
auszahlen	pagare	pa'ga:re
Bank	(la) banca	(la) 'baŋka
Bankanweisung	(il) vaglia bancario	(il) 'va:ʎa baŋ'ka:rio
Bankkonto	(il) conto di banca, (il) conto corrente	(il) 'konto di 'baŋka, (il) 'konto kor-'rɛnte
bar	in contanti	in kon'tanti
Bargeld	(i) contanti	(i) kon'tanti
Betrag	(l') importo *m*	(l)im'pɔrto
Devisen	(le) divise	(le) di'vi:ze
einzahlen	versare	ver'sa:re
Formular	(il) mòdulo	(il) 'mɔ:dulo
Geld	(il) denaro	(il) de'na:ro
– D-Mark	(il) marco tedesco	(il) 'marko te'desko
– Schilling	(lo) scellino	(lo) ʃel-'li:no
– Schweizer Franken	(il) franco svìzzero	(il) 'fraŋko 'zvit-tsero
Geldschein	(la) banconota	(la) baŋko'nɔ:ta
Geldwechsel	(il) cambio	(il) 'kambio
Kredit	(il) crédito	(il) 'kre:dito
– aufnehmen	farsi concèdere un crédito	'farsi kon'tʃɛ:dere un 'kre:dito
Kreditbrief	(la) lèttera di crédito	(la) 'lɛt-tera di 'kre:dito
Kurs	(il) cambio	(il) 'kambio
Münze	(la) moneta	(la) mo'ne:ta
Provision	(la) provvigione	(la) prov-vi'dʒo:ne
Quittung	(la) ricevuta	(la) ritʃe'vu:ta
Reisescheck	(il) travellers' cheque	(il) 'trævlərstʃek
Scheck	(l') assegno *m*	(l)as-'se:ɲo
Scheckkarte	(la) carta-assegno	(la) 'karta as-'se:ɲo
Sparbuch	(il) libretto di risparmio	(il) li'bret-to di ris'parmio
Sparkasse	(la) cassa di risparmio	(la) 'kas-sa di ris'parmio
telegrafisch	telegràfico	tele'gra:fiko
Überweisung	(la) rimessa	(la) ri'messa
Unterschrift	(la) firma	(la) 'firma
Währung	(la) valuta	(la) va'lu:ta
Wechselkurs	(il) cambio	(il) 'kambio
Wertpapier	(l') effetto *m*	(l) ef-'fɛt-to
Zahlung	(il) pagamento	(il) paga'mento

AUF DER POLIZEI

Anmeldung, Paß usw. s. Seite 78, 79, 84.

Anzeige

Ich möchte ... anzeigen.
Vorrei denunciare ...
vor-ˈrɛi denunˈtʃa:re

einen Diebstahl	un furto	un ˈfurto
eine Erpressung	un ricatto	un riˈkat-to
einen Überfall	una rapina	ˈu:na raˈpi:na
einen Unfall	un incidente	un intʃiˈdɛnte
einen Verlust	uno smarrimento	ˈu:no zmar-riˈmento

Man hat mir ... gestohlen.
Mi hanno rubato ...
mi ˈan-no ruˈba:to

Ich habe ... verloren.
Ho perduto ...
ɔ perˈdu:to

die Aktenmappe	la cartella	la karˈtɛl-la
das Armband	il braccialetto	il brat-tʃaˈlet-to
die Armbanduhr	l'orologio da polso	loroˈlɔ:dʒo da ˈpolso
die Autoschlüssel	le chiavi della macchina	le kiˈa:vi ˈdel-la ˈmak-kina
die Brieftasche	il portafoglio	il portaˈfɔ:ʎo
den Fotoapparat	l'apparecchio fotogràfico	lap-paˈrek-kio fotoˈgra:fiko
das Geld	il denaro	il deˈna:ro
die Handtasche	la borsa	la ˈborsa
die Kette	la collana	la kol-ˈla:na
den Koffer	la valigia	la vaˈli:dʒa
das Portemonnaie	il portamonete	il portamoˈne:te
den Ring	l'anello	laˈnɛl-lo
den Schirm	l'ombrello	lomˈbrɛl-lo
den Schlüssel	la chiave	la kiˈa:ve
die Tasche	la borsa	la ˈborsa
die Uhr	l'orologio	loroˈlɔ:dʒo

Ich möchte mit *einem Anwalt (dem Konsulat)* sprechen.
Vorrei parlare con *un avvocato* (*col consolato*).
vor-ˈrɛi parˈla:re kon un av-voˈka:to (kol konsoˈla:to)

Ich habe *damit (mit dieser Sache)* nichts zu tun.
Io non ho niente a che fare *con questo (con questa faccenda).*
'i:o non ɔ ni'ɛnte a ke 'fa:re kon ku'esto (kon ku'esta fat-'tʃɛnda)

Ich bin unschuldig.
Sono innocente.
'so:no ɪn-no'tʃɛnte

Das habe ich nicht getan.
Io non ho fatto questo.
'i:o non ɔ 'fat-to ku'esto

Wie lange muß ich hierbleiben?
Per quanto devo restare qui?
per ku'anto 'dɛ:vo re'sta:re ku'i

Dieser Mann *belästigt (verfolgt)* mich.
Quest'uomo mi *molesta (persèguita).*
kuestu'ɔ:mo mi mo'lɛsta (per'sɛ:guita)

beschlagnahmen	sequestrare	sekues'tra:re
Dieb	(il) ladro	(il) 'la:dro
Gefängnis	(la) prigione	(la) pri'dʒo:ne
Gericht	(il) tribunale	(il) tribu'na:le
Haft	(la) detenzione	(la) detentsi'o:ne
Kriminalpolizei	(la) polizìa criminale	(la) poli'tsi:a krimi'na:le
Polizei	(la) polizìa	(la) poli'tsi:a
Polizeirevier	(il) commissariato di Pùbblica Sicurezza	(il) kom-mis-sari'a:to di 'pub-blika siku'ret-tsa
Polizeiwagen	(l') auto *f* della polizìa	(l)'a:uto 'del-la poli'tsi:a
Polizist	(il) poliziotto	(il) politsi'ɔt-to
Rauschgift	(la) droga	(la) 'drɔ:ga
Rechtsanwalt	(l') avvocato *m*	(l)av-vo'ka:to
Richter	(il) giùdice	(il) 'dʒu:ditʃe
Schmuggel	(il) contrabbando	(il) kontrab-'ba:ndo
Schuld	(la) colpa	(la) 'kolpa
Überfall	(la) rapina	(la) ra'pi:na
Untersuchungshaft	(la) detenzione preventiva	(la) detentsi'o:ne preven'ti:va
Urteil	(la) sentenza	(la) sen'tɛntsa
Verbrechen	(il) delitto	(il) de'lit-to
Verbrecher	(il) delinquente	(il) deliŋku'ɛnte
verhaften	arrestare	ar-res'ta:re
Verhaftung	(l') arresto *m*	(l)ar-'rɛsto

BEIM FRISEUR

Damenfriseur

Kann ich mich für Sonnabend anmelden?
Posso prenotarmi per sàbato?
'pɔs-so preno'tarmi per 'sa:bato

Können Sie mich zur Dauerwelle vormerken?
Potrebbe prenotarmi per la permanente?
po'trɛb-be preno'tarmi per la perma'nɛnte

Für morgen?
Per domani?
per do'ma:ni

Muß ich warten?
Devo aspettare?
'dɛ:vo aspet-'ta:re

Wird es lange dauern?
Quanto ci vorrà ancora?
ku'anto tʃi vor-'ra aŋ'ko:ra

Waschen und legen, bitte!
Shampoo e messa in piega, per favore.
'ʃampo e 'mes-sa in pi'ɛ:ga, per fa'vo:re

Ich möchte eine *Dauerwelle (Wasserwelle)*.
Vorrei *una permanente* (*un'onda d'acqua*).
vor-'rɛi 'u:na perma'nɛnte (u'nonda 'dak-kua)

Ich brauche eine Abendfrisur.
Vorrei una pettinatura da sera.
vor-'rɛi 'u:na pet-tina'tu:ra da 'se:ra

Die Haare bitte ... *färben (tönen)*.
Per favore, mi tinga i capelli ...
per fa'vo:re, mi 'tiŋga i ka'pel-li

Schneiden Sie die Haare bitte etwas kürzer.
Mi accorci un poco i capelli, per favore.
mi ak-'kortʃi un 'pɔ:ko i ka'pel-li, per fa'vo:re

Schneiden Sie bitte nur die Spitzen ab.
Solo una spuntina davanti, per favore.
'so:lo 'u:na spun'ti:na da'vanti, per fa'vo:re

Naß schneiden, bitte.
Li tagli bagnati, per favore.
li 'taʎi ba'ɲaːti, per fa'voːre

Die Haare aufstecken, bitte.
Vorrei i capelli puntati in su.
vor'rɛi i ka'pel-li pun'taːti in su

Bitte *oben (seitlich)* etwas toupieren.
Per favore, me li cotoni un po' *in alto* (*ai lati*).
per fa'voːre, me li co'toːni un pɔ in 'alto (ai 'laːti)

Es ist zu heiß unter der Haube.
È troppo caldo sotto il casco.
ɛ 'trɔp-po 'kaldo 'sot-to il 'kasko

Bitte *keinen Festiger (kein Haarspray)*.
Non metta *fissatore* (*lacca*), per favore.
non 'met-ta fis-sa'toːre ('lak-ka), per fa'voːre

Können Sie mir *Maniküre (Pediküre)* machen?
Potrebbe farmi la *manicure* (*pedicure*)?
po'trɛb-be 'farmi la mani'kuːre (pedi'kuːre)

Feilen Sie bitte die Nägel *spitz (rund)*.
Mi faccia le unghie *a punta* (*rotonde*).
mi 'fat-tʃa le 'uŋgie a 'punta (ro'tonde)

Bitte nur polieren.
Le lùcidi soltanto, per favore.
le 'luːtʃidi sol'tanto, per fa'voːre

***Mit (ohne)* Nagellack.**
Con lo smalto (*senza* smalto).
kon lo 'zmalto ('sɛntsa 'zmalto)

Die Augenbrauen bitte *nachziehen (ausrasieren)*.
Mi *ritocchi* (*rada*) le sopracciglia, prego.
mi ri'tok-ki ('raːda) le soprat-'tʃiːʎa, 'prɛːgo

Bitte eine *Gesichtsmaske (Gesichtsmassage)*.
Per favore, *una màschera facciale* (*un massaggio al viso*).
per fa'voːre, 'uːna 'maskera fat-'tʃaːle (un mas-'sad-dʒo al 'viːzo)

Setzen Sie mir bitte *dieses Haarteil (diese Perücke)* auf.
Per favore, mi metta *questo posticcio* (questa parrucca).
per fa'voːre, mi 'met-ta ku'esto pos'tit-tʃo (ku'esta par-'ruk-ka)

Ja danke, es ist gut so.
Sì, grazie, così va bene.
si, 'graːtsie, ko'si va 'bɛːne

Sehr gut!
Molto bene!
'molto 'bɛːne

Herrenfriseur

Haarschneiden (und Rasieren), bitte!
Capelli (e barba), per favore!
ka'pel-li (e 'barba), per fa'vo:re

Bitte nicht zu kurz.
Non troppo corti, per favore.
non 'trɔp-po 'korti, per fa'vo:re

(Ganz) Kurz, bitte.
(Molto) Corti, per favore.
('molto) 'korti, per fa'vo:re

– hinten.
– di dietro.
di di'ɛ:tro

– oben.
– sopra.
'so:pra

– vorn.
– davanti.
da'vanti

– an den Seiten.
– ai lati.
ai 'la:ti

Bitte einen Messerformschnitt!
Per favore, un taglio al rasoio!
per fa'vo:re, un 'ta:ʎo al ra'so:io

***Ohne (Mit)* Scheitel, bitte.**
Senza (Con la) riga, per favore.
'sɛntsa (kon la) 'ri:ga, per fa'vo:re

Den Scheitel bitte *links (rechts)*.
Faccia la riga a *sinistra* (*destra*), per favore.
'fat-tʃa la 'ri:ga a si'nistra ('dɛstra), per fa'vo:re

Die Haare bitte auch waschen!
Mi lavi anche i capelli, per favore.
mi 'la:vi 'aŋke i ka'pel-li, per fa'vo:re

Eine Kopfmassage, bitte!
Una frizione, per favore!
'u:na fritsi'o:ne, per fa'vo:re

Den *Bart (Schnurrbart)* bitte etwas stutzen.
Mi spunti un po' *la barba* (*i baffi*), per favore.
mi 'spunti un pɔ la 'barba (i 'baf-fi), per fa'vo:re

Bitte nur rasieren!
Soltanto la barba, per favore!
sol'tanto la 'barba, per fa'vo:re

Rasieren Sie bitte nicht gegen den Strich.
Non mi rada contropelo, per favore.
non mi 'ra:da kontro'pe:lo, per fa'vo:re

***Mit Haarwasser (Etwas Brillantine)*, bitte!**
Con lozione (*Con un po' di brillantina*), prego!
kon lotsi'o:ne (kon un pɔ di bril-lan'ti:na), 'prɛ:go

Bitte trocknen lassen.
Li lasci asciugare, prego.
li 'laʃ-ʃi aʃ-ʃu'ga:re, 'prɛ:go

Ja danke, so ist es recht.
Sì grazie, così va bene.
si 'gra:tsie, ko'si va 'bɛ:ne

Bart	(la) barba	(la) 'barba
Damenfriseur	(il) parrucchiere per signora	(il) par-ruk-ki'ɛ:re per si'ɲo:ra
Dauerwelle	(la) permanente	(la) perma'nɛnte
färben	tìngere	'tindʒere
frisieren	pettinare	pet-ti'na:re
Frisur	(la) pettinatura	(la) pet-tina'tu:ra
Haar	(i) capelli	(i) ka'pel-li
– fettig/trocken	– grassi/secchi	'gras-si/'sek-ki
Haarausfall	(la) caduta dei capelli	(la) ka'du:ta dei ka'pel-li
Haarschnitt	(il) taglio dei capelli	(il) 'ta:ʎo dei ka'pel-li
Haarteil	(la) ciocca di capelli	(la) 'tʃɔk-ka di ka-'pel-li
Herrenfriseur	(il) parrucchiere per uomo	(il) par-ruk-ki'ɛ:re per u'ɔ:mo
Kaltwelle	(la) permanente a freddo	(la) perma'nɛnte a a 'fred-do
kämmen	pettinare	pet-ti'na:re
Kopfmassage	(la) frizione	(la) fritsi'o:ne
Koteletten	(le) basette	(le) ba'zet-te
legen	méttere in piega	'met-tere in pi'ɛ:ga
Locken	(i) rìccioli	(i) 'rit-tʃoli
Maniküre	(le) manicure	(le) mani'ku:re
Pediküre	(le) pedicure	(le) pedi'ku:re
Perücke	(la) parrucca	(la) par-'ruk-ka
Pony(frisur)	(la) frangetta	(la) fran'dʒet-ta
rasieren	ràdere	'ra:dere
Scheitel	(la) riga	(la) 'ri:ga
schneiden	tagliare	ta'ʎa:re
Schnurrbart	(i) baffi	(i) 'baf-fi
Schönheitssalon	(il) salone di bellezza	(il) sa'lo:ne di bel-'let-tsa
Schuppen	(la) fórfora	(la) 'forfora
Strähne	(il) ciuffo	(il) 'tʃuf-fo
tönen	tìngere	'tindʒere
toupieren	cotonare	coto'na:re
Trockenhaube	(il) casco	(il) 'kasko
waschen	lavare	la'va:re
Wasserwelle	(la) messa in piega	(la) 'mes-sa in pi'ɛ:ga

GESUNDHEIT

Apotheke

Wo ist die nächste Apotheke?
Dov'è la farmacìa più vicina?
do'vɛ la farma'tʃi:a pi'u vi-'tʃi:na

Welche Apotheke hat Nachtdienst?
Quale farmacìa fa servizio notturno?
ku'a:le farma'tʃi:a fa ser'vi:tsio not-'turno

Dieses Medikament, bitte.
Vorrei questa medicina, per favore.
vor-'rɛi ku'esta medi'tʃi:na, per fa'vo:re

Ich möchte ...
Vorrei ...
vor-'rɛi

Geben Sie mir bitte etwas gegen ...
Per favore, mi dia qualche cosa contro ...
per fa'vo:re, mi 'di:a ku'alke 'kɔ:sa 'kontro

Ist die Arznei rezeptpflichtig?
Ci vuole una ricetta per questa medicina?
tʃi vu'ɔ:le 'u:na ri'tʃɛt-ta per ku'esta medi'tʃi:na

Können Sie mir dieses Medikament besorgen?
Mi può procurare questa medicina?
mi pu'ɔ proku'ra:re ku'esta medi'tʃi:na

äußerlich	per uso esterno ...	per 'u:zo es'tɛrno
innerlich	per uso interno ...	per 'u:zo in'tɛrno
vor dem Essen	prima dei pasti ...	'pri:ma dei 'pasti
nach dem Essen ...	dopo i pasti	'dɔ:po i 'pasti
dreimal täglich ...	tre volte al giorno .	tre 'vɔlte al dʒorno
nach Anweisung des Arztes	secondo l'indicazione del mèdico ..	se'kondo lindika-tsi'o:ne del 'mɛ:diko
auf nüchternen Magen	a stòmaco vuoto ..	a 'stɔ:mako vu'ɔ:to
unzerkaut schlucken	inghiottire intero .	iŋgiot-'ti:re in'te:ro
im Munde zergehen lassen	lasciar scigliere in bocca	laʃ'ʃar 'ʃi:ʎere in 'bok-ka
vor dem Schlafengehen	prima di coricarsi	'pri:ma di kori-'karsi

Medikamente und Verbandszeug

Abführmittel	(il) lassativo	(il) las-sa'ti:vo
Alkohol	(l') àlcool *m*	(l)'alkool
Ampulle	(la) fiala	(la) fi'a:la
Aspirin	(l') aspirina *f*	(l)aspi'ri:na
Augensalbe	(la) pomata per gli occhi	(la) po'ma:ta per ʎi 'ɔk-ki
Baldriantropfen	(la) valeriana	(la) valeri'a:na
Beruhigungsmittel	(il) calmante	(il) kal'mante
Binde	(la) fascia	(la) 'faʃ-ʃa
blutstillendes Mittel	(il) preparato emostàtico	(il) prepa'ra:to emos'ta:tiko
Borsäure	(l') àcido *m* bòrico	(l)'a:tʃido 'bɔ:riko
Brandsalbe	(l') unguento *m* per le scottature	(l)uŋgu'ɛnto per le skot-ta'tu:re
Brechmittel	(il) vomitivo	(il) vomi'ti:vo
Chinin	(il) chinino	(il) ki'ni:no
Damenbinden	(gli) assorbenti igienici	(ʎi) as-sor'bɛnti i'dʒɛ:nitʃi
Desinfektionsmittel	(il) disinfettante	(il) dizinfet-'tante
Einlauf	(il) clistere	(il) klis'tɛ:re
Einreibemittel	(l') unguento *m*	(l)uŋgu'ɛnto
Elastikbinde	(la) benda elàstica	(la) 'bɛnda e'lastika
fiebersenkendes Mittel	(il) preparato contro la febbre	(il) prepa'ra:to kontro la 'fɛb-bre
Fieberthermometer	(il) termòmetro clìnico	(il) ter'mɔ:metro 'kli:niko
Gegengift	(il) contravveleno	(il) kontrav-ve'le:no
Glyzerin	(la) glicerina	(la) glitʃe'ri:na
Gummistrumpf	(la) calza elàstica	(la) 'kaltsa e'lastika
Gurgelwasser	(il) gargarismo	(il) garga'rizmo
Heftpflaster	(il) cerotto	(il) tʃe'rɔt-to
Hühneraugenpflaster	(il) callìfugo	(il) kal-'li:fugo
Hustenmittel	(lo) sciroppo contro la tosse	(il) ri'mɛ:dio 'kontro la 'tos-se
Insektenmittel	(l') insetticida *m*	(l)inset-ti'tʃi:da
Jodtinktur	(la) tintura di iodio	(la) tin'tu:ra di i'ɔ:dio
Kamillentee	(il) tè di camomilla	(il) tɛ di kamo'mil-la

Kohletabletten	(le) pastiglie di carbone	(le) pa'stiːʎe di kar'boːne
Kopfschmerztabletten	(le) compresse contro il mal di testa	(le) kom'prɛs-se'kontro il mal di 'tɛsta
Kreislaufmittel	(il) rimedio circolatorio	(il) ri'mɛːdio tʃirkola'tɔːrio
Mittel	(il) preparato, (la) medicina	(il) prepa'raːto, (la) medi'tʃiːna
Mullbinde	(la) garza	(la) 'gardza
Mundwasser	(il) collutorio	(il) kol-lu'tɔːrio
Natron, doppeltkohlensaures	(il) bicarbonato di sodio	(il) bikarbo'naːto di 'sɔːdio
Pfefferminze	(la) menta	(la) 'menta
Pillen	(le) pìllole	(le) 'pil-lole
Pulver	(la) polverina	(la) polve'riːna
Rizinusöl	(l') olio *m* di rìcino ..	(l)'ɔːʎo di 'riːtʃino
Salbe	(l') unguento *m*	(l)uŋgu'ɛnto
Schlafmittel	(il) sonnìfero	(il) son-'niːfero
Schmerztabletten ...	(le) compresse contro il dolore	(le) kom'prɛs-se 'kontro il do'loːre
Schnellverband	(la) fasciatura provvisoria	(la) faʃ-ʃa'tuːra prov-vi'zɔːria
schweißtreibendes Mittel	(il) sudorìfero	(il) sudo'riːfero
Stärkungsmittel	(il) ricostituente	(il) rikostitu'ɛnte
Tablette	(la) compressa	(la) kom'prɛs-sa
Talkumpuder	(il) talco in pólvere .	(il) 'talko in 'polvere
Tinktur	(la) tintura	(la) tin'tuːra
Traubenzucker	(il) glucosio	(il) glu'kɔːzio
Tropfen	(le) gocce	(le) 'got-tʃe
Vaseline	(la) vaselina	(la) vaze'liːna
Verbandszeug	(l') occorente *m* per fasciature	(l)ok-ko'rɛnte per faʃ-ʃa'tuːre
Vitamintabletten	(le) compresse vitamìniche	(le) kom'prɛs-se vita'miːnike
Wasserstoffsuperoxyd	(l') acqua *f* ossigenata	(l)'ak-kua os-sidʒe'naːta
Watte	(l') ovatta *f*	(l)o'vat-ta
Wundsalbe	(la) pomata per una ferita	(la) po'maːta per 'uːna fe'riːta
Zäpfchen	(la) supposta	(la) sup-'posta

Beim Arzt

Rufen Sie bitte schnell einen Arzt!
Chiami subito il dottore, per favore!
kiˈaːmi ˈsuːbito il dot-ˈtoːre, per faˈvoːre

Ist ein Arzt im Hause?
C'è un mèdico qui (in albergo)?
tʃɛ un ˈmɛːdiko kuˈi (in alˈbɛrgo)

Holen Sie bitte einen Arzt.
Per favore, faccia venire un mèdico.
per faˈvoːre, ˈfat-tʃa veˈniːre un ˈmɛːdiko

Wo gibt es hier einen Arzt?
Dove c'è un dottore?
ˈdoːve tʃɛ un dot-ˈtoːre

Kann er herkommen?
Può venire qui?
puˈɔ veˈniːre kuˈi

Wo ist *ein Krankenhaus (eine Klinik)*?
Dov'è *un ospedale* (*una clìnica*)?
doˈvɛ un ospeˈdaːle (ˈuːna ˈkliːnika)

Wann hat der Arzt Sprechstunde?
Quando riceve il dottore?
kuˈando riˈtʃeːve il dot-ˈtoːre

Kommen Sie bitte *zum (zur)* ...
Per favore, venga *al* (*alla*) ...
per faˈvoːre, ˈvɛŋga al (ˈal-la)

Ich bin krank.
Sono malato (-a).
ˈsoːno maˈlaːto (-a)

***Mein Mann (meine Frau, unser Kind)* ist krank.**
Mio marito (*nostro figlio*) è malato.
ˈmiːo maˈriːto (ˈnɔstro ˈfiːʎo) ɛ maˈlaːto
Mia moglie (*nostra figlia*) è malata.
ˈmiːa ˈmoːʎe (ˈnɔstra ˈfiːʎa) ɛ maˈlaːta

Arzt	(il) dottore,	(il) dot-ˈtoːre
	(il) mèdico	(il) ˈmɛːdiko
Augenarzt	(l') oculista *m*	(l)okuˈlista
Chirurg	(il) chirurgo	(il) kiˈrurgo
Facharzt	(lo) specialista	(lo) spetʃaˈlista
Frauenarzt	(il) ginecòlogo	(il) dʒineˈkɔːlogo
Hals-, Nasen und Ohrenarzt	(l') otorinolarin-goiatra *m*	(l)otorinolariŋ-goiˈaːtra
Hautarzt	(il) dermatòlogo	(il) dermaˈtɔːlogo
Internist	(l') internista *m*	(l)interˈnista
Kinderarzt	(il) pediatra	(il) pediˈaːtra
Nervenarzt	(il) neuròlogo	(il) neuˈrɔːlogo
Praktischer Arzt	(il) mèdico genèrico	(il) ˈmɛːdiko dʒeˈnɛ-riko
Urologe	(l') uròlogo *m*	(l)uˈrɔːlogo

Labor	(il) laboratorio ...	(il) labora'tɔːrio
Sprechstunde	(l') orario delle visite	(l)o'raːrio 'del-le 'viːzite
Sprechzimmer	(lo) studio medico	(lo) 'stuːdio 'mɛːdiko
Wartezimmer	(la) sala d'aspetto.	(la) 'saːla das'pɛt-to

Hier ist mein Krankenschein.
Ecco la mia tessera della muta (della cassa malati).
'ɛk-ko la 'miːa 'tɛs-sera 'del-la 'muːta ('del-la 'kas-sa ma'laːti)

Ich bin bei der ...-Krankenkasse versichert.
Sono iscritto a questa muta (cassa malati) ...
'soːno is'krit-to a ku'esta 'muːta ('kas-sa ma'laːti)

Seit einigen Tagen fühle ich mich nicht wohl.
Da alcuni giorni non mi sento bene.
da al'kuːni 'dʒorni non mi 'sɛnto 'bɛːne

Der *Hals (Kopf)* tut mir weh.
Mi fa male *la gola* (*la testa*).
mi fa 'maːle la 'goːla (la 'tɛsta)

Hier tut es weh.
Mi fa male qui.
mi fa 'maːle ku'i

Ich habe hier *(starke, stechende)* Schmerzen.
Ho dei dolori (*forti, pungenti*) qui.
ɔ dei do'loːri ('fɔrti, pun'dʒɛnti) ku'i

Ich habe (hohes) Fieber.
Ho la febbre (alta).
ɔ la 'fɛb-bre ('alta)

Ich habe mich erkältet.
Mi sono raffreddato (-a).
mi 'soːno raf-fred-'daːto (-a)

Ich vertrage *die Hitze (das Essen)* nicht.
Non sopporto il caldo. (*Non riesco a mangiare.*)
non sop-'pɔrto il 'kaldo (non ri'ɛsko a man'dʒaːre)

Ich habe mir den Magen verdorben.
Ho fatto un'indigestione.
ɔ 'fat-to unindidʒesti'oːne

Ich habe ... gegessen.
Ho mangiato ...
ɔ man'dʒaːto

Ich habe mich übergeben.
Ho rigettato.
ɔ ridʒet-'taːto

Mir ist schlecht.
Mi sento male.
mi 'sɛnto 'maːle

Ich habe *keinen Appetit (Durchfall, Verstopfung)*.
Non ho appetito. (*Ho la diarrea, sono costipato*).
non ɔ ap-pe'tiːto (ɔ la diar-'rɛːa, 'soːno kosti'paːto)

Ich habe *Augenschmerzen (Ohrenschmerzen)*.
Mi fanno male *gli occhi* (*le orrecchie*).
mi 'fan-no 'ma:le ʎi 'ɔk-ki (le o'rek-kie)

Ich kann nicht schlafen.
Non riesco a dormire.
non ri'ɛsko a dor'mi:re

Ich habe Schüttelfrost.
Ho dei brìvidi.
ɔ dei 'bri:vidi

Ich bin Diabetiker.
Sono diabètico.
'so:no dia'bɛ:tiko

Ich bin gestürzt.
Sono caduto (-a).
'so:no ka'du:to (-a)

. . . *ist (sind)* geschwollen.
. . . è gonfio (sono gonfi).
ɛ 'gonfio ('so:no 'gonfi)

Mir wird oft übel.
Spesso mi sento male.
'spes-so mi 'sɛnto 'ma:le

Ich kann . . . nicht bewegen.
Non posso muòvere . . .
non 'pɔs-so mu'ɔ:vere

Ich erwarte ein Baby.
Sono incinta.
'so:no in'tʃinta

Ich habe mir den Fuß verstaucht.
Mi sono lussato il piede.
mi 'so:no lus-'sa:to il pi'ɛ:de

Ist es schlimm?
È grave?
ɛ 'gra:ve

Ich fühle mich *etwas (bedeutend)* besser.
Mi sento *un po'* (*molto*) meglio.
mi 'sɛnto un pɔ ('molto) 'mɛ:ʎo

Können Sie mir . . . verschreiben?
Mi può dare una ricetta per . . . ?
mi pu'ɔ 'da:re 'u:na ri'tʃɛt-ta per

Können Sie mir ein Attest ausstellen?
Mi puo rilasciare un certificato mèdico?
mi pu'ɔ rilaʃ-'ʃa:re un tʃertifi'ka:to 'mɛ:diko

Ich möchte mich gegen . . . impfen lassen.
Vorrei farmi vaccinare contro . . .
vor-'rɛi 'farmi vat-tʃi'na:re 'kontro

Vom Arzt werden Sie hören:

Machen Sie sich bitte frei!
Si spogli, per favore!
si 'spɔːʎi, per fa'voːre

Atmen Sie tief!
Respiri profondamente!
res'piːri profonda'mente

Tut es hier weh?
Le fa male qui?
le fa 'maːle ku'i

Öffnen Sie den Mund!
Apra la bocca!
'aːpra la 'bok-ka

Zeigen Sie die Zunge!
Mi faccia vedere la lingua!
mi 'fat-tʃa ve'deːre la 'liŋgua

Husten Sie!
Tossisca!
tos-'siska

Was haben Sie gegessen?
Che cosa ha mangiato?
ke 'kɔːsa a man'dʒaːto

Seit wann sind Sie schon krank?
Da quando è malato (-a)?
da ku'ando ɛ ma'laːto (-a)

Wir müssen *das Blut (den Urin)* untersuchen.
Bisogna esaminare *il sangue* (*l'orina*).
bi'zoːɲa ezami'naːre il 'saŋgue (lo'riːna)

Sie müssen operiert werden.
Deve sottoporsi ad un'operazione.
'dɛːve sot-to'porsi ad unoperatsi'oːne

Ich werde Sie an ... überweisen.
La manderò da ...
la mande'rɔ da

Sie dürfen nicht *rauchen (trinken)!*
Lei non deve *fumare* (*bere delle bevande alcoòliche*)!
lɛi non 'dɛːve fu'maːre ('beːre 'del-le be'vande alko'ɔːlike)

Ich muß Ihnen *Bettruhe (strenge Diät)* verordnen.
Bisogna che Le prescriva *riposo a letto* (*una dieta severa*).
bi'zoːɲa ke le pres'kriːva ri'pɔːso a 'lɛt-to ('uːna di'ɛːta se'vɛːra)

Bleiben Sie einige Tage im Bett!
Stia alcuni giorni a letto!
'stiːa al'kuːni 'dʒorni a 'lɛt-to

Nehmen Sie davon dreimal täglich *zwei Tabletten (zehn Tropfen).*
Ne prenda *due compresse* (*dieci gocce*) tre volte al giorno.
ne 'prɛnda 'duːe kom'prɛs-se (di'ɛːtʃi 'got-tʃe) tre 'vɔlte al 'dʒorno

Es ist nichts Ernstes!
Non è nulla di grave.
non ɛ 'nul-la di 'graːve

Kommen Sie in acht Tagen wieder.
Ritorni tra otto giorni.
ri'torni tra 'ɔt-to 'dʒorni

Körperteile und -funktionen

Achselhöhle	(l') ascella *f*	(l)aʃ-ˈʃɛl-la
Ader	(la) vena	(la) ˈveːna
Arm	(il) braccio	(il) ˈbrat-tʃo
Atmung	(la) respirazione	(la) respiratsiˈoːne
Auge	(l') occhio *m*	(l)ˈɔk-kio
Augenlid	(la) pàlpebra	(la) ˈpalpebra
Bandscheibe	(il) disco intervertebrale	(il) ˈdisko interverteˈbraːle
Bauch	(il) ventre	(il) ˈvɛntre
Becken	(il) bacino	(il) baˈtʃiːno
Bein	(la) gamba	(la) ˈgamba
Blase	(la) vescica	(la) veʃ-ˈʃiːka
Blinddarm	(l') intestino *m* cieco	(l)intesˈtiːno ˈtʃɛːko
Blut	(il) sangue	(il) ˈsaŋgue
Blutdruck	(la) pressione sanguigna	(la) pres-siˈoːne saŋguˈiːɲa
Brust	(il) petto	(il) ˈpɛt-to
Brustkorb	(il) torace	(il) toˈraːtʃe
Darm	(l') intestino *m*	(l)intesˈtiːno
Daumen	(il) pòllice	(il) ˈpɔl-litʃe
Drüse	(la) glàndola	(la) ˈglandola
Ellbogen	(il) gómito	(il) ˈgoːmito
Ferse	(il) calcagno	(il) kalˈkaːɲo
Finger	(il) dito	(il) ˈdiːto
– kleiner Finger	(il) mìgnolo	(il) ˈmiːɲolo
Fingernagel	(l')unghia *f*	(l)ˈuŋgia
Fuß	(il) piede	(il) piˈɛːde
Fußsohle	(la) pianta del piede	(la) piˈanta del piˈɛːde
Galle	(la) bile	(la) ˈbiːle
Gaumen	(il) palato	(il) paˈlaːto
Gehirn	(il) cervello	(il) tʃerˈvɛl-lo
Gelenk	(l') articolazione *f*	(l)artikolatsiˈoːne
Genick	(la) nuca	(la) ˈnuːka
Geschlechtsorgane	(gli) òrgani genitali	(ʎi) ˈɔrgani dʒeniˈtaːli
Gesicht	(la) faccia	(la) ˈfat-tʃa
Glieder	(le) membra	(le) ˈmɛmbra
Haare	(i) capelli	(i) kaˈpel-li
Hals	(il) collo	(il) ˈkɔl-lo
Hand	(la) mano	(la) ˈmaːno

Handgelenk	(il) polso	(il) 'polso
Haut	(la) pelle	(la) 'pɛl-le
Herz	(il) cuore	(il) ku'ɔːre
Hüfte	(l') anca *f*	(l)'aŋka
Kehle	(la) gola	(la) 'goːla
Kehlkopf	(la) laringe	(la) la'rindʒe
Kiefer	(la) mascella	(la) maʃ-'ʃɛl-la
– **Oberkiefer**	(la) mascella superiore	(la) maʃ-'ʃɛl-la superi'oːre
– **Unterkiefer**	(la) mascella inferiore	(la) maʃ-'ʃɛl-la inferi'oːre
Kieferhöhle	(la) cavità mascellare	(la) kavi'ta maʃ-ʃel-'laːre
Kinn	(il) mento	(il) 'mento
Knie	(il) ginocchio	(il) dʒi'nɔk-kio
Kniescheibe	(la) ròtula	(la) 'rɔːtula
Knöchel	(il) malleolo	(il) mal-'lɛːolo
Knochen	(l') osso *m*.........	(l)'ɔs-so
Kopf.............	(la) testa	(la) 'tɛsta
Körper	(il) corpo..........	(il) 'kɔrpo
Kreislauf	(la) circolazione (del sangue)	(la) tʃirkolatsi'oːne (del 'saŋgue)
Leber	(il) fégato	(il) 'feːgato
Lippe	(il) labbro	(il) 'lab-bro
Lunge	(il) polmone	(il) pol'moːne
Magen	(lo) stòmaco	(lo) 'stɔːmako
Mandeln	(le) tonsille	(le) ton'sil-le
Menstruation	(la) mestruazione ...	(la) mestruatsi'oːne
Milz	(la) milza	(la) 'miltsa
Mittelfinger	(il) medio	(il) 'mɛːdio
Mund	(la) bocca	(la) 'bok-ka
Muskel	(il) mùscolo	(il) 'muskolo
Nacken	(la) nuca	(la) 'nuːka
Nagel	(l') unghia *f*	(l)'uŋgia
Nase	(il) naso	(il) 'naːso
Nerv	(il) nervo	(il) 'nɛrvo
Nerven	(i) nervi	(i) 'nɛrvi
Niere	(il) rene	(il) 'reːne
Ohr	(l') orecchio *m*	(l)o'rek-kio
Ringfinger	(l') anulare *m*	(l)anu'laːre
Rippe	(la) còstola	(la) 'kɔstola

Rücken	(la) schiena	(la) ski'ɛːna
Rückenmark	(la) midolla spinale .	(la) mi'dol-la spi'naːle
Rückgrat	(la) spina dorsale ...	(la) 'spiːna dor'saːle
Schädel	(il) cranio	(il) 'kraːɲo
Schenkel	(la) coscia	(la) 'kɔʃ-ʃa
– **Oberschenkel**	(il) fèmore	(il) 'fɛːmore
– **Unterschenkel**	(la) gamba	(la) 'gamba
Schienbein	(lo) stinco	(lo) 'stiŋko
Schläfe	(la) tempia	(la) 'tɛmpia
Schleimhaut	(la) mucosa	(la) mu'koːsa
Schlüsselbein	(la) clavìcola	(la) kla'viːkola
Schulter	(la) spalla	(la) 'spal-la
Schulterblatt	(la) scàpola	(la) 'skaːpola
Schwangerschaft	(la) gravidanza	(la) gravi'dantsa
Sehne	(il) tèndine	(il) 'tɛndine
Spann	(il) collo del piede ..	(il) 'kɔl-lo del pi'ɛːde
Stirn	(la) fronte	(la) 'fronte
Stirnhöhle	(il) seno frontale ...	(il) 'seːno fron'taːle
Stoffwechsel	(il) metabolismo	(il) metabo'lizmo
Stuhlgang	(l') evacuazione *f* ...	(l)evakuatsi'oːne
Trommelfell	(la) membrana del tìmpano	(la) mem'braːna del 'timpano
Unterleib	(il) bassoventre	(il) bas-so'vɛntre
Urin	(l') orina *f*	(l)o'riːna
Vene	(la) vena	(la) 'veːna
Verdauung	(la) digestione	(la) didʒesti'oːne
Wade	(il) polpaccio	(il) pol'pat-tʃo
Wange	(la) guancia	(la) gu'antʃa
Wirbelsäule	(la) colonna vertebrale	(la) ko'lon-na verte'braːle
Zahn	(il) dente	(il) 'dɛnte
Zehe	(il) dito del piede ...	(il) 'diːto del pi'ɛːde
Zeigefinger	(l') ìndice *m*	(l)'inditʃe
Zunge	(la) lìngua	(la) 'liŋgua

Krankheiten

Abszeß	(l') ascesso *m*	(l)aʃ-'ʃɛs-so
Allergie	(l') allergìa *f*	(l)al-ler'dʒiːa
Anfall	(l') attacco *m*	(l)at-'tak-ko

Asthma	(l') asma *m*	(l)'azma
Atembeschwerden	(le) difficoltà di respirazione	(le) dif-fikol'ta di respiratsi'oːne
Augenentzündung	(l') infiammazione *f* agli occhi	(l)infiam-matsi'oːne 'aːʎi 'ɔk-ki
Ausschlag	(l') eczema *m*	(l)ek'dzɛːma
Bindehautentzündung	(la) congiuntivite	(la) kondʒunti'viːte
Blinddarmentzündung	(l') appendicite *f*	(l)ap-pendi'tʃiːte
Blähungen	(le) flatulenze	(le) flatu'lɛntse
Blutarmut	(l') anemìa *f*	(l)ane'miːa
Blutdruck	(la) pressione sanguigna	(la) pres-si'oːne saŋgu'iːɲa
– zu hoher	– troppo alta	'trɔp-po 'alta
– zu niedriger	– troppo bassa	'trɔp-po 'bas-sa
Blutung	(l') emorragìa *f*	(l)emor-ra'dʒiːa
Blutvergiftung	(l') intossicazione *f* del sangue	(l)intos-sikatsi'oːne del 'saŋgue
Brechreiz	(la) nàusea	(la) 'naːuzea
Bronchitis	(la) bronchite	(la) broŋ'kiːte
Cholera	(il) colera	(il) ko'lɛːra
Darmkatarrh	(il) catarro intestinale	(il) ka'tar-ro intesti-'naːle
Diphtherie	(la) difterite	(la) difte'riːte
Durchfall	(la) diarrea	(la) diar-'rɛːa
Entzündung	(l') infiammazione *f*.	(l)infiam-matsi'oːne
Erbrechen	(il) vòmito	(il) 'vɔːmito
Erkältung	(il) raffreddore	(il) raf-fred-'doːre
Fieber	(la) febbre	(la) 'fɛb-bre
Furunkel	(il) forùncolo	(il) fo'ruŋkolo
Gallensteine	(i) càlcoli biliari	(i) 'kalkoli bi'ʎaːri
Gehirnerschütterung	(la) commozione cerebrale	(la) kom-motsi'oːne tʃere'braːle
Gehirnschlag	(l') apoplessìa *f* cerebrale	(l)apoples-'siːa tʃere'braːle
Gelbsucht	(l') itterizia *f*	(l)it-te'riːtsia
Gelenkrheumatismus	(il) reuma articolare.	(il) 'rɛːuma artiko-'laːre
Geschlechtskrankheit	(la) malattìa venerea	(la) malat-'tiːa ve'nɛːrea
Geschwulst	(il) tumore	(il) tu'moːre
Geschwür	(l') ùlcera *f*	(l)'ultʃera

Grippe	(l') influenza *f*	(l)influ'ɛntsa
Halsschmerzen	(il) mal di gola	(il) mal di 'goːla
Hämorrhoiden	(le) emorròidi	(le) emor-'rɔːidi
Hautabschürfung	(l') escoriazione *f*	(l)eskoriatsi'oːne
Heiserkeit	(la) raucèdine	(la) rau'tʃɛːdine
Herzanfall	(l') attacco *m* al cuore	(l)at-'tak-ko al ku'ɔːre
Herzinfarkt	(l') infarto *m* miocàrdico	(l)in'farto mio-'kardiko
Heuschnupfen	(il) raffreddore da fieno	(il) raf-fred-'doːre da fi'ɛːno
Hexenschuß	(la) lombàggine	(la) lom'bad-dʒine
Husten	(la) tosse	(la) 'tos-se
Ischias	(la) sciàtica	(la) 'ʃaːtika
Keuchhusten	(la) tosse canina	(la) 'tos-se ka'niːna
Kinderlähmung	(la) poliomielite	(la) poʎomie'liːte
Knochenbruch	(la) frattura d'un osso	(la) frat-'tuːra dun 'ɔs-so
Kolik	(la) còlica	(la) 'kɔːlika
Krampf	(i) crampi	(i) 'krampi
Krankheit	(la) malattìa	(la) malat-'tiːa
– ansteckende	– contagiosa	konta'dʒoːsa
Krebs	(il) cancro	(il) 'kaŋkro
Kreislaufstörungen	(i) disturbi circolatori	(i) dis'turbi tʃirkola-'toːri
Lähmung	(la) paràlisi	(la) pa'raːlizi
Lebensmittelvergiftung	(l') intossicazione *f* alimentare	(l)intos-sikatsi'oːne alimen'taːre
Leukämie	(la) leucemìa	(la) leutʃe'miːa
Luftkrankheit	(il) mal d'aria	(il) mal 'daːria
Lungenentzündung	(la) polmonite	(la) polmo'niːte
Mandelentzündung	(la) tonsillite	(la) tonsil-'liːte
Magengeschwür	(l') ùlcera *f* gàstrica	(l)'ultʃera 'gastrika
Magenschmerzen	(il) mal di stòmaco	(il) mal di 'stɔːmako
Masern	(il) morbillo	(il) mor'bil-lo
Migräne	(l') emicrania *f*	(l)emi'kraːɲa
Mittelohrentzündung	(l') infiammazione *f* dell'orecchio medio	(l)infiam-matsi'oːne del-lo'rek-kio'mɛːdio
Mumps	(gli) orecchioni	(ʎi) orek-ki'oːni
Nasenbluten	(l') emorragìa *f* nasale	(l)emor-ra'dʒiːa na'saːle

Nervenschock	(lo) choc nervoso ..	(lo) ʃɔk ner'vo:so
Neuralgie	(la) nevralgìa	(la) nevral'dʒi:a
Nierenentzündung ...	(la) nefrite	(la) ne'fri:te
Nierensteine	(i) càlcoli renali	(i) 'kalkoli re'na:li
Ohnmacht	(lo) svenimento	(lo) zveni'mento
Pocken	(il) vaiuolo	(il) vaiu'ɔ:lo
Quetschung	(la) contusione	(la) kontuzi'o:ne
Rheuma	(il) reumatismo	(il) reuma'tizmo
Rippenfellentzündung	(la) pleurite	(la) pleu'ri:te
Rückenschmerzen ...	(il) mal di schiena ..	(il) mal di ski'ɛ:na
Ruhr	(la) dissenterìa	(la) dis-sente'ri:a
Scharlach	(la) scarlattina	(la) skarlat-'ti:na
Schlaflosigkeit	(l') insonnia *f*	(l)in'sɔnɲa
Schlaganfall	(l') apoplessìa *f*	(l)apoples-'si:a
Schmerzen	(i) dolori	(i) do'lo:ri
Schnupfen	(il) raffreddore	(il) raf-fred-'do:re
Schüttelfrost	(i) brìvidi	(i) 'bri:vidi
Schwellung	(il) gonfiore	(il) gonfi'o:re
Schwindel	(le) vertìgini	(le) ver'ti:dʒini
Seekrankheit	(il) mal di mare	(il) mal di 'ma:re
Sehnenzerrung	(lo) stiramento	(lo) stira'mento
Seitenstechen	(le) fitte al fianco ...	(le) 'fit-te al fi'aŋko
Sodbrennen	(il) bruciore di stòmaco	(il) bru'tʃo:re di 'stɔ:mako
Sonnenbrand	(la) scottatura solare	(la) skot-ta'tu:ra so'la:re
Sonnenstich	(l') insolazione *f*	(l)insolatsi'o:ne
Tetanus	(il) tètano	(il) 'tɛ:tano
Tuberkulose	(la) tubercolosi	(la) tuberko'lɔ:zi
Typhus	(il) tifo	(il) 'ti:fo
Übelkeit	(la) nàusea	(la) 'na:uzea
Verbrennung	(l') ustione *f*	(l)usti'o:ne
Verdauungsstörung ..	(l') indigestione *f* ...	(l)indidʒesti'o:ne
Vereiterung	(la) suppurazione ...	(la) sup-puratsi'o:ne
Vergiftung	(l') avvelenamento *m*	(l)av-velena'mento
Verletzung	(la) ferita	(la) fe'ri:ta
Verrenkung	(la) storta	(la) 'stɔrta
Verstauchung	(la) slogatura	(la) zloga'tu:ra
Verstopfung	(la) costipazione ...	(la) kostipatsi'o:ne
Wunde	(la) piaga	(la) pi'a:ga
Zuckerkrankheit ...	(il) diabete	(il) dia'bɛ:te

Krankenhaus

Besuchszeit	(l') orario *m* delle visite	(l)o'ra:rio 'del-le 'vi:zite
Bett	(il) letto	(il) 'lɛt-to
Blutbild	(il) quadro ematologico	(il) ku'a:dro emato'lɔ:dʒiko
Blutprobe	(il) prelievo del sangue	(il) pre'ʎɛ:vo del 'saŋgue
Bluttransfusion	(la) trasfusione del sangue	(la) trasfuzi'o:ne del 'saŋgue
Chefarzt	(il) mèdico primario	(il) 'mɛ:diko pri'ma:rio
Diagnose	(la) diàgnosi	(la) di'a:ɲozi
durchleuchten	fare una radiografìa	'fa:re 'u:na radio-gra'fi:a
entlassen	diméttere	di'met-tere
Entlassungsschein	(il) certificato di rilascio	(il) tʃertifi'ka:to di ri'laʃ-ʃo
Fieberkurve	(il) diagramma della febbre	(il) dia'gram-ma 'del-la 'fɛb-bre
Krankenhaus	(l') ospedale *m*	(l)ospe'da:le
Krankenpfleger	(l') infermiere *m*	(l)infermi'ɛ:re
Krankenschwester	(l') infermiera *f*	(l)infermi'ɛ:ra
Nachtgeschirr	(il) vaso da notte	(il) 'va:zo da 'nɔt-te
Nachtschwester	(l') infermiera *f* di notte	(l)infermi'ɛ:ra di 'nɔt-te
Narkose	(la) narcosi	(la) nar'kɔ:zi
Oberschwester	(la) capo-infermiera	(la) kapoinfermi'ɛ:ra
Operation	(l') operazione *f*	(l)operatsi'o:ne
Operationssaal	(la) sala d'operazione	(la) 'sa:la dopera-tsi'o:ne
operieren	operare	ope'ra:re
Patient	(il) paziente	(il) patsi'ɛnte
Patientin	(la) paziente	(la) patsi'ɛnte
Röntgenaufnahme	(la) radiografìa	(la) radiogra'fi:a
Spritze	(l') iniezione *f*	(l)inietsi'o:ne
Station	(il) reparto	(il) re'parto
Temperatur	(la) temperatura	(la) tempera'tu:ra
untersuchen	visitare	vizi'ta:re
Untersuchung	(la) vìsita	(la) 'vi:zita

Beim Zahnarzt

Wo gibt es hier einen Zahnarzt?
Dove si trova un dentista?
'do:ve si 'trɔ:va un den'tista

Ich möchte mich zur Behandlung anmelden.
Vorrei fissare un appuntamento.
vor-'rɛi fis-'sa:re un ap-punta'mento

Ich habe Zahnschmerzen.
Ho mal di denti.
ɔ mal di 'dɛnti

Dieser Zahn tut weh.
Questo dente mi duole.
ku'esto 'dɛnte mi du'ɔ:le

Ich habe hier Schmerzen.
Ho dei dolori qui.
ɔ dei do'lo:ri ku'i

– oben.
– sopra
'so:pra

– unten.
– sotto.
'sot-to

Eine Plombe ist herausgefallen.
È uscito un intarsio.
ɛ uʃ-'ʃi:to un in'tarsio

Der Zahn wackelt.
Questo dente si muove.
ku'esto 'dɛnte si mu'ɔ:ve

Muß der Zahn gezogen werden?
Bisogna estrarre il dente?
bi'zo:ɲa es'trar-re il 'dɛnte

... ist abgebrochen.
... si è rotto.
si ɛ 'rot-to

Können Sie den Zahn provisorisch behandeln?
Può curarmi questo dente provvisoriamente?
pu'ɔ ku'rarmi ku'esto 'dɛnte prov-vizoria'mente

Können Sie diese Prothese reparieren?
Può riparare questa pròtesi?
pu'ɔ ripa'ra:re ku'esta 'prɔ:tezi

Bitte zwei Stunden *nichts essen (nicht rauchen)!
Per favore, *non mangi niente* (*non fumi*) per due ore!
per fa'vo:re, non 'mandʒi 'ɲɛnte (non 'fu:mi) per 'du:e 'o:re

Wann soll ich wiederkommen?
Quando devo tornare?
ku'ando 'dɛ:vo tor'na:re

Abszeß	(l') ascesso *m*	(l)aʃ-'ʃɛs-so
Backenzahn	(il) dente molare	(il) 'dɛnte mo'la:re
Betäubung	(la) narcosi	(la) nar'kɔ:zi
Brücke	(il) ponte	(il) 'ponte
Eckzahn	(il) dente canino	(il) 'dɛnte ka'ni:no
Einlage	(la) medicazione	(la) medikatsi'o:ne
Ersatz	(la) pròtesi dentaria	(la)'prɔ:tezi den'ta:ria
Gebiß	(la) dentiera	(la) denti'ɛ:ra
Gipsabdruck	(l') impronta *f* di gesso	(l)im'pronta di 'dʒɛs-so
Injektion	(l') iniezione *f*	(l)inietsi'o:ne
Karies	(la) carie	(la) 'ka:rie
Kiefer	(la) mascella	(la) maʃ-'ʃɛl-la
Kiefersperre	(il) trisma	(il) 'trizma
Krone	(la) corona	(la) ko'ro:na
Nerv	(il) nervo	(il) 'nɛrvo
Plombe	(l') intarsio *m*, (l') otturazione *f*	(l)in'tarsio, (l)ot-turatsi'o:ne
plombieren	fare un'otturazione	'fa:re unot-turatsi'o:ne
Prothese	(la) pròtesi	(la) 'prɔ:tezi
Schneidezahn	(il) dente incisivo	(il) 'dɛnte intʃi'zi:vo
Stiftzahn	(il) dente a perno	(il) 'dɛnte a 'pɛrno
Weisheitszahn	(il) dente del giudizio	(il) 'dɛnte del dʒu'di:tsio
Wurzelbehandlung	(il) trattamento della radice	(il) trat-ta'mento 'del-la ra'di:tʃe
Zahn	(il) dente	(il) 'dɛnte
Zahnarzt	(il) dentista	(il) den'tista
Zahnfleisch	(la) gengiva	(la) dʒen'dʒi:va
Zahnhals	(il) collo del dente	(il) 'kɔl-lo del 'dɛnte
Zahnklinik	(la) clìnica odontoiàtrica	(la) 'kli:nika odontoi'a:trika
Zahnschmerzen	(il) mal di denti	(il) mal di 'dɛnti
Zahnspange	(il) fermaglio dentario	(il) fer'ma:ʎo den'ta:rio
Zahnstein	(il) tàrtaro	(il) 'tartaro
Zahnwurzel	(la) radice	(la) ra'di:tʃe
ziehen	estrarre	es'trar-re

Kuraufenthalt

Bad	(il) bagno	(il) 'baːɲo
Badeort	(la) località balneare	(la) lokali'ta balne'aːre
Bademeister	(il) bagnino	(il) ba'ɲiːno
Bestrahlung	(il) trattamento ai raggi	(il) trat-ta'mento ai 'rad-dʒi
Brunnen	(la) fonte	la) 'fonte
Dampfbad	(il) bagno a vapore	(il) 'baːɲo a va'poːre
Diät	(la) dieta	(la) di'ɛːta
Heilquelle	(la) fonte termale	(la) 'fonte ter'maːle
Höhensonne	(la) cura a raggi ultravioletti	(la) 'kuːra a 'rad-dʒi ultravio'let-ti
inhalieren	inalare	ina'laːre
Kur	(la) cura	(la) 'kuːra
Kuraufenthalt	(il) soggiorno di cura	(il) sod-'dʒorno di 'kuːra
Kurort	(il) luogo di cura	(il) lu'ɔːgo di 'kuːra
Kurtaxe	(la) tassa di soggiorno	(la) 'tas-sa di sod-'dʒorno
Kurzwelle	(l') onda *f* corta	(l)'onda 'korta
Liegekur	(la) cura di riposo	(la) 'kuːra di ri'pɔːso
Luftkurort	(la) stazione climàtica	(la) statsi'oːne kli'maːtika
Massage	(il) massaggio	(il) mas-'sad-dʒo
Masseur	(il) massaggiatore	(il) mas-sad-dʒa'toːre
Masseuse	(la) massaggiatrice	(la) mas-sad-dʒa'triːtʃe
massieren	fare i massaggi	'faːre i mas-'sad-dʒi
Meerwasser	(l') acqua *f* di mare	(l)'ak-kua di 'maːre
Mineralbad	(il) bagno minerale	(il) 'baːɲo mine'raːle
Packung	(l') impacco *m*	(l)im'pak-ko
Sanatorium	(il) sanatorio	(il) sana'tɔːrio
Sauna	(la) sauna	(la) 'saːuna
Schlamm	(il) fango	(il) 'faŋgo
Sprudel	(l') acqua minerale	(l)'ak-kua mine'raːle
Trinkhalle	(il) chiosco delle acque	(il) ki'ɔsko 'del-le 'ak-kue
Ultraschall	(l') ultrasuono *m*	(l)ultrasu'ɔːno

KONZERT, THEATER, KINO

Kartenkauf

Was wird heute abend *gegeben (gespielt)*?
Che cosa c'è in programma stasera?
ke 'kɔːsa tʃɛ in pro'gram-ma sta'seːra

Wann beginnt *die Vorstellung (das Konzert)*?
A che ora comincia *lo spettàcolo* (*il concerto*)?
a ke 'oːra ko'mintʃa lo spet-'taːkolo (il kon'tʃɛrto)

Wo bekommt man Karten?
Dove si comprano i biglietti?
'doːve si 'komprano i bi'ʎet-ti

Gibt es Ermäßigung für . . . ?
C'è una riduzione per . . . ?
tʃɛ 'uːna ridutsi'oːne per

Gibt es noch Karten für *heute (morgen)* abend?
Ci sono ancora dei biglietti per *stasera* (*domani sera*)?
tʃi 'soːno aŋ'koːra dei bi'ʎet-ti per sta'seːra (do'maːni 'seːra)

Bitte einmal *dritte (zehnte)* Reihe.
Per favore, un posto in terza (dècima) fila.
per fa'voːre, un 'posto in 'tɛrtsa ('dɛːtʃima) 'fiːla

Bitte zwei Plätze im 1. Rang, 3. Reihe.
Per favore, due posti in prima galleria, terza fila.
per fa'voːre, 'duːe 'posti in 'priːma gal-le'riːa, 'tɛrtsa 'fiːla

– in der Mitte.
– al centro.
al 'tʃɛntro

– an der Seite.
– al lato.
al 'laːto

Loge	(il) palco	(il) 'palko
Parkett	(la) platea	(la) pla'tɛːa
Platz	(il) posto	(il) 'posto
– Plätze	(i) posti	(i) 'posti
Rang	(la) gallerìa	(la) gal-le'riːa
– 1. Rang	(la) prima gallerìa . .	(la) 'priːma gal-le'riːa
– 2. Rang	(la) seconda gallerìa	(la) se'konda gal-le'riːa
Reihe	(la) fila	(la) 'fiːla
Ausverkauft! . . .	Esaurito!	ezau'riːto

Konzert, Theater

Akt	(l') atto *m*	(l)'at-to
Alt	(il) contralto	(il) kon'tralto
Arie	(l') aria *f*	(l)'a:ria
Aufführung	(la) rappresentazione	(la) rap-prezenta-tsi'o:ne
Ballett	(il) balletto	(il) bal-'let-to
Bariton	(il) barìtono	(il) ba'ri:tono
Baß	(il) basso	(il) 'bas-so
Begleitung	(l') accompagna-mento *m*	(l)ak-kompaɲa-'mento
Beifall	(l') applauso *m*	(l)ap-'pla:uzo
Bühne	(il) palcoscènico	(il) palkoʃ-'ʃɛ:niko
Bühnenbild	(lo) scenario	(lo) ʃe'na:rio
Chor	(il) coro	(il) 'kɔ:ro
Dirigent	(il) direttore d'orchestra	(il) diret-'to:re dor'kɛstra
Drama	(il) dramma	(il) 'dram-ma
Duett	(il) duetto *m*	(il) du'et-to
Flügel	(il) pianoforte a coda	(il) piano'fɔrte a 'ko:da
Foyer	(il) ridotto	(il) ri'dot-to
Garderobe	(il) guardaroba	(il) guarda'rɔ:ba
Garderobenmarke	(lo) scontrino del guardaroba	(lo) skon'tri:no del guarda'rɔ:ba
Gesang	(il) canto	(il) 'kanto
Inszenierung	(la) messa in scena	(la) 'mes-sa in 'ʃɛ:na
Kammermusik	(la) mùsica da càmera	(la) 'mu:zika da 'ka:mera
Kapelle	(l') orchestra *f*	(l)or'kɛstra
Kartenverkauf	(la) véndita dei biglietti	(la) 'vendita dei bi'ʎet-ti
Kasse	(la) cassa	(la) 'kas-sa
Komödie	(la) commedia	(la) kom-'mɛ:dia
Komponist	(il) compositore	(il) kompozi'to:re
Konzert	(il) concerto	(il) kon'tʃɛrto
Konzertsaal	(la) sala da concerto	(la) 'sa:la da kon'tʃɛrto
Lied	(la) canzone	(la) kan'tso:ne

Liederabend	(la) serata di canto	(la) se'ra:ta di 'kanto
Musical	(il) musical	(il) 'mju:zikel
Musik	(la) mùsica	(la) 'mu:zika
Musikstück	(il) pezzo di mùsica	(il) 'pɛt-tso di 'mu:zika
Note	(la) nota	(la) 'nɔ:ta
Oper	(l') òpera *f*	(l)'ɔ:pera
Operette	(l') operetta *f*	(l)ope'ret-ta
Opernglas	(il) binòccolo da teatro	(il) bi'nɔk-kolo da te'a:tro
Orchester	(l') orchestra *f*	(l)or'kɛstra
Ouvertüre	(il) preludio	(il) pre'lu:dio
Pause	(l') intervallo *m*	(l)inter'val-lo
Pianist	(il) pianista	(il) pia'nista
Programmheft	(il) programma	(il) pro'gram-ma
Regie	(la) regìa	(la) re'dʒi:a
Regisseur	(il) regista	(il) re'dʒista
Rolle	(la) parte	(la) 'parte
– Hauptrolle	(la) parte principale	(la) 'parte printʃi'pa:le
Sänger	(il) cantante	(il) kan'tante
Sängerin	(la) cantante	(la) kan'tante
Schauspiel	(lo) spettàcolo	(lo) spet-'ta:kolo
Schauspieler	(l') attore *m*	(l)at-'to:re
Schauspielerin	(l') attrice *f*	(l)at-'tri:tʃe
Sinfoniekonzert	(il) concerto sinfònico	(il) kon'tʃɛrto sin'fɔ:niko
Solist	(il) solista	(il) so'lista
Sopran	(il) soprano	(il) so'pra:no
Spielplan	(il) programma	(il) pro'gram-ma
Tänzer	(il) ballerino	(il) bal-le'ri:no
Tänzerin	(la) ballerina	(la) bal-le'ri:na
Tenor	(il) tenore	(il) te'no:re
Textbuch	(il) libretto	(il) li'bret-to
Theater	(il) teatro	(il) te'a:tro
Theaterstück	(l') òpera *f* drammàtica	(l)'ɔ:pera dram'ma:tika
Tragödie	(la) tragedia	(la) tra'dʒɛ:dia
Vorhang	(il) sipario	(il) si'pa:rio
Vorverkauf	(la) prevéndita	(la) pre'vendita
Werk	(l') òpera *f*	(l)'ɔ:pera

Kino

Was gibt es heute abend im Kino?
Che cosa danno al cìnema stasera?
ke 'kɔːsa 'dan-no al 'tʃiːnema sta'seːra

Wann beginnt *der Vorverkauf (der Film)?*
A che ora comincia *la prevéndita* (*il film*)?
a ke 'oːra ko'mintʃa la pre'vendita (il film)

Wie lange dauert die Vorstellung?
Quanto dura lo spettàcolo?
ku'anto 'duːra lo spet-'taːkolo

Dokumentarfilm	(il) documentario	(il) dokumen'taːrio
Drehbuch	(il) copione	(il) kopi'oːne
Farbfilm	(il) film a colori	(il) film a ko'loːri
Film	(il) film	(il) film
Filmfestspiele	(il) festival cinematogràfico	(il) festi'val tʃinemato'graːfiko
Filmschauspieler	(l') attore *m* cinematogràfico	(l)at-'toːre tʃinemato'graːfiko
Filmvorführung	(la) proiezione	(la) proietsi'oːne
Freilichtkino	(il) cìnema all'aperto	(il) 'tʃiːnema al-la'pɛrto
Kino	(il) cìnema	(il) 'tʃiːnema
Kriminalfilm	(il) film giallo	(il) film 'dʒal-lo
Kulturfilm	(il) documentario	(il) dokumen'taːrio
Kurzfilm	(il) cortometraggio	(il) kortome'trad-dʒo
Leinwand	(lo) schermo	(lo) 'skermo
Platzanweiserin	(la) màschera	(la) 'maskera
Programmvorschau	(la) rassegna del programma	(la) ras-'seːɲa del pro'gram-ma
Spielfilm	(il) film a soggetto	(il) film a sod-'dʒɛt-to
Synchronisation	(il) doppiaggio	(il) doppi'ad-dʒo
synchronisiert	doppiato	dop-pi'aːto
Wochenschau	(il) cinegiornale	(il) tʃinedʒor'naːle
Zeichentrickfilm	(i) cartoni animati	(i) kar'toːni ani'maːti
Zuschauer	(lo) spettatore	(lo) spet-ta'toːre
Zuschauerraum	(la) sala degli spettatori	(la) 'saːla 'deʎi spetta'toːri

ZEITVERTREIB, SPORT

Zeitvertreib

Wo ist hier ...?	Dove c'è qui ...? ..	'do:ve tʃɛ ku'i
eine Bar	un bar	un bar
ein Billardraum	una sala da biliardo .	'u:na 'sa:la da bi'ʎardo
eine Diskothek	una discoteca	'u:na disko'tɛ:ka
eine Eisbahn	una pista di pattinaggio su ghiaccio ..	'u:na 'pista di pat-ti'nad-dʒo su gi'at-tʃo
eine Minigolfanlage .	un campo di minigolf	un 'kampo di 'minigɔlf
ein Nachtklub	un night club	un nait klab
eine Reitschule	una scuola d'equitazione	'u:na sku'ɔ:la dekuitatsi'o:ne
eine Segelschule	una scuola di navigazione a vela	'u:na sku'ɔ:la di navigatsi'o:ne a 've:la
ein Tennisplatz	un campo di tennis .	un 'kampo di 'tɛn-nis
Ich möchte	Vorrei	vor-'rɛi
Federball spielen	giocare al volano ...	dʒo'ka:re al vo'la:no
Minigolf spielen	giocare al mini-golf .	dʒo'ka:re al 'minigɔlf
die Modenschau ansehen	assistere alla sfilata di moda	as-'sistere 'al-la sfi'la:ta di 'mɔ:da
Tischtennis spielen ..	giocare al ping-pong	dʒo'ka:re al 'piŋgpoŋg

Haben Sie Fernsehen?
C'è la televisione?
tʃɛ la televizi'o:ne

Kann ich hier Radio hören?
Qui si può ascoltare la radio?
ku'i si pu'ɔ askol'ta:re la 'ra:di

Welcher Sender ist das?
Che stazione è?
ke statsi'o:ne ɛ

Was wird heute gegeben?
Che cosa danno oggi?
ke 'kɔ:sa 'dan-no 'ɔd-dʒi

Spielen Sie *Schach (Tischtennis)*?
Giuoca *agli scacchi* (*al ping-pong*)?
dʒu'ɔ:ka 'aʎi 'skak-ki (al 'piŋgpoŋg)

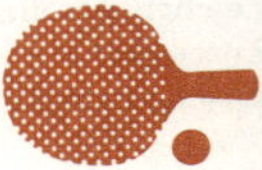

Boccia	(le) bocce	(le) 'bɔt-tʃe
Bowlingbahn	(la) pista del bowling	(la) 'pista del 'bo:liŋg
Fernsehen	(la) televisione	(la) televizi'o:ne
– Ansager	(l') annunciatore *m*	(l)an-nuntʃa'to:re
– Bildschirm	(lo) schermo	(lo) 'skermo
– ausschalten	spègnere	'spɛ:ɲere
– einschalten	accèndere	at-'tʃɛndere
– Fernsehspiel	(il) dramma televisivo	(il) 'dram-ma televi'zi:vo
– Nachrichten	(il) telegiornale	(il) teledʒor'na:le
– Programm	(il) programma	(il) pro'gram-ma
– Sendung	(la) trasmissione	(la) trazmis-si'o:ne
– Störung	(il) disturbo	(il) dis'turbo
Kartenspiel	(il) giuoco delle carte	(il) dʒu'ɔ:ko 'del-le 'karte
– abheben	alzare	al'tsa:re
– geben	dare	'da:re
– mischen	mescolare	mesko'la:re
– Bube/Dame	(il) fante/(la) regina	(il) 'fante/(la) re'dʒi:na
– König/As	(il) re/l'asso *m*	(il) re/(l)'as-so
– Herz/Karo	(i) cuori/(i) quadri	(i) ku'ɔ:ri/(i) ku'a:dri
– Kreuz/Pik	(i) fiori/(le) picche	(i) fi'o:ri/(le) 'pik-ke
– Stich/Joker	(la) bazza/(il) jolly	(la) 'bad-dza/(il) 'dʒɔl-li
– Trumpf	(la) brìscola	(la) 'briskola
Klub	(il) cìrcolo	(il) 'tʃirkolo
eine Partie	una partita	'u:na par'ti:ta
Plattenspieler	(il) giradischi	(il) dʒira'diski
Rundfunk	(la) radio	(la) 'ra:dio
– Kurzwelle	(l') onda *f* corta	(l)'onda 'korta
– Langwelle	(l') onda *f* lunga	(l)'onda 'luŋga
– Mittelwelle	(l') onda *f* media	(l)'onda 'mɛ:dia
– UKW	(l') onda *f* ultracorta	(l)'onda ultra'korta
– Nachrichten	(il) giornale radio	(il) dʒor'na:le 'ra:dio
Schach	(gli) scacchi	(ʎi) 'skak-ki
– Bauer	(la) pedina	(la) pe'di:na
– Brett	(la) scacchiera	(la) skak-ki'ɛ:ra
– Dame	(la) regina	(la) re'dʒi:na
– Feld	(lo) scacco	(lo) 'skak-ko
– Figur	(il) pezzo	(il) 'pɛt-tso

– König	(il) re	(il) re
– Läufer	(l') alfiere *m*	(l)alfi'ɛːre
– Springer	(il) cavallo	(il) ka'val-lo
– Turm	(la) torre	(la) 'tor-re
Schallplatte	(il) disco	(il) 'disko
Schönheitswettbewerb	(il) concorso di bellezza	(il) kon'korso di bel'let-tsa
Spiel	(il) giuoco	(il) dʒu'ɔːko
– Bankhalter	(il) tenitore del banco	(il) teni'toːre del 'baŋko
– Einsatz	(la) posta	(la) 'pɔsta
– setzen	puntare	pun'taːre
– spielen	giocare	dʒo'kaːre
– Stein	(la) pedina	(la) pe'diːna
– ziehen	muòvere	mu'ɔːvere
– Zug	(la) mossa	(la) 'mɔs-sa
Spielkasino	(il) casinò	(il) kasi'nɔ
Spielmarke	(il) gettone	(il) dʒet-'toːne
Tischtennis	(il) ping-pong	(il) 'piŋgpoŋ
Tonband	(il) nastro magnètico	(il)'nastro ma'ɲɛːtiko
Tonbandgerät	(il) magnetòfono	(il) maɲe'tɔːfono
Unterhaltung	(il) divertimento	(il) diverti'mento
– sich unterhalten	divertirsi	diver'tirsi
Volksfest	(la) sagra popolare	(la) 'saːgra popo'laːre
Würfel	(il) dado	(il) 'daːdo
– würfeln	giocare ai dadi	dʒo'kaːre ai 'daːdi
Zeitschrift	(la) rivista	(la) ri'vista
– Illustrierte	(il) giornale illustrato	(il) dʒor'naːle il-lus'traːto
– Modezeitschrift	(il) giornale di moda	(il) dʒor'naːle di 'mɔːda
Zeitung	(il) giornale	(il) dʒor'naːle
Zeitvertreib	(il) passatempo	(il) pas-sa'tɛmpo
Zirkus	(il) circo	(il) 'tʃirko

Tanz, Flirt

Verzeihen Sie, daß ich Sie anspreche. Darf ich mich zu Ihnen setzen?
Scusi, se Le rivolgo la parola. Posso sedermi vicino a Lei?
'skuːzi, se le ri'vɔlgo la pa'rɔːla 'pɔs-so se'dermi vi'tʃiːno a lɛi

Trinken wir *einen Kaffee (eine Flasche Wein)* zusammen?
Vogliamo bere *un caffè* (*una bottiglia di vino*) insieme?
vo'ʎa:mo 'be:re un kaf-'fɛ ('u:na bot-'ti:ʎa di 'vi:no) insi'ɛ:me

Haben Sie für heute abend schon etwas vor?
Ha già un appuntamento per stasera?
a dʒa un ap-punta'mento per sta'se:ra

Wollen wir tanzen?
Vogliamo ballare?
vo'ʎa:mo bal-'la:re

Gibt es hier *eine Diskothek (ein Tanzlokal)*?
C'è *una discoteca* (*un locale da ballo*), qui?
tʃɛ'u:na disko'tɛ:ka (un lo'ka:le da 'bal-lo), ku'i

Darf ich (um den nächsten Tanz) bitten?
Posso invitarLa (per il pròssimo ballo)?
'pɔs-so invi'tarla (per il 'prɔs-simo 'bal-lo)

Sie tanzen sehr gut.
Lei balla molto bene.
lɛi 'bal-la 'molto 'bɛ:ne

Tanzen wir noch einmal?
Balliamo ancora?
bal'ʎa:mo aŋ'ko:ra

Hier können wir uns ungestört unterhalten.
Qui possiamo parlare senza èssere disturbati.
ku'i pos-si'a:mo par'la:re 'sɛntsa 'ɛs-sere distur'ba:ti

***Gehen (Fahren)* wir ein bißchen spazieren?**
Vogliamo fare una pìccola passeggiata (*in màcchina*)?
vo'ʎa:mo 'fa:re 'u:na 'pik-kola pas-sed-'dʒa:ta (in 'mak-kina)

Darf ich Sie zu einer Party einladen?
Posso invitarLa ad un ricevimento?
'pɔs-so invi'tarla ad un ritʃevi'mento

Ich erwarte Sie *bei (am, in)* ...
L'aspetto *da* (*il*, *a*) ...
la'spɛt-to da (il, a)

Dieses Kleid steht Ihnen sehr gut.
Questo vestito Le sta proprio bene.
ku'esto ve'sti:to le sta 'prɔ:prio 'bɛ:ne

Wann kommen Sie mich mal besuchen?
Quando viene a trovarmi?
ku'ando vi'ɛ:ne a tro'varmi

Wann können wir uns wiedersehen?
Quando possiamo rivederci?
ku'ando pos-si'a:mo rive'dertʃi

Darf ich Sie nach Hause fahren?
Posso accompagnarLa a casa con la mia màcchina?
'pɔs-so ak-kompa'ɲarla a 'ka:sa kon la 'mi:a 'mak-kina

Wo wohnen Sie?
Dove àbita?
'do:ve 'a:bita

Darf ich Sie noch ein Stück begleiten?
Posso accompagnarLa ancora un po'?
'pɔs-so ak-kompa'ɲarla aŋ'ko:ra un pɔ

Vielen Dank für den netten Abend.
Grazie per la simpàtica serata.
'gra:tsie per la sim'pa:tika se'ra:ta

begleiten	accompagnare	ak-kompa'ɲa:re
besuchen	andare/venire a trovare, fare una vìsita.	an'da:re/ve'ni:re a tro'va:re, 'fa:re 'u:na 'vi:zita
Diskothek	(la) discoteca	(la) disko'tɛ:ka
einladen	invitare	invi'ta:re
jemanden erwarten ..	aspettare qualcuno .	aspet-'ta:re kual'ku:no
Flirt	(il) flirt	(il) flɛrt
Kuß	(il) bacio	(il) 'ba:tʃo
küssen	baciare	ba'tʃa:re
Liebe	(l') amore *m*	(l)a'mo:re
lieben	amare	a'ma:re
Party	(il) party	(il) 'pa:rti
spazierengehen	fare una passeggiata	'fa:re 'u:na pas-sed-'dʒa:ta
Tanz	(il) ballo	(il) 'bal-lo
tanzen	ballare	bal-'la:re
Tanzlokal	(il) locale da ballo ..	(il) lo'ka:le da 'bal-lo
sich treffen	incontrarsi	iŋkon'trarsi
sich unterhalten	fare conversazione ..	'fa:re konversatsi-'o:ne
sich wiedersehen	rivedersi	rive'dersi
wohnen	abitare	abi'ta:re

Am Strand

Wo kann man hier baden?
Dove si può fare il bagno, qui?
'do:ve si pu'ɔ 'fa:re il 'ba:ɲo, ku'i

Darf man hier baden?
Si può fare il bagno qui?
si pu'ɔ 'fa:re il 'ba:ɲo ku'i

Bitte zwei Eintrittskarten (mit Kabine).
Per favore, due biglietti d'ingresso (con cabina).
per fa'vo:re, 'du:e bi'ʎet-ti diŋ'grɛs-so (kon ka'bi:na)

Wie *tief (warm)* ist das Wasser?
Quant'è profonda (*Che temperatura ha*) l'acqua?
kuan'tɛ pro'fonda (ke tempera'tu:ra a) 'lak-kua

Ist es für Kinder gefährlich?
È pericoloso per i bambini?
ɛ periko'lo:so per i bam'bi:ni

***Baden verboten!**
Vietato bagnarsi!
vie'ta:to ba'ɲarsi

Wie weit darf man hinausschwimmen?
Fin dove si può nuotare?
fin 'do:ve si pu'ɔ nuo'ta:re

Gibt es hier *Strömungen (Quallen)*?
Ci sono delle *correnti* (*meduse*), qui?
tʃi 'so:no 'del-le kor-'rɛnti (me'du:ze), ku'i

Wo ist der Bademeister?
Dov'è il bagnino?
do'vɛ il ba'ɲi:no

Wo gibt es ...?
Dove *c'è* (*ci sono*) ...?
'do:ve tʃɛ (tʃi 'so:no)

Bitte einen *Liegestuhl (Sonnenschirm)*.
Una sedia a sdraio (*Un ombrellone*), per favore.
'u:na 'sɛ:dia a 'zdra:io (un ombrel-'lo:ne), per fa'vo:re

Was kostet ...?
Quanto costa ...?
ku'anto 'kɔsta

Ich möchte *eine Kabine (ein Boot)* mieten.
Vorrei noleggiare *una cabina* (*una barca*).
vor-'rɛi noled-'dʒa:re 'u:na ka'bi:na ('u:na 'barka)

Ich möchte Wasserski fahren.
Vorrei praticare lo sci nàutico.
vor-'rɛi prati'ka:re lo ʃi 'na:utiko

Wo kann man angeln?
Dove si può pescare con l'amo?
'do:ve si pu'ɔ pes'ka:re kon 'la:mo

Würden Sie bitte auf meine Sachen achtgeben?
Per favore, mi faccia la cortesìa di badare alle mie cose.
per fa'vo:re, mi 'fat-tʃa la korte'zi:a di ba'da:re 'al-le 'mi:e 'kɔ:se

Bad	(il) bagno	(il) 'ba:ɲo
Badeanzug	(il) costume da bagno	(il) kos'tu:me da 'ba:ɲo

Badehose	(gli) slips	(ʎi) slips
Badekabine	(la) cabina da bagno	(la) ka'bi:na da 'ba:ɲo
Badekappe	(la) cuffia da bagno	(la) 'kuf-fia da 'ba:ɲo
Bademantel	(l') accappatoio *m*	(l)ak-kap-pa'to:io
baden	fare il bagno	'fa:re il 'ba:ɲo
Badesteg	(il) pontile	(il) pon'ti:le
Boot	(la) barca	(la) 'barka
– **Motorboot**	(il) motoscafo	(il) motos'ka:fo
– **Ruderboot**	(la) barca a remi	(la) 'barka a 'rɛ:mi
– **Schlauchboot**	(il) canotto pneumàtico	(il) ka'nɔt-to pneu'ma:tiko
– **Segelboot**	(la) barca a vela	(la) 'barka a 've:la
– **Tretboot**	(la) barca a pedale	(la) 'barka a pe'da:le
Bucht	(la) baia	(la) 'ba:ia
Düne	(la) duna	(la) 'du:na
Dusche	(la) doccia	(la) 'dot-tʃa
Luftmatratze	(il) materassino pneumàtico	(il) materas-'si:no pneu'ma:tiko
Lufttemperatur	(la) temperatura dell'aria	(la) tempera'tu:ra del-'la:ria
Muscheln	(le) conchiglie	(le) koŋ'ki:ʎe
Nichtschwimmer	(i) non nuotatori	(i) non nuota'to:ri
Qualle	(la) medusa	(la) me'du:za
Salzgehalt	(la) salsèdine	(la) sal'sɛ:dine
Sand	(la) sabbia	(la) 'sab-bia
Sandstrand	(la) spiaggia sabbiosa	(la) spi'ad-dʒa sab-bi'o:sa
schwimmen	nuotare	nuo'ta:re
Schwimmer	(i) nuotatori	(i) nuota'to:ri
Sonnenbad	(il) bagno di sole	(il) 'ba:ɲo di 'so:le
Strand	(la) spiaggia	(la) spi'ad-dʒa
tauchen	nuotare sott'acqua	nuo'ta:re sot-'tak-kua
Taucherausrüstung	(l') attrezzatura *f* subàcquea	(l)at-tret-tsa'tu:ra su'bak-kuea
Wasser	(l') acqua *f*	(l)'ak-kua
Wassertemperatur	(la) temperatura dell'acqua	(la) tempera'tu:ra del-'lak-kua
Welle	(l') onda *f*	(l)'onda

Sport

Welche Sportveranstaltungen gibt es hier?
Quali manifestazioni sportive ci sono qui?
ku'aːli manifestatsi'oːni spor'tiːve tʃi 'soːno ku'i

Wo ist *das Stadion (der Fußballplatz)*?
Dov'è *lo stadio* (*il campo di calcio*)?
do'vɛ lo 'staːdio (il 'kampo di 'kaltʃo)

***Heute spielt . . . gegen . . .**
Oggi il (la) . . . gioca contro il (la) . . .
'ɔd-dʒi il (la) . . . 'dʒɔːka 'kontro il (la) . . .

Ich würde mir gern *das Spiel (das Rennen, den Kampf)* ansehen.
Vorrei vedere *la partita* (*le corse, la gara*).
vor-'rɛi ve'deːre la par'tiːta (le 'korse, la 'gaːra)

***Wann (Wo)* findet das Fußballspiel statt?**
Quando (Dove) ha luogo la partita di calcio?
ku'ando ('doːve) a lu'ɔːgo la par'tiːta di 'kaltʃo

Können Sie uns dafür Karten besorgen?
Potrebbe procurarci dei biglietti?
po'trɛb-be proku'rartʃi dei bi'ʎet-ti

Tor!
Rete!
'reːte

Wie steht das Spiel?
Come stiamo?
'koːme sti'aːmo

***Das Spiel steht 3:2 für . . .**
Stiamo tre a due per . . .
sti'aːmo tre a 'duːe per

Gibt es hier ein *Freibad (Hallenbad)*?
C'è una piscina *all'aperto* (*coperta*), qui?
tʃɛ 'uːna piʃ-'ʃiːna al-la'pɛrto (ko'pɛrta), ku'i

Welchen Sport *treiben Sie (treibst du)*?
Che sport *pràtica Lei* (*pràtichi tu*)?
ke spɔrt 'praːtika lɛi ('praːtiki tu)

Ich bin . . .	**Ich spiele . . .**	**Ich begeistere mich für . . .**
Sono . . .	Io giuoco al . . .	Sono appassionato del . . .
'soːno	'iːo dʒu'ɔːko al	'soːno ap-pas-sio'naːto del

Angelsport	(la) pesca all'amo . .	(la) 'peska al-'laːmo
– **Angel**	(l') amo *m*	(l)'aːmo
– **angeln**	pescare con l'amo . .	pes'kaːre kon 'laːmo
– **Angelschein**	(la) tèssera da pesca .	(la)'tɛs-sera da 'pɛska
Bergsteigen	(l') alpinismo *m*	(l)alpi'nizmo
– **Bergsteiger**	(l') alpinista *m*	(l)alpi'nista

Bootsrennen	(la) corsa nautica	(la) ˈkorsa ˈnaːutika
– Rennboot	(il) motoscafo da corsa	(il) motosˈkaːfo da ˈkorsa
Boxkampf	(il) pugilato	(il) pudʒiˈlaːto
– boxen	fare il pugilato	ˈfaːre il pudʒiˈlaːto
– Boxer	(il) pugilatore	(il) pudʒilaˈtoːre
Eiskunstlauf	(il) pattinaggio artìstico	(il) pat-tiˈnad-dʒo arˈtistiko
– eislaufen	pattinare	pat-tiˈnaːre
– Schlittschuhe	(i) pàttini	(i) ˈpat-tini
– Schlittschuhläufer	(il) pattinatore	(il) pat-tinaˈtoːre
Fechten	(la) scherma	(la) ˈskerma
Fußballspiel	(il) calcio	(il) ˈkaltʃo
– Fußball spielen	giocare al calcio	dʒoˈkaːre al ˈkaltʃo
– Abseits	(il) fuorigioco	(il) fuɔriˈdʒɔːko
– Ball	(il) pallone	(il) pal-ˈloːne
– Eckball	(il) calcio d'àngolo	(il) ˈkaltʃo ˈdaŋgolo
– Einwurf	(la) rimessa in gioco	(la) riˈmes-sa in ˈdʒɔːko
– Freistoß	(il) calcio di rigore	(il) ˈkaltʃo di riˈgoːre
– Strafstoß	(il) calcio di punizione	(il) ˈkaltʃo di punitsiˈoːne
– Tor	(la) porta	(la) ˈpɔrta
Geräteturnen	(la) ginnàstica agli attrezzi	(la) dʒin-ˈnastika ˈaʎi at-ˈtret-tsi
– Barren	(le) parallele	(le) paral-ˈlɛːle
– Reck	(la) sbarra	(la) ˈzbar-ra
Golf	(il) golf	(il) gɔlf
Gymnastik	(la) ginnàstica	(la) dʒin-ˈnastika
Handball	(la) palla a mano	(la) ˈpal-la a ˈmaːno
Jagd	(la) caccia	(la) ˈkat-tʃa
– Jagdschein	(il) permesso di caccia	(il) perˈmes-so di ˈkat-tʃa
Kegeln	(il) giuoco dei birilli	(il) dʒuˈɔːko dei biˈril-li
Korbball	(il) pallacanestro	(il) pal-lakaˈnɛstro
Leichtathletik	(l') atlètica *f* leggera	(l)atˈlɛːtika led-ˈdʒɛːra
Mannschaft	(la) squadra	(la) skuˈaːdra
– Läufer	(il) mediano	(il) mediˈaːno

– **Schiedsrichter**	(l') àrbitro *m*	(l)'arbitro
– **Spieler**	(il) giocatore	(il) dʒoka'to:re
– **Stürmer**	(l') avanti *m*	(l)a'vanti
– **Torwart**	(il) portiere	(il) porti'ɛ:re
– **Verteidiger**	(il) terzino	(il) ter'tsi:no
Motorsport	(lo) sport moto-ciclìstico	(lo) spɔrt moto-tʃi'klistiko
– **Rennen**	(le) corse	(le) 'korse
– **Rennfahrer**	(il) pilota	(il) pi'lɔ:ta
– **Rennwagen**	(la) màcchina da corsa	(la) 'mak-kina da 'korsa
Radsport	(il) ciclismo	(il) tʃi'klizmo
– **Fahrrad**	(la) bicicletta	(la) bitʃi'klet-ta
– **radfahren**	andare in bicicletta .	an'da:re in bitʃi-'klet-ta
– **Radfahrer**	(il) ciclista	(il) tʃi'klista
– **Radrennen**	(le) corse ciclìstiche .	(le) 'korse tʃi'klistike
Reitsport	(l') equitazione *f*	(l)ekuitatsi'o:ne
– **Galopprennen**	(la) corsa al galoppo	(la) 'korsa al ga'lɔp-po
– **Pferd**	(il) cavallo	(il) ka'val-lo
– **reiten**	cavalcare	kaval'ka:re
– **Reiter**	(il) cavalcatore	(il) kavalka'to:re
– **Springen**	(il) saltare	(il) sal'ta:re
– **Trabrennen**	(la) corsa al trotto ..	(la) 'korsa al 'trɔt-to
Ringkampf	(la) lotta	(la) 'lɔt-ta
– **ringen**	lottare	lot-'ta:re
– **Ringer**	(il) lottatore	(il) lot-ta'to:re
Rodeln	(lo) slittare	(lo) zlit-'ta:re
– **Schlitten**	(lo) slittino	(lo) zlit-'ti:no
Rudern	(il) canottaggio	(il) kanot-'tad-dʒo
– **Ruderboot**	(la) barca a remi	(la) 'barka a 'rɛ:mi
– **Ruderer**	(il) rematore	(il) rema'to:re
– **Steuermann**	(il) timoniere	(il) timo'ɲɛ:re
Schießsport	(il) tiro	(il) 'ti:ro
– **Scheibe**	(il) bersaglio	(il) ber'sa:ʎo
– **schießen**	sparare	spa'ra:re
– **Schießstand**	(il) polìgono di tiro .	(il) po'li:gono di 'ti:ro
– **Tontaubenschießen**	(il) tiro al piattello ..	(il)'ti:ro al piat-'tɛl-lo
Schisport	(lo) sport sciìstico ..	(lo) spɔrt ʃi'istiko
– **Schi laufen**	sciare	ʃi'a:re

– **Bindung**	(l') attacco *m*	(l)at-'tak-ko
– **Schi**	(lo) sci	(lo) ʃi
– **Schilift**	(la) sciovìa	(la) ʃio'vi:a
– **Schiwachs**	(la) sciolina	(la) ʃio'li:na
– **Sprungschanze**	(il) trampolino	(il) trampo'li:no
Schwimmen	(il) nuoto	(il) nu'ɔ:to
– **Schwimmer**	(il) nuotatore	(il) nuota'to:re
– **Sprung**	(il) tuffo	(il) 'tuf-fo
– **Sprungbrett**	(il) trampolino	(il) trampo'li:no
Segelsport	(lo) sport della vela	(lo) spɔrt 'del-la 've:la
– **Segel**	(la) vela	(la) 've:la
– **Segelboot**	(la) barca a vela	(la) 'barka a 've:la
– **segeln**	veleggiare	veled-'dʒa:re
Sport	(lo) sport	(lo) spɔrt
– **Sportler**	(lo) sportivo	(lo) spor'ti:vo
– **Sportlerin**	(la) sportiva	(la) spor'ti:va
– **Sportverein**	(l') associazione *f* sportiva	(l)as-sotʃatsi'o:ne spor'ti:va
Tennis	(il) tennis	(il) 'tɛn-nis
– **Einzel/Doppel**	(il) singolare/(il) doppio	(il) siŋgo'la:re/(il) 'dop-pio
– **Tennis spielen**	giocare al tennis	dʒo'ka:re al 'tɛn-nis
– **Tennisball**	(la) palla da tennis	(la) 'pal-la da 'tɛn-nis
Turnen	(la) ginnàstica	(la) dʒin-'nastika
– **Turner**	(il) ginnasta	(il) dʒin-'nasta
Volleyball	(la) pallavolo	(la) pal-la'vo:lo
Wettkampf	(la) gara	(la) 'ga:ra
– **Ergebnis**	(il) risultato	(il) risul'ta:to
– **Halbzeit**	(il) *primo* (*secondo*) tempo	(il) 'pri:mo (se'kon-do) 'tɛmpo
– **Kür**	(l') esercizio *m* individuale	(l)ezer'tʃi:tsio indi-vidu'a:le
– **Meisterschaft**	(il) campionato	(il) kampio'na:to
– **Niederlage**	(la) sconfitta	(la) skon'fit-ta
– **Punkt**	(il) punto	(il) 'punto
– **Sieg**	(la) vittoria	(la) vit-'tɔ:ria
– **Spiel**	(la) partita	(la) par'ti:ta
– **Start**	(la) partenza, (il) via	(la) par'tɛntsa, (il) 'vi:a
– **Training**	(l') allenamento *m*	(l)al-lena'mento
– **Unentschieden**	(il) pareggio	(il) pa'red-dʒo

Bekanntmachungen und Warnungen

A DESTRA	**Rechts**
A SINISTRA	**Links**
AL PASSO	**Schritt fahren**
ARRIVI	**Ankunft**
ATTENTI AL CANE!	**Vorsicht! Hund!**
ATTENTI AL TRENO!	**Vorsicht! Zug!**
ATTENZIONE!	**Vorsicht!**
AVVISO	**Bekanntmachung**
CHI APRE CHIUDA	**Bitte Tür schließen!**
CHIUDERE LA PORTA!	**Tür schließen!**
CURVA PERICOLOSA!	**Gefährliche Kurve!**
DIVIETO D'AFFISSIONE!	**Ankleben verboten!**
DIVIETO DI PASSAGGIO	**Durchgang verboten**
DIVIETO DI TRANSITO	**Durchfahrt verboten**
DONNE	**Damen**
ENTRATA	**Eingang**
AFFITTASI	**Zu vermieten**
FERMATA	**Haltestelle**
FERMATA A RICHIESTA	**Bedarfshaltestelle**
FERMATA OBBLIGATORIA	**Haltestelle**
FUMATORI	**Raucher**
INGRESSO	**Eingang**
INGRESSO LIBERO	**Eintritt frei**
VIETATO L'INGRESSO!	**Eintritt verboten!**
LAVORI STRADALI!	**Straßenarbeiten!**
PARTENZE	**Abfahrt**
PERICOLO DI MORTE!	**Lebensgefahr!**
POSTEGGIO	**Parkplatz**
PREZZI FISSI	**Feste Preise**
PROIBITO!	**Verboten!**
RALLENTARE!	**Langsam fahren!**
SIGNORE	**Damen**
SIGNORI	**Herren**
SPINGERE!	**Stoßen!**
TIRARE!	**Ziehen!**
UOMINI	**Herren**
USCITA	**Ausgang**
VIETATO BAGNARSI!	**Baden verboten!**
VIETATO FUMARE!	**Rauchen verboten!**

Abkürzungen

Acc. ..	accelerato [at-tʃele'raːto]	**Eilzug**
a.m. ..	antimeridiane [antimeridi'aːne] .	**vormittags**
arr. ...	arrivo [ar-'riːvo].............	**Ankunft**
Cav. ..	cavaliere [kava'ʎɛːre]	**Ritter *(bürgerlicher Ehrentitel)***
CIT. ..	Compagnìa Italiana Turismo... [kompa'ɲiːa ita'ʎaːna tu'rizmo] .	**Italienische Reiseverkehrsgesellschaft**
Comm.	Commendatore [kom-menda-'toːre]......................	***bürgerlicher Ehrentitel***
cl.	classe ['klas-se]	**Klasse**
ENIT..	Ente Nazionale Indùstrie Turìstiche ['ɛnte natsio'naːle in-'dustrie tu'ristike]	**Staatliches Fremdenverkehrsamt**
F.S. ..	Ferrovìe dello Stato [fer-ro'viːe 'dello 'staːto]	**Staatsbahnen**
L.....	lira ['liːra]	**Lira**
M. ...	monte ['monte]	**Berg**
mq....	metro quadrato ['mɛːtro kua'draːto]	**Quadratmeter**
N	Nord [nɔrd]	**Norden**
N.E. ..	Nord Est [nɔrd ɛst]	**Nordosten**
N.O...	Nord Ovest [nɔrd 'ɔːvest]	**Nordwesten**
Omn. .	òmnibus ['ɔmnibus]...........	**Personenzug**
p.	pàgina ['paːdʒina]	**Seite**
p.m. ..	pomeridiane [pomeridi'aːne] ...	**nachmittags**
P.S....	Pùbblica Sicurezza ['pub-blika siku'ret-tsa]	**Sicherheitspolizei**
S.	santo ['santo]...............	**heilig**
SS. ...	santi ['santi]	**heilige *(Mehrz.)***
S.A. ..	Società Anònima [sotʃie'ta a'nɔːnima]..................	**Aktiengesellschaft**
S.a.g.l.	Società a garanzìa limitata .... [sotʃie'ta a garan'tsiːa limi'taːta]	**Gesellschaft mit beschränkter Haftung**
S.E. ..	Sua Eccellenza ['suːa et-tʃel-'lɛntsa]	**Seine Exzellenz**
sig. ...	signore [si'ɲoːre]	**Herr**
sig.a ..	signora [si'ɲoːra]	**Frau**
S.P.M.	Sue proprie mani ['suːe 'prɔːprie 'maːni].....................	**eigenhändig**

Maße und Gewichte

1 Millimeter	un millìmetro	un mil-'li:metro
1 Zentimeter	un centìmetro	un tʃen'ti:metro
1 Dezimeter	un decìmetro	un de'tʃi:metro
1 Meter	un metro	un 'mɛ:tro
1 Kilometer	un chilòmetro	un ki'lɔ:metro
1 Zoll	un pòllice	un 'pɔl-litʃe
1 Fuß	un piede	un pi'ɛ:de
1 Elle	un braccio	un 'brat-tʃo
1 Meile	un miglio	un 'mi:ʎo
1 Seemeile	un miglio marìttimo	un 'mi:ʎo ma'rit-timo
1 Knoten	un nodo	un 'nɔ:do
1 Quadratmeter	un metro quadrato	un 'mɛ:tro kua'dra:to
1 Quadratkilometer	un chilòmetro quadrato	un ki'lɔ:metro kua'dra:to
1 Kubikmeter	un metro cubo	un 'mɛ:tro 'ku:bo
1 Liter	un litro	un 'li:tro
1 Hektoliter	un ettòlitro	un et-'tɔ:litro
$^1/_4$ Liter	un quartuccio	un kuar'tut-tʃo
$^1/_5$ Liter	un quinto	un ku'into
1 Gramm	un grammo	un 'gram-mo
1 Dekagramm	un decagrammo	un deka'gram-mo
100 Gramm	un etto	un 'ɛt-to
1 (ital.) Pfund (333 *g*)	una libbra	'u:na 'lib-bra
1 Kilogramm	un chilo(grammo)	un 'ki:lo('gram-mo)
1 Doppelzentner	un quintale	un kuin'ta:le
1 Tonne	una tonnellata	'u:na ton-nel-'la:ta

Die Italiener rechnen praktisch nur in Gramm und Kilogramm. So kaufen sie z. B. im Laden un etto (*100 g*), due etti (*200 g*), mezzo chilo (*500 g*), *oder* un chilo (*1000 g*).

1 Stück	un pezzo	un 'pɛt-tso
1 Teil	una parte	'u:na 'parte
1 Paar	un paio	un 'pa:io
1 Dutzend	una dozzina	'u:na dod-'dzi:na
1 Portion	una porzione	'u:na portsi'o:ne
1 Packung	un pacchetto	un pak-'ket-to
1 Sack	un sacco	un 'sak-ko

Farben

beige	beige	bɛːʒ
blau	blu	blu
– dunkelblau	blu scuro	blu 'skuːro
– hellblau	azzurro	ad-'dzur-ro
– himmelblau	celeste	tʃe'lɛste
blond	biondo	bi'ondo
braun	bruno	'bruːno
– kastanienbraun	marrone	mar-'roːne
bunt	multicolore	multiko'loːre
Farbe	(il) colore	(il) ko'loːre
farbig	colorato	kolo'raːto
– einfarbig	in tinta unita	in'tinta u'niːta
gelb	giallo	'dʒal-lo
golden	dorato	do'raːto
grau	grigio	'griːdʒo
– aschgrau	grigio cénere	'griːdʒo 'tʃeːnere
– dunkelgrau	grigio scuro	'griːdʒo 'skuːro
– hellgrau	grigio chiaro	'griːdʒo ki'aːro
grün	verde	'verde
– dunkelgrün	verde scuro	'verde 'skuːro
– hellgrün	verde chiaro	'verde ki'aːro
lila	lilla	'lil-la
orangefarben	arancione	aran'tʃoːne
rosa	rosa	'rɔːza
rot	rosso	'ros-so
– dunkelrot	rosso scuro	'ros-so 'skuːro
– hellrot	rosso chiaro	'ros-so ki'aːro
schwarz	nero	'neːro
silbern	argènteo	ar'dʒɛnteo
violett	viola	vi'ɔːla
weiß	bianco	bi'aŋko

DAS WICHTIGSTE AUS DER GRAMMATIK

I. Substantiv (Hauptwort)

Die italienische Grammatik kennt nur zwei Geschlechter: das männliche und das weibliche.

Die meisten auf **-o** ausgehenden Substantive sind männlich, z. B. *àbito* ['a:bito] Anzug; die meisten auf **-a** sind weiblich, z. B. *posta* ['pɔsta] Post.

Die Hauptwörter auf **-e** sind teils männlich, teils weiblich: *cortile m* [kor'ti:le] Hof, *chiave f* [ki'a:ve] Schlüssel.

II. Artikel (Geschlechtswort)

1. Bestimmter Artikel:

a) Der bestimmte Artikel für männliche Substantive ist **il** [il] vor Konsonanten, z. B. *il cappello* [il kap-'pɛl-lo] der Hut; **lo** [lo] vor *z* und *s impura*, d. h. einem *s*, auf das ein Konsonant folgt, z. B. *lo zùcchero* [lo 'tsuk-kero] der Zucker, *lo specchio* [lo 'spɛk-kio] der Spiegel; **lo** wird vor Vokalen zu **l'** verkürzt, z. B. *l'anno* ['lan-no] das Jahr.

b) Der bestimmte Artikel für weibliche Substantive ist **la** [la] vor Konsonanten, z. B. *la casa* [la 'ka:sa] das Haus; **la** oder **l'** vor Vokalen, z. B. *l'amica* [la'mi:ka] die Freundin.

2. Unbestimmter Artikel:

a) Der unbestimmte Artikel für männliche Substantive ist **un** [un] vor Vokalen und Konsonanten, z. B. *un libro* [un 'li:bro] ein Buch, *un amico* [un a'mi:ko] ein Freund, **uno** vor *z* und *s impura*, z. B. *uno scolaro* ['u:no sko'la:ro] ein Schüler, *uno zaino* ['u:no 'dza:ino] ein Tornister.

b) Der unbestimmte Artikel für weibliche Substantive ist **una** vor Konsonanten, z. B. *una matita* ['u:na ma'ti:ta] ein Bleistift; **una** oder **un'** vor Vokal, z. B. *un'ora* [u'no:ra] eine Stunde.

III. Adjektiv (Eigenschaftswort)

Das Adjektiv stimmt immer mit dem Substantiv überein:

a) Die Adjektive auf **-o** verwandeln, wenn sie weiblich werden, dieses **o** in **a**: *vino bianco* ['vi:no bi'aŋko] Weißwein, *la carta è bianca* [la 'karta ɛ bi'aŋka] das Papier ist weiß.

b) Die Adjektive auf **-e** bleiben unverändert: *il cane è fedele* [il 'ka:ne ɛ fe'de:le] der Hund ist treu, *la serva* [la 'sɛrva] *è fedele* die Hausangestellte ist treu.

IV. Pluralbildung (Mehrzahlbildung)

a) Der Artikel **il** wird im Plural zu **i.**

Der Artikel **lo**, **l'** wird im Plural zu **gli.**

Der Artikel **la**, **l'** wird im Plural zu **le.**

b) Der Plural der Substantive und Adjektive wird durch Verwandlung des Endvokals des Singulars in **i** gebildet, z.B. *il vestito è corto* [il ves'tiːto ɛ 'korto] der Anzug ist kurz, *i vestiti sono corti* [i ves'tiːti 'soːno 'korti] die Anzüge sind kurz. Nur die weiblichen Substantive auf *-a* verwandeln im Plural dieses **a** in **e**, z.B. *la ferrovìa è còmoda* [la fer-ro'viːa ɛ 'kɔːmoda] die Eisenbahn ist bequem, *le ferrovìe sono còmode* [le fer-ro'viːe 'soːno 'kɔːmode] die Eisenbahnen sind bequem; *la serva è fedele*, *le serve sono fedeli* [la 'sɛrva ɛ 'fedeːle, le 'sɛrve 'soːno fe'deːli].

V. Deklination (Beugung)

Zur Bezeichnung der Kasus (Fälle) benutzt die italienische Sprache bestimmte Präpositionen, und zwar **di** (vor Vokal auch **d'**) für den Genitiv, **a** (vor Vokal auch **ad**) für den Dativ. Der Akkusativ ist stets gleich dem Nominativ. Zum Beispiel

questo [ku'esto] dieser, *di questo* dieses, *a questo* diesem, *questo* diesen; *una casa* ['uːna 'kaːsa] ein Haus, *di una casa* eines Hauses, *a(d) una casa* einem Hause, *una casa* ein Haus.

Die Präpositionen **di** und **a** verschmelzen mit dem bestimmten Artikel, und zwar wird:

di und *il* zu *del* [del]	*a* und *il* zu *al* [al]
di und *lo* zu *dello* ['del-lo]	*a* und *lo* zu *allo* ['al-lo]
di und *l'* zu *dell'* [del-l]	*a* und *l'* zu *all'* [al-l]
di und *la* zu *della* ['del-la]	*a* und *la* zu *alla* ['al-la]
di und *i* zu *dei* [dei]	*a* und *i* zu *ai* [ai]
di und *gli* zu *degli* ['deːʎi]	*a* und *gli* zu *agli* ['aːʎi]
di und *le* zu *delle* ['del-le]	*a* und *le* zu *alle* ['al-le]

VI. Steigerung der Eigenschaftswörter

1. Der höhere Grad einer Eigenschaft wird durch vorgesetztes **più** [pi'u] bezeichnet: z. B.: *caro* ['kaːro] teuer, *più caro* [pi'u 'kaːro] teurer.

2. Der Superlativ wird dadurch gebildet, daß man vor das *più* des Komparativs den bestimmten Artikel setzt; z. B.:

brutto ['brut-to] häßlich, *più brutto* häßlicher, *il più brutto* der häßlichste.

3. Als nach einem Komparativ wird mit **di** [di] übersetzt; z. B.: *questa stoffa è più bella dell'altra* [ku'esta 'stɔf-fa ɛ pi'u 'bɛl-la del-'laltra] dieser Stoff ist schöner als der andere.

Vor Präpositionen jedoch wird **als** mit **che** [ke] wiedergegeben; z. B.: Die Tage sind jetzt in Deutschland länger als in Italien *adesso i giorni sono più lunghi in Germania che in Italia* [a'dɛs-so i 'dʒorni 'so:no pi'u 'luŋgi in dʒer'ma:ɲa ke in i'ta:ʎa].

4. Der sehr hohe Grad einer Eigenschaft wird dadurch bezeichnet, daß man das deutsche Wort **sehr** durch **molto** ['molto] übersetzt oder an das Adjektiv, nach Abfall des Endvokals, die Endung **-ìssimo** ['is-simo] anhängt; z. B.:

grande groß, *molto grande* od. *grandìssimo* sehr groß.

VII. Pronomen (Fürwort)

Persönliche Fürwörter

A. Unbetonte Formen (Dative und Akkusative)

Einzahl:	*Mehrzahl:*
mi [mi] mir, mich	*ci* [tʃi] uns
ti [ti] dir, dich	*vi* [vi] euch
gli [ʎi], lo [lo] ihm, ihn	*loro* ['lo:ro], *li* [li] ihnen, sie (*m*)
le [le], *la* [la] ihr, sie	*loro* ['lo:ro], *le* [le] ihnen, sie (*f*)
Le [le], *La* [la] Ihnen, Sie	*Loro* ['lo:ro], *Le* [le] Ihnen, Sie
si [si] sich	*si* [si] sich

Stellung: Die unbetonten Formen der persönlichen Fürwörter stehen unmittelbar vor dem Verb oder Hilfsverb; z. B. *ci domanda* [tʃi do'manda] er fragt uns. Nachgestellt wird nur *loro*; z. B. *piace loro* [pi'a:tʃe 'lo:ro] es gefällt ihnen. – An den Infinitiv, das Partizip, das Gerundium und den nicht verneinten Imperativ werden die unbetonten Formen angehängt; z. B. *siamo lieti di vederlo* [si'a:mo 'ʎɛ:ti di ve'derlo], *vedùtolo* [ve'du:tolo], *vedèndolo* [ve'dɛndolo], *védilo* ['ve:dilo].

B. Betonte Formen (Nominative und Akkusative)

Einzahl:	*Mehrzahl:*
io ['i:o], *me* [me], ich, mich	*noi* [noi] wir, uns
tu [tu], *te* [te] du, dich	*voi* [voi] ihr, euch
lui [lui] er, ihn	*loro* ['lo:ro] sie (*m*)
lei [lɛi] sie, sie	*loro* ['lo:ro] sie (*f*)
sé [se] sich	*sé* [se] sich

Der betonte Genitiv wird durch Vorsetzung von *di*, der betonte Dativ durch Vorsetzung von *a* gebildet.

Stellung: Die betonten Formen der persönlichen Fürwörter werden nur gebraucht

1. wenn besonderer Nachdruck auf sie gelegt wird; z. B. *vedo soltanto lui* [ˈveːdo solˈtanto lui] ich sehe nur **ihn**;

2. in Verbindung mit Präpositionen; z. B. *con lei* [kon lɛi] mit **ihr**.

Anrede. Neben der vertrauten Anrede mit *tu* bzw. *voi* wird das deutsche **Sie** durch *Lei* [lɛi] übersetzt, wenn man zu **einer** Person, durch *Loro* [ˈloːro], wenn man zu **mehreren** Personen spricht; z. B. *Lei è molto gentile* [lɛi ɛ ˈmolto dʒenˈtiːle] Sie (Einzahl) sind sehr liebenswürdig; *quando pàrtono Loro?* [kuˈando ˈpartono ˈloːro] wann reisen Sie (Mehrzahl) ab?

Besitzanzeigende Fürwörter

Einzahl:			*Mehrzahl:*		
mio	[ˈmiːo]	mein	*miei*	[miˈɛːi]	meine
tuo	[ˈtuːo]	dein	*tuoi*	[tuˈɔːi]	deine
suo	[ˈsuːo]	sein, ihr	*suoi*	[suˈɔːi]	seine, ihre
Suo	[ˈsuːo]	Ihr	*Suoi*	[suˈɔːi]	Ihre
nostro	[ˈnɔstro]	unser	*nostri*	[ˈnɔstri]	unsere
vostro	[ˈvɔstro]	euer	*vostri*	[ˈvɔstri]	eure
loro	[ˈloːro]	ihr	*loro*	[ˈloːro]	ihre
Loro	[ˈloːro]	Ihr	*Loro*	[ˈloːro]	Ihre

Die weibliche Form wird regelmäßig gebildet: *mia*, *tua* usw., *mie*, *tue* usw. Nur **loro** bleibt stets unverändert. Vor die besitzanzeigenden Fürwörter wird im Italienischen fast immer der Artikel gesetzt; z. B.: *il mio amico* [il ˈmiːo aˈmiːko] mein Freund.

Die Fürwörter *suo*, *sua*, *suoi*, *sue* beziehen sich auf **einen** Besitzer, *loro* dagegen auf **mehrere** Besitzer.

Hinweisende Fürwörter

questo [kuˈesto] dieser, **questa** [kuˈesta] diese, deuten auf Personen oder Gegenstände beim Sprechenden, **quel(lo)** [kuˈel-lo] jener, **quella** [kuˈel-la] jene, auf Personen oder Gegenstände beim Angeredeten oder an dritter Stelle hin.

Die Formen von *quello* vor dem Hauptwort entsprechen denen des bestimmten Artikels: *quel* (il) libro; *quello* (lo) scolaro; *quell'* (l') oggetto; *quei* (i) libri; *quegli* (gli) scolari; *quegli* (gli) oggetti.

Fragefürwörter

che? [ke] od. **quale?** [kuˈaːle] welcher, welche, welches?
che wird nur adjektivisch, **quale** adjektivisch und substantivisch gebraucht; z. B.: *che libro?* od. *quale libro?* welches Buch?; aber nur: *quale dei tuoi amici?* [kuˈaːle dei tuˈɔːi aˈmiːtʃi] welcher von deinen Freunden?

VIII. Verbum (Zeitwort)

A. Die Hilfszeitwörter

avere [a'veːre] **haben**	**èssere** ['ɛs-sere] **sein**
Partizip Perfekt:	
avuto [a'vuːto] gehabt	*stato* ['staːto] gewesen
Gerundium:	
avendo [a'vɛndo] habend	*essendo* [es-'sɛndo] seiend
Präsens:	
*ho** [ɔ] ich habe	*sono* ['soːno] ich bin
hai [ai] du hast	*sei* [sɛi] du bist,
ha [a] er, sie, es hat	*è* [ɛ] er, sie, es ist
abbiamo [ab-bi'aːmo] wir haben	*siamo* [si'aːmo] wir sind
avete [a'veːte] ihr habt	*siete* [si'ɛːte] ihr seid
hanno ['an-no] sie haben	*sono* ['soːno] sie sind
Imperfekt:	
avevo [a'veːvo] ich hatte	*ero* ['ɛːro] ich war
avevi [a'veːvi] du hattest	*eri* ['ɛːri] du warst
aveva [a'veːva] er hatte	*era* ['ɛːra] er, sie, es war
avevamo [ave'vaːmo] wir hatten	*eravamo* [era'vaːmo] wir waren
avevate [ave'vaːte] ihr hattet	*eravate* [era'vaːte] ihr wart
avévano [a'veːvano] sie hatten	*èrano* ['ɛːrano] sie waren
Futur:	
avrò [a'vrɔ] ich werde haben	*sarò* [sa'rɔ] ich werde sein
avrai [a'vrai] du wirst haben	*sarai* [sa'rai] du wirst sein
avrà [a'vra] er, sie, es wird haben	*sarà* [sa'ra] er, sie, es wird sein
avremo [a'vreːmo] wir werden haben	*saremo* [sa'reːmo] wir werden sein
avrete [a'vreːte] ihr werdet haben	*sarete* [sa'reːte] ihr werdet sein
avranno [a'vran-no] sie werden haben	*saranno* [sa'ran-no] sie werden sein

* Das persönliche Fürwort als Subjekt wird nur im Fall starker Betonung oder Unterscheidung hinzugefügt.

Imperativ:

abbi ['ab-bi] habe	*sii* ['siːi] sei
abbia ['ab-bia] haben Sie	*sia* ['siːa] seien Sie
abbiamo [ab-bi'aːmo] laßt uns haben	*siamo* [si'aːmo] laßt uns sein
abbiate [ab-bi'aːte] habt	*siate* [si'aːte] seid
àbbiano ['ab-biano] haben Sie	*sìano* ['siːano] seien Sie

B. Die regelmäßigen Verben

Die italienischen Zeitwörter gehen im Infinitiv auf **-are**, **-ere** und **-ire** aus und werden nach den nachstehenden Mustern konjugiert:

1.	**2.**	**3.**
amare [a'maːre] **lieben**	**temere** [te'meːre] **fürchten**	**sentire** [sen'tiːre] **fühlen**
Partizip Perfekt:		
amato [a'maːto] geliebt*	*temuto* [te'muːto]	*sentito* [sen'tiːto]
Gerundium:		
amando [a'mando] liebend	*temendo* [te'mɛndo]	*sentendo* [sen'tɛndo]
Präsens:		
amo ['aːmo] ich liebe	*temo* ['teːmo]	*sento* ['sɛnto]
ami ['aːmi] du liebst	*temi* ['teːmi]	*senti* ['sɛnti]
ama ['aːma] er, sie, es liebt	*teme* ['teːme]	*sente* ['sɛnte]
amiamo [ami'aːmo] wir lieben	*temiamo* [temi'aːmo]	*sentiamo* [senti'aːmo]
amate [a'maːte] ihr liebt	*temete* [te'meːte]	*sentite* [sen'tiːte]
àmano ['aːmano] sie lieben	*témono* ['teːmono]	*sèntono* ['sɛntono]
Imperfekt:		
amavo [a'maːvo] ich liebte	*temevo* [te'meːvo]	*sentivo* [sen'tiːvo]
amavi [a'maːvi] du liebtest	*temevi* [te'meːvi]	*sentivi* [sen'tiːvi]

---

* Die deutsche Übersetzung geben wir nur für die 1. Konjugation an – für die beiden anderen werden Sie sie leicht selbst bilden können.

amava [a'ma:va] er, sie, es liebte	*temeva* [te'me:va]	*sentiva* [sen'ti:va]
amavamo [ama'va:mo] wir liebten	*temevamo* [teme'va:mo]	*sentivamo* [senti'va:mo]
amavate [ama'va:te] ihr liebtet	*temevate* [teme'va:te]	*sentivate* [senti'va:te]
amàvano [a'ma:vano] sie liebten	*temévano* [te'me:vano]	*sentìvano* [sen'ti:vano]

Futur:

amerò [ame'rɔ] ich werde lieben	temerò [teme'rɔ]	sentirò [senti'rɔ]
amerai [ame'rai] du wirst lieben	*temerai* [teme'rai]	*sentirai* [senti'rai]
amerà [ame'ra] er, sie, es wird lieben	*temerà* [teme'ra]	*sentirà* [senti'ra]
ameremo [ame're:mo] wir werden lieben	*temeremo* [teme're:mo]	*sentiremo* [senti're:mo]
amerete [ame're:te] ihr werdet lieben	*temerete* [teme're:te]	*sentirete* [senti're:te]
ameranno [ame'ran-no] sie werden lieben	*temeranno* [teme'ran-no]	*sentiranno* [senti'ran-no]

Imperativ:

ama ['a:ma] liebe	*temi* ['te:mi]	*senti* ['sɛnti]
ami ['a:mi] lieben Sie	*tema* ['te:ma]	*senta* ['sɛnta]
amiamo [ami'a:mo] laßt uns lieben	*temiamo* [temi'a:mo]	*sentiamo* [senti'a:mo]
amate [a'ma:te] liebt	*temete* [te'me:te]	*sentite* [sen'ti:te]
àmino ['a:mino] lieben Sie	*témano* ['te:mano]	*sèntano* ['sɛntano]

Anmerkung: Die meisten Zeitwörter, die auf **-ire** endigen, schieben im Präsens Indikativ und im Imperativ die Silbe **-isc-** zwischen Stamm und Endung ein. Ein Beispiel:

Infinitiv: *finire* [fi'ni:re] beendigen.

Präsens Indikativ: ich beendige usw.

finisco [fi'nisko], *finisci* [fi'niʃ-ʃi], *finisce* [fi'niʃ-ʃe], *finiamo* [fi'ɲa:mo], *finite* [fi'ni:te], *finìscono* [fi'niskono].

Schlußbemerkung: Da Präteritum, Konditional und Konjunktiv für den Anfänger unwichtig sind, haben wir sie hier fortgelassen.

REGISTER